# 传承与转型：老字号发展之路

## ——北京西城老字号谱系研究文集（上）

北京市西城区老字号谱系研究领导小组 编

中央文献出版社

# 《北京西城老字号谱系研究文集》编委会名单

# 传承与转型：老字号发展之路

——北京西城老字号谱系研究文集

目录

传承与创新是老字号发展的永恒主题……………………… 王都伟 / 01

## 上 册

### 第一部分 “传承”与“创新”

试论老字号的认定和分类标准——以北京西城为例…… 袁家方 / 03
试论西城老字号与京商儒范……………………… 方 彪 邹希宽 / 38
西城区“中华老字号”的传承与创新之路………… 朱筱新 / 59
北京西城老字号人才队伍建设的核心问题和改进思路
………………………………………………………… 李吉星 / 76
从“非遗”看老字号的文化传承与创新——以北京西城为例
…………………………………………… 李培志 黄孝东 / 102
探索老字号发展之谋略…………………………… 王 新 / 118
关于西城区老字号发展情况的调研及建议
……………………………… 许宁春 王 立 刘爱中 / 142

### 第二部分 “责任”与“形象”

西城区老字号企业品牌竞争力提升研究……………… 朱永杰 / 163
认知度、影响力、发展性：西城区老字号品牌辐射力研究
…………………………………………… 冯雪利 许赤瑜 / 185

西城老字号品牌在建设世界城市中的作用…………… 陈丽红 / 204
北京西城老字号餐厅的品牌建设…………………… 刘　琪 / 233
北京市西城区老字号企业社会资本现状与发展策略
………………………………………… 尉建文　刘　波 / 251
完善北京西城老字号社会形象的路径研究…………… 赵旭东 / 270
企业社会责任：老字号发展的新视角……………… 殷　鹏 / 289
对文化类老字号发挥“城市地标”作用的考察与思考
………………………………………… 程　竹　冯希萤 / 309
什刹海地区老字号的文化形态与发展思路…………… 吴云霞 / 325

# 下　册

## 第三部分　“政府”与“市场”

市场转型中政府与企业的“伞式”关系……………… 张继焦 / 341
各地老字号政策比较对西城区的启示
…………………………… 谢　惠　张晓光　胡维维 / 358
影响北京西城“中华老字号”发展的关键因素分析
…………………………………………………… 何　敏 / 377
北京西城老字号企业产权多元化改制的特点及发展策略
…………………………………………………… 高洪力 / 400
北京西城老字号集聚发展策略研究…………………… 林妍梅 / 418
老字号药店如何推动“大健康战略”
…………………………… 田东华　张胜发　徐会文 / 439
餐饮类老字号的经济拉动作用及潜力挖掘
………………………………………… 赵彦云　朱建宇 / 460

浅论新的历史条件下清真餐饮老字号的创新传承与发展
……………………………………………………………… 常　颖 / 496
西城特色功能街区老字号企业知识产权保护策略研究
…………………………………………………… 王连洁　李　欣 / 513

## 第四部分　“自身”与“他者”

“他者”眼中的老字号形象调查报告……………………… 张翠珍 / 533
北京西城老字号的价值外溢效应分析……… 周尚意　田　燕 / 566
北京西城老字号与文化创意产业关系研究…………… 车岩鑫 / 592
老字号的保护振兴与工商业文化遗产保护
…………………………………………………… 李　丁　富　康 / 611
大棚栏老字号集聚区现场教学推动老字号振兴作用研究
……………………………………… 王世勇　张晓光　谢　惠 / 628
公共图书馆扩大老字号社会影响力路径探索
……………………………………… 阎　峥　郑彩萍　周　园 / 643
西城区老字号企业档案现状与对策研究
…………………………………………………… 李茂福　松　姗 / 665
关于北京西城老字号谱系研究方法特征的考察
……………………………………………………………… 戴时焱 / 674

后记……………………………………………………………… 693

传承与转型：老字号发展之路

——北京西城老字号谱系研究文集

# 传承与创新是老字号发展的永恒主题

王都伟

老字号，是指历史悠久，拥有世代传承的产品、技艺或服务，具有鲜明的文化背景和深厚的文化底蕴，取得社会广泛认同，形成良好信誉的企业名称以及产品品牌。宽泛意义上的字号尤其是老字号，不仅指企业，也指产品品牌。而在当今语境下，“老字号”一般是指具有中国特色的企业组织及产品品牌。

为发挥老字号在经济和社会发展中的重要作用，2006年4月，国家商务部在全国实施“振兴老字号工程”，制定《“中华老字号”认定规范（试行）》，开展“中华老字号”认定申报工作。在2006年和2010年国家商务部两批认定的“中华老字号”中，北京地区有117家；其中注册地在西城区的有56家，占北京地区中华老字号数量的47.8%。西城区是北京老字号品牌的主要集聚区，所拥有的老字号历史悠久，可清晰追溯的老字号平均年龄141岁，百年以上历史的有包括“中华老字号”在内的百余家企业。这些老字号在推动地区经济发展、满足百姓需求、提升服务品质、传承保护城市历史文化等方面发挥了不可替代的重要作用。

传承与创新，是推动老字号发展的永恒主题。立足企业发展实际，以谱系研究的视角，全面梳理老字号发展的历史脉络，深度阐释老字号的核心价值，全方位、多角度研究老字号企业面临的机遇和挑战，积极探索新时期保护和扶持老字号的方向和思路，是历史赋予我们的重大责任和艰巨任务。

## 一、西城老字号的行业分布和地域分布

### （一）西城老字号的行业分布

老字号所属的行业，大多都与百姓日常生活密不可分。西城区的老字号，主要分布在吃、穿、用等与百姓生活息息相关的行业中。按照其经营项目，大致可以分为七类：餐饮；食品加工；茶业；医药；服装鞋帽；文化；百货浴池。

### （二）西城老字号的地域分布

北京市的老字号，大多聚集在今天的东城区和西城区。主要分布在六个街区：大栅栏、王府井、琉璃厂、前门大街、东单－东四、西单－西四；其中有三个街区位于西城区（大栅栏、琉璃厂、西单－西四），有一个街区为东城区与西城区共享（前门大街）。

在西城的三大老字号集聚区中，大栅栏地区是具有六百多年历史的传统商业区，据初步统计，现在大栅栏地区共分布着 11 个行业的 36 家老字号商铺[①]。2010 年，大栅栏被授予全国首个“中华老字号集聚区”的称号。与之相邻的前门大街，也聚集了众多老字号，两者互相呼应，共同打造出当今京城著名的商业街区。

琉璃厂有 780 多年的历史，是老北京最著名的文化街，广集图书、字画、古玩、文房四宝类老字号，被誉为“中国文房四宝第一街”。

西单－西四商业区，在明清就是京城繁华的商业区。直至二十世纪九十年代以前，还有众多著名老字号饭馆及知名食品店铺在这里经营。

另外，鼓楼和什刹海地区也是一个老字号相对比较集中的地区。适应满足日常百姓生活和发展旅游的需要，一些老字号的总店或分号都汇聚这里。

## 二、西城老字号传承发展的内在元素分析

在西城区注册、现今还在生产经营的老字号企业中，根据现在

① 刘亚力、张笑嫣：《西城亿元振兴老字号该投向哪儿》，《北京商报》2012年2月27日。

掌握的资料，创立最早的是起始于明代的鹤年堂、六必居、柳泉居等。进入清代，则有同仁堂、王致和、荣宝斋、烤肉宛、桂馨斋、正兴德、砂锅居、月盛斋、三庆园等。到了清末民初，清华池、义利、张一元、戴月轩等亮相京城。解放后，又出现了北京盐业、峨嵋酒家、中国书店、菜百商场等老字号。

西城的老字号，面对重大机遇和严峻挑战，传承发展上百年甚至几百年，自然有其独到之处与核心“秘笈”。探求老字号传承发展的内在元素，对于推动老字号的进一步发展意义重大。

老字号传承发展至今天，“坚守”与“创新”这两个核心元素发挥着关键作用。坚守是继承守住以前的东西，使自己始终是自己而不是他人；创新是开创以前没有的东西，使自己不同于前人。坚守是老字号的“魂”和“根”，坚守使老字号走到今天还有人们细品原来的“味”；创新是老字号的“气”和“神”，创新使老字号历经风雨还能延续至今并发展壮大。就是在“守”与“创”的平衡和统一中，老字号走到了今天。

这里着重从“坚守”和“创新”两个角度探索西城老字号传承发展的内在规律性。

**（一）坚守独特技艺，创新核心品牌**

老字号之所以传承百年而不衰，消费者之所以信任老字号，购买其产品，都是因为认可它的核心品牌，也就是该字号所独有，与该字号捆绑在一起，使人一提起该老字号就能联想起来、蕴含在该字号企业产品与服务当中的独特的“绝活”、“绝招”、“绝技”，以及企业在长期发展中秉持、坚守并为人们广泛认可的经营理念。其中，企业的核心技艺是重要体现之一。

北京的烤肉，最著名的就是“南宛北季”。“南宛”即是烤肉宛，是北京最早经营烤肉的餐馆，创建于清康熙二十五年（1686 年）。烤肉宛的烤牛肉，从选料到制作，从燃料到烤制工具，从烤法到吃法，都有独特的讲究。烤肉宛独特的烤肉技艺，打造了自己的核心品牌，也使烤肉宛成为经久不衰的老字号。

烤肉季创建于清道光二十八年（1848 年），核心技艺是烤羊肉。自创业后在什刹海畔经营，和银锭桥仅有几步之遥。烤肉季的烤羊肉，选料、制作、烤法和吃法也别具特色。烤肉季在什刹海经营160 多年，已成为什刹海一景，观山、赏荷、吃烤肉，并称什刹海“三绝”。

老字号独特的核心技艺，已经成为老字号文化的重要部分，成为中华民族宝贵的文化遗产。据统计，西城区现有国家级非物质文化遗产项目 32 项，其中传统技艺项目 12 项，全部为老字号的特殊制作技艺。

**（二）坚守产品质量，优化企业社会形象**

企业核心品牌的外在表现，是过硬的产品质量和良好的服务。要实现产品质量过硬，除了核心的技艺支撑，还必须始终把质量当作企业生命和形象。

全聚德是中华著名老字号，创建于清同治三年（1864 年），现在全国有门店 80 多家，每年销售烤鸭千余万只。为了保证食品安全，让顾客吃得放心，全聚德坚持窄化供货渠道，形成北京鸭从饲养、屠宰、加工到销售的“农餐对接”产业链；坚持细化安全环节，建设北京鸭质量可追溯体系，消费者可随时查询每一只烤鸭的各种关键性信息；坚持强化检验检疫，制定高于国家标准的企标《北京鸭防疫标准》，每年修正《兽药管理办法》，确保每只烤鸭品质如一。

**（三）坚守服务之道，发展百姓口碑**

产品质量是企业发展的根本，服务质量是企业发展的关键。面对激烈的市场竞争，“和气生财”一直是老字号的经营之道。老字号一直把顾客看作是企业的“衣食父母”，通过优化服务引导顾客消费，赢得回头客，促进企业发展。

内联升创建于清咸丰三年（1853 年），是一家以制作朝靴起家的老字号。内联升对来店做鞋的文武官员的靴鞋尺寸、式样等都逐一登记在册。一本详录京城王公贵族制鞋尺寸、爱好式样的《履中备载》由此而生，成为中国最早的“贵宾服务手册”。如今，鞋店依然坚持按需定制，以满足不同顾客的个性化要求。

**（四）坚守经营理念，提升企业文化**

老字号在长期传承发展中，都逐渐形成自己的企业经营理念。经营理念是企业的灵魂，是企业文化的重要组成部分，贯穿于生产、管理、销售等各个环节。

把质量看作企业的生命。同仁堂药店是一家具有近四百年历史的老药铺，始终坚持以“修合天人见，存心有天知”自我警醒，秉持“炮制虽繁必不敢省人工，品味虽贵必不敢减物力”的古训，视药品质量为企业生命，从选材、制药的上百道工序入手，严把药品质量关，从而发展成中国著名的医药集团。

六必居起始于酿酒，为保证酒的质量，自觉遵从《周礼》中关于“黍稻必齐，曲种必实，湛之必洁，陶瓷必良，火候必得，水泉必香”的古训。六必居的酱菜生产工艺坚持在用料、下料、制作、火候、设备、用水等方面都依据古训，注重讲求产品质量，靠着一瓶瓶普通的酱腌菜，成为全国酱腌菜行业中规模最大的企业。

自觉坚持诚实守信。专营绸布的中华老字号瑞蚨祥，开业于清同治元年（1862 年）。瑞蚨祥始终坚持“至诚至上、货真价实、言不二价、童叟无欺”的经营宗旨，注重诚信经营，成为旧京城“八大祥”之首。北京城流传多年的“头顶马聚源、身穿瑞蚨祥、脚踩内联升”，就是对瑞蚨祥这些老字号名满京城的生动写照。

此外，还有视顾客为衣食父母的理念，在民族危难面前大义至上、敢于承担的气节，以及以诚信、精细、专营、绝技和集聚为代表的经营谋略等等，都是老字号企业之所以传承上百年而为人们认可的根源所在。

## 三、新时期西城老字号企业传承发展面临的机遇和挑战

### （一）新时期西城老字号企业传承发展面临重大机遇

——市场需求和百姓认可，老字号成为西城区宝贵的商业资源和文化资源。老字号秉承的传统文化，主要源于儒家文化，内涵极为丰富。尤其是诚信经营、注重质量、周到服务以及独特技艺等，这些无形资产支撑老字号几百年延续生存和发展，对提升北京的核心竞争力，展现世界历史文化名城和现代化国际大都市的风貌，发挥着不可低估的重要作用。老字号本身已成为一个值得顾客信赖、放心消费的象征，这是新时期老字号最宝贵的财富。

——政策支持和政府扶持，西城老字号迎来快速发展期。近年来，西城区一直在加大对区域老字号的扶持和保护力度，引导老字号企业通过产品创新和营销创新，向主题化、多元化、体验化方向发展，鼓励企业走出去，开展国际化经营，把企业做大做强。筹措专项资金，加大支持力度，对一些濒危老字号，通过商标注册保护、专利保护推动发展。通过承办或举办中华老字号博览会、大栅栏旅游购物节、老字号创意文化展示周、琉璃厂免费鉴宝等活动，提升西城区老字号的社会影响力，营造良好发展环境。

经过多年发展，西城区形成一批集团化运营的老字号企业。大力推动连锁经营，部分企业尝试外埠、境外开店。近年来，如张一元、内联升等老字号初步实现北京地区连锁网络的全覆盖，张一元在外省市开店并初步形成规模。据统计，近 3 年来，西城区老字号企业的销售收入均值年均增长 30.6%，高于同期北京社会消费品零售总额增幅 14 个百分点，为区域经济发展、拉动就业贡献很大。

2011 年 12 月，西城区在全市率先出台《保护和促进老字号发展若干意见》。以“做精做强一批，提升发展一批，恢复改造一批”为目标，坚持保护与发展并重、继承与创新并举、经济与文化并行、

政府引导与市场化运作相结合，充分发挥企业主体积极性，营造政府、企业、协会共同促进老字号保护和发展的良好环境。到“十二五”末，西城区将形成大栅栏、琉璃厂、什刹海等多个集中展现中国式生活方式的老字号集聚区。

——专家聚集，社会关注，老字号研究广泛深入。2013年5月，由区委宣传部、区商务委、区社科联和区商联会等共同组织，西城区正式启动“西城老字号谱系研究”。组织来自北京、天津、云南等地研究机构的专家学者，以现场考察、文献整理为基础，从不同视角切入，梳理历史沿革，阐释文化价值，提炼核心品牌，深化专题分析，积极探索推动老字号创新、转型的有效路径。研究成果将以《北京西城老字号谱系丛书》《北京西城老字号谱系研究文集》《北京西城老字号印谱集》《北京西城老字号传承故事集锦》等形式呈现。还将适时编制《西城区老字号研究文献资料数据库》，推出文商旅有机结合系列产品，全力推动老字号创新发展。

**（二）新时期西城老字号企业传承发展面临严峻挑战**

西城老字号面临的困难和挑战，主要表现在以下四个方面。

——核心技艺传承困难，后继乏人。老字号大多产生于小农经济时代，传统经营观念浓厚。在核心技艺传承上，固守“独此一家”观念，只在家族内部传承，“肥水不流外人田”。特别是餐饮行业中的一些传统小吃和服务行业的老字号，存在接班人短缺、技艺传承困难的情况。

——百姓消费习惯变化，老字号产品市场冷淡。在现代社会条件下，生产力极大提高，产品极大丰富，人们的选择也更加多样。原来繁杂的手工艺生产出来的东西，被现代化流水线的批量化生产所取代，价钱也更加便宜。昔日辉煌的老字号，面临日益激烈的同类产品竞争。由于工艺的特殊性，老字号的成本很难下降，产品逐渐失去市场竞争力。

——企业经营成本上升，发展后劲不足。核心技艺传承人的培养成本非常高。老字号企业传承人的培养需要及早发现，长期培养；这些传承人的一些具体困难如家属就业、孩子上学等，企业也都要帮助解决。随着社会的发展，年轻人择业机会扩大，就业渠道广泛，对于就业待遇、工作条件的要求在逐步提高，这些在无形中都增加了企业的成本，制约了老字号的进一步发展。

——经营观念落后，企业发展步履维艰。在老字号传统观念中的一些负面元素，如家族式传承的局限，片面强调“原汁原味”导致的创新精神的缺乏，市场意识缺乏带来的竞争精神减弱，不愿、不能扩大再生产等，越来越成为阻碍老字号企业进一步发展的桎梏。

## 四、推动西城老字号创新发展的基本思路

### （一）创新扶持保护理念，提升服务管理水平

——坚持保护与发展并重。在努力保护传统的基础上，积极促进创新发展；大力推动老字号企业传统经营理念与现代企业制度的有机对接，实现传统老字号的当代转型，在发展的基础上实现有效的保护。

——坚持重在核心要素保护。立足中华传统文化的根基，着重对具有民族特色的传统技艺、特色商品和特色服务进行保护，从不同角度对老字号的传统文化进行深度解读，进一步弘扬蕴含在老字号企业中的中华文化价值。

——坚持以激发老字号内在动力为根本。全面发挥市场经济的决定性作用，加强政策引导，充分调动老字号企业的积极性和发展潜能。改变部分老字号企业缺乏市场竞争意识、坐等政府扶持保护的现状。

——坚持以优化发展环境为重点。制定扶持和引导本地老字号企业发展政策，肃清阻碍老字号传承创新的体制机制障碍，营造有利于老字号发展的良好外部环境。

**（二）强化政府引导作用，助推政策落到实处**

——将保护和促进老字号发展纳入“十三五”发展规划。研究制定具体政策措施，发挥西城区老字号保护和发展部门联席会议功能，统筹解决重大问题。出台关于老字号集聚区规划项目的政策，全面落实规划保障措施。

——加强老字号发展研究。以政府为主导，积极利用区域资源优势，支持老字号民间研究机构建设，鼓励有关学术研究机构、大专院校、企事业单位、行业协会、第三方研究机构等各方面力量，广泛参与到老字号企业的保护和发展中来，为老字号企业转型升级、实现科学发展提供理论引导和智力支持。

——采取灵活多样的方式，加大老字号扶持政策的宣传。协助企业建立老字号博物馆和非遗工作室，向社会各界特别是各中小学校开放，使之成为教学培训基地或参观基地。

**（三）完善老字号保护体系，营造老字号良好发展环境**

——加强调查研究，建立健全老字号档案体系。发挥政府相关部门主导作用，认真开展老字号普查工作。充分利用文字、录音、录像、多媒体等方式，加强对老字号传统手工技艺、发展史料和实物的收集、整理，加快抢救濒临失传或受到破坏的老字号传统技艺、重要文献、珍贵实物。

——强化法律意识，加强老字号知识产权保护。支持和鼓励区域老字号企业在国内外进行商标、域名注册，取得商标权。关注国内外商标注册情况，为区域老字号提供全面、及时的商标注册信息，为有条件的老字号走出本地市场、开辟国际市场提供保障，向老字号企业境外维权提供支持。鼓励区域老字号积极申报中华老字号和北京老字号，争创驰名商标。在城市建设改造过程中加强老字号重点地区和重点企业的保护，建立老字号搬迁保护机制。

——拓宽融资渠道，努力提升资金的使用效率。合理安排老字号发展专项资金使用，鼓励民营资本等多种社会资本参与老字号经营，为老字号企业注入活力。综合统筹老字号发展资金的使用，向资金需求迫切且规模较小的老字号企业适度倾斜，通过信贷支持、税收优惠等政策对具有潜力的老字号企业给予支持。运用奖励政策，鼓励老字号企业优化资本结构，整合资源，提升竞争力，对有贡献的老字号企业给予资金奖励。

——创新服务理念，提升服务品质。从老字号专项发展资金中划拨出一部分，通过公开招标等方式，从专业研究团队中购买解决老字号企业发展问题所需要的服务，加强购买服务效果的监督评价，助力老字号企业提高现代化管理水平和市场竞争能力。

**（四）创新企业经营观念，优化老字号发展机制**

——大力推动现代企业制度。充分挖掘和体现自身优质资源，创新经营理念，推进产权制度改革，大幅度提升老字号企业的核心竞争力。以人们广泛认可的核心产品为基础，从实际出发，探索提高规模化生产和经营实力的有效路径，进行系列产品开发，延伸和提高品牌价值。

——以当代发展理念优化发展品质。将老字号网点建设纳入全区商业网点规划和城市发展规划，加强统筹协调，解决老字号的空间落点问题。结合区域重点产业发展政策，增进老字号与旅游、文化等产业的对接。充分利用推动文化创意产业发展政策，引进相关老字号企业，扩大文化产业老字号集聚规模，建成文化产业老字号特色街。

——探索老字号与城市生活的契合点。鼓励和引导各老字号企业立足自身条件，通过开设连锁店等方式，走进社区，走进老百姓的生活。积极支持老字号产品入选“北京礼物”，在客流量较大的火车站、飞机场、旅游景区等开发经营场所，提高老字号产品销售，提升老字号企业的社会知名度。

——以文化提升品牌。挖掘老字号文化内涵，根据企业的产品和服务特点，形成独特的体验营销模式，扩大市场份额，弥补老字号企业高端服务消费的不足，获取高端利润，提升老字号企业品牌层次。

——加强老商业街和老字号原址历史风貌保护。根据城市发展整体规划，坚持尊重历史、立足现实、着眼未来，采取资料梳理、出版展示、原真复建等方式，对一些具有深厚历史内涵和广泛社会影响的老商业街和老字号包括原店址建筑以及牌匾、楹联、招幌等，进行多种保护。

**（五）加强人才队伍培养，推动企业技术创新**

——加大支持力度，推动技术创新和人才培养。坚持继承与创新并举，深入挖掘自身的传统技艺和品牌内涵，弘扬老字号的传统文化和服务理念，积极引入现代管理和生产技术，开发特色产品和服务，提高老字号竞争力。

——强化老字号企业人才队伍建设机制。建立市场化选拔机制，通过社会化征聘职业经理人等机制，选拔符合市场化经营所需要的专业人才。健全职业教育定向培训机制，由行业协会牵头，联手高校、第三方等教育培训机构，以联合招生、定向培训等方式满足企业的不同需求。通过智力引进、校园招聘等途径，为老字号储备管理型、技能型实用人才。

——加大支持老字号企业技术创新的力度。引导企业加大研发和技术改造投入，促进手工工艺的智能化和电子化控制。依托高校及研究机构，加强科研基地建设，为老字号企业应用和推广网络信息技术、智能化工艺流程提供政策支持。

老字号体现了中华民族的鲜明文化特征和深厚文化底蕴，具有不可复制的人文价值和社会价值。从历史传承脉络和当代核心价值的角度考察老字号，深入探索政府保护扶持老字号的有效路径，具有重大的经济意义、文化意义、社会意义、政治意义。期待各界人士进一步更新发展理念，加大推进力度，力求取得新的更大成效。

# 第一部分

# 『传承』与『创新』

# 传承与转型：老字号发展之路

——北京西城老字号谱系研究文集

# 试论老字号的认定和分类标准
## ——以北京西城为例

袁家方

【内容提要】老字号是长寿的企业和企业名称品牌，是体现中国文化特质的企业形态。以北京西城老字号为研究对象，在认真总结近年来各级政府相关政策制定及实施情况的基础上，科学确定老字号的分级认定条件和分级标准体系，对于确立和提升老字号的社会地位，更好地发挥老字号在提供行业示范、优化产业结构、完善地区形象、充实城市精神、推动中华民族优秀文化传承方面的作用，扩大老字号的社会影响，探索新的研究思路和方法，都具有十分重要的意义。

【关键词】老字号　分级　分类　认定

### 一、“老字号”——长寿的企业和企业名称品牌

老字号的认定和分类，首要在其概念的界定。但在现实生活中，对于这一词组，无论民间、官方还是在学界，迄今还没有统一、规范的定义。

根据本文的研究，所谓老字号，就是“长寿的企业和企业名称品牌”。它包含有两个方面的内容：第一，老字号是“长寿的企业”；第二，老字号不是“品牌”而又是“品牌”。

#### （一）老字号——“长寿的企业”

说老字号是“长寿的企业”，一是指老字号是企业；二是指这

个企业有着超常的寿命。

“老字号”一词出自民间，“老”字当头，首先反映着人们对“执业久，历事多”的店铺的尊重、崇敬。类似的称谓，还有如“老先生”——是人们对年高望重者的敬称；“老主顾”——是敬称有长久关系的顾客；“老师傅”——是对有技艺的年纪较大的人的尊称，等等。所以，“老字号”实际上意指店铺、商号中的“寿星佬”。

存续多少年的字号，人们才称之为“老字号”？

民间有“百年老字号”或“百年老号”之说，同时，我国民谚中还有“富不过三代”之说。尽管早年间还没有企业寿命的调查与统计，更没有“企业生命周期”的理论，但人们从自己的生活实践中直接或间接地认识到，企业和人一样，也有生老病死、盛衰兴替，若能逾“三代”，那字号就很是寿数超长了。换言之，“三代”就是人们衡量、判断一个企业是否称得上老字号的约定俗成。

中国民谚如此，外国也有类似说法。

日本学者名和太郎在所著《经济与文化》一书中写道：“伊斯兰哲学家伊布恩哈德温指出：‘1000多年以前，第一代的人是士兵。第二代开始对艺术、建筑等崇尚秀美的领域产生兴趣。到了第三代，那就只剩下奢侈放纵、腐败益增，于是它被外部异质文明的士兵征服，陷于覆灭。’文化繁荣的江户时代（1603—1867年），有这样一首川柳诗：‘三代明体书法妙，出售房屋技艺高。’这首诗的意思是说，第一代拼命劳动，积蓄财产，第二代依仗祖传财产生活优雅，到第三代就只好出卖祖传房屋。看来无论古今东西，人的社会自古以来似乎一直按照同一规律重复”。①

据说葡萄牙有“富裕农民—贵族儿子—穷孙子”的说法；西班牙也有“酒店老板，儿子富人，孙子讨饭”之说；德国则用3个词“创造，继承，毁灭”来代表三代人的命运。②韩国的俗话说得更直截了当——

① [日]名和太郎著，高增杰、郝玉珍译：《经济与文化》，中国经济出版社1987年版，第14页。
② 王栗涛：《“穷孙子”会越来越多？》，《中国经济时报》2008年9月23日。

“开店家传不过三代”。日本则有老话说——“若要为老字号企业奠基，要等第三代入赘女婿当家。”①

由此看来，“富不过三代”是全球性现象。

根据世界著名咨询机构麦肯锡的研究报告，全球家族企业的平均寿命只有 24 年，其中只有约 30% 的家族企业可以传到第二代，能够传至第三代的家族企业数量不足总量的 13%，只有 5% 的家族企业在三代以后还能够继续为股东创造价值。②

当然，也有的字号跨过一百年乃至数百年的岁月，延续着生命的活力，创造了企业寿命的奇迹。这些企业的长寿，使它们成为人们数代相沿不替的好伙伴、好邻居，乃至引以为自豪的地方文化骄傲——“社会的好公民”。“老字号”“百年老号”的尊称，就在这样的背景下产生，并传扬开来。因而，对应于“富不过三代”的传言，又有“富过三代懂生活”之说。这表明，“三代”不只是对家庭或家族而言，对企业，它也是其生命历程中的一个“大坎儿”。

这个“坎儿”又是多少年？这就涉及“代际”以多少年为据。参考我国一般家庭父子的年龄差和家族谱系档案提供的有关数据，一般以 25–30 年为一代比较合理。由此比及企业，所谓“三代”，当在 75–90 年左右的寿数了。

今天谈及长寿的企业，又与企业生命周期的理论及实践应用直接联系。

最初，人们对企业的生命周期的认识，停留在感性、经验的层面。随着经济学及管理科学的发展，有关“组织生命周期”“企业生命周期”理论以及需求、产品、技术、产业等生命周期理论相继出现，人们对“企业寿命”的认识，也逐步提高到理性、科学的高度。

---

① [日]野村进著，武继平译：《一千年的志气，永不衰竭的企业竞争力》，中信出版社2011年版，第6页、第115页。日本老店企业以家族经营为多，但其传承也会选养子或女婿来继承家业。

② 《福布斯发布“中国现代家族企业调查报告”，重庆5个家族企业上榜，二代接棒，业绩普遍不如创一代》，《重庆晨报》2013年9月23日，第20版。文中所称“家族企业”，是指企业所有权或控制权归家族所有，以及至少有两名或以上的家族成员在实际参与经营管理的企业。

这不但体现在相关理论著述等方面，还突出表现在企业生命周期受到广泛的关注。每年，我们都能在报章上看到关于企业寿命的统计及研究报告。

2013 年 7 月 30 日，国家工商总局发布《全国内资企业生存时间分析报告》，对 2000 年以来全国新设立企业、注吊销企业生存时间进行综合分析，绘制了一份企业的“生命周期表”。

该报告显示，目前我国近五成企业生存时间不足 5 年，企业成立后的 3~7 年是生存“瓶颈期”，也是企业能否进一步成长、发展的关键期。

从行业的角度看，2008 年初至 2012 年底，全国累计退出的批发和零售业企业数量最多，其次是制造业、租赁和商务服务业。这三类行业合计退出企业占退出企业总量的 63.0%。

根据这份报告，现代服务业中的金融业，由于准入门槛高、企业实力强，平均寿命为 8.84 年，是目前统计中最“长寿”的行业。传统服务业的平均寿命为 6.32 年。房地产行业的平均寿命为 4.49 年。

该报告分析，采矿业、电力热力燃气及水的生产、公共管理、社会保障和社会组织等行业发展较为平稳；而居民服务、修理和其他服务业、住宿和餐饮业等行业经营服务对象受地域等因素影响较高，竞争较为激烈，“死亡率”较高。

从规模的角度看，我国注册资本在 100 万元以下、100 万 ~1000 万、1000 万以上的企业，10 年存活率大约分别是 40%、65% 和 90%。

该报告还就我国企业的生存时间，做了国际比较。据美国《财富》杂志的统计数据显示，美国 62% 的企业寿命不超过 5 年，只有 2% 的企业能存活 50 年；日本《日经实业》的调查显示，日本企业平均寿命为 30 年。美国列入世界 500 强的企业平均寿命 40~42 年，而中小企业平均寿命不到 7 年，一般跨国公司平均寿命 10~12 年。欧洲存活 5 年以上的中小企业只有 50%。据此，该报告称，总体来看，我国企业的生存规律与这些国家相近。[①] 依此看中国的老字号，其生命的存续，远远超过中国企业的平均年数。

所以我用“长寿的企业”取代老字号是“历史悠久的企业”之说，就在于“历史悠久”是个“形容短语”，它因不同语境而有长短年数的指称。而在企业生命周期及长寿企业的界定方面，经济学、管理学、史学等诸多学科已经有大量基于案例研究、统计分析等方面的研究成果，可以在老字号的认定中借鉴。

**（二）老字号——不是“品牌”又是“品牌”**

老字号是长寿企业，它不是品牌，准确地说，它是老字号“企业名称品牌”的缔造者、拥有者和传承人。

从历史发展的脉络看，在还没有现代意义的品牌出现之前，老字号创建之初也只是一个普通的店铺或商号，甚至可能连字号的名称都没有，但他们就是凭着薄技在身，靠着憨实的诚信，或走街串巷，或摆摊售卖，寒来暑往，年复一年，居然就将看似寻常的生产、销售和服务，修炼成令人惊叹的独门绝技；历经百年甚至数百年，老字号的产品与服务，居然融入人们的生活习惯，变成城市或地方的文化。这一“融”一“变”，融变出今天老字号的无形资产——“企业名称品牌”。这时的老字号品牌，是指只要听到名字，就能联想起其独有的商品与服务，想到它的建筑、门面、匾额、楹联、店堂的情景，还有它的故事、传说乃至所在街区的境况等等，总之，会在瞬间想起它所有的或者是与它相关的一切。能做到这一点的品牌，自然堪称超一流。

从逻辑的角度观照，企业组成并运营在先，而后才会有企业的品牌随后产生，就像“先有鸡而后有蛋”。

所以，无论是从历史发展上还是从逻辑线路上，都应该是老字号创立与发展在前，老字号企业名称品牌形成于后。

就一般企业而言，企业所拥有的财产，总是包括有形资产和无

① 国家工商行政管理总局网站。

形资产。其无形资产包括著作权、专利权、专有技术、技能经验、品牌、商业信誉等。品牌只是其无形资产的组成部分，而不是其财产的全部，更不是其财富的全部。从企业的品牌拥有而言，其名称品牌也只是其中之一，而不是全部。

我们今天所说的"品牌"的概念及相关的营销理论与技术等等，是20世纪七八十年代，随着改革开放进入中国的。而"当代品牌和单独的品牌名称的使用起源于19世纪"。而且，"其中一些甚至出现的时间比这个年代要短"。"尽管今天创造与选择名称的方法比以往任何时候都复杂得多，但是19世纪建立的基本原则和种类今天仍然适用。"①

从我国及世界范围考察，老字号和历史上曾经存在过的无数企业一起，以自身的成功或失败，为现代品牌营销战略策略与技术及理论的形成、发展，提供了经验的积累。我们可以说，是老字号们为现代品牌理论的形成与发展奠定了基础，开了先河。这就像中国人一提到品牌、商标，总会说到宋代那个针线铺的"兔儿为记"，外国人则总会说到美国加州农场主在牛身上烫上自己农场的名字作为身份标记一样。

为什么说"老字号又是品牌"？

第一，人们习称的"老字号品牌"，其全称应该是"老字号企业名称品牌"。但老字号的产品或服务，有的在品牌上用的就是其企业名称品牌，即其名称品牌与产品或服务品牌同一；有的用的是另外的品牌名称。所以，"老字号品牌"一词有着一定的"模糊性"。其实际的词义，往往要依具体的语境而确定。

第二，某些老字号的"品牌化存在"。这是指有的老字号因各种不同的原因，已经不作为企业实体存在，而是在新的企业或集团中，只体现为品牌，且具体化为产品或服务的品牌了，但其原来的老字

① [英]苏珊娜·哈特、约翰·莫非编著，高丽新译：《品牌圣经》，中国铁道出版社2006年版，2010年2月第2次印刷，第19、29页。

号的品牌影响力仍然存续。

还有的老字号，连字号和产品及服务均不复存在，但其社会文化影响力依然存在。这也应说是其“品牌化存在”的一种样式。这种类型的老字号，可能就以“品牌化”形态延续其无形的存在；或者在一定的机缘条件下“死而复生”。

**（三）老字号——体现中国文化特质的企业形态**

我们今天所说的中国老字号，包括国家级的“中华老字号”，首次认定是由当时的国内贸易部于1993年实施的，后由国家商务部分别于2006年、2010年两次正式认定[①]；包括由各省、自治区和直辖市认定的省级老字号，如北京、上海、浙江、四川、云南、福建等；还包括由各个城市自行认定的地方老字号，如南京、金华、杭州、常州、深圳等。由此可以看出老字号地域分布的广泛和存在层次的多样。

作为具有鲜明中国特色的企业形态，老字号在我们的社会生活中发挥了十分重要的作用。

老字号是中国企业核心竞争力的典型代表。以其永远把顾客放在第一位的宗旨、讲究诚信的经营理念、追求卓越的拼搏精神、面对万难而不屈的民族气节，历经百年风雨而不衰，成为最响亮的“中国品牌”。

老字号作为群众身边的“大品牌”，每每给人以“家”的感觉。它直接服务亿万百姓的衣食住行，以其独特的产品、优质的服务、良好的口碑赢得群众的信赖，并由此成为“地方产品”“城市产品”乃至“国民性产品”。它是我们“家”的组成部分——“家”的延伸。对于海内外的游子，它们就是故乡所在，就是乡愁所系。

老字号是中华传统文化的独特载体。它的经营理念、经营宗旨、经营策略、管理制度构成中国特色的企业文化；它在城市生活中发挥着不可替代的重要作用，成为一道独特的“都市风景”；它体现着中国人的口味、喜好，成为“中国式生活方式”从而“中华文化”

① 丁维峻主编：《北京的老字号》，人民日报出版社2009年版，第78页。

的典型代表，用独特的方式，书写着与众不同的中华文明。

老字号具有广泛的社会影响。无论是以企业形态还是品牌化存在的老字号，它们都为中国产业结构的优化提供借鉴，为企业服务标准水平的提升提供参考，为当代城市形象的完善提供坐标，为中国梦的实现提供路径选择。

## 二、老字号认定标准的框架要目

### （一）科学认定老字号，具有重大意义

概括起来，大致有以下几个方面的意义。

1. 确立老字号的社会地位。通过科学认定各级老字号，可以为百年老号“正名”，从历史沿革、著名品牌、营销谋略、市场评价、顾客口碑、经济拉动、社会影响等不同角度，进一步阐释老字号的历史意义和当代价值。

2. 发挥老字号应有的作用。通过科学认定各级老字号，可以强化老字号自身的历史感、荣誉感、责任感，引导老字号增强机遇意识、创新意识、实干意识，自觉推进现代企业制度建设，规范企业管理，深化品牌发展战略，提升老字号的核心竞争力。

3. 扩大老字号的社会影响。通过科学认定各级老字号，可以百年老号的成功经验提供行业示范，优化地区产业结构，更加有效地发挥老字号的溢出效应，完善地区形象，充实城市精神，推动民族文化的传承。

4. 探索老字号研究的科学方法。通过科学认定各级老字号，可以探索新形势下以“静动结合”“分级认定”“动态管理”等方式，加强企业管理、行业管理及相关文化遗产保护的有效路径；同时也为其他方面的相应管理提供借鉴。

应该指出，老字号不是“评”出来的，而是市场用漫长的岁月在复杂激烈的竞争实践中“淘”出来的。老字号以自己悠久的历史作为，赢得了一代代人们的公认（一致的认为或承认）、推崇和敬重。

它们是企业中的“古树名木”。

在老字号的认定标准设计中，特别应强调“认定标准”的客观性。所以，认定标准的框架要目，就成为具体标准体系建立的首要关键。

**（二）框架要目设计的基本思路**

国家商务部在2006年12月19日颁布《“中华老字号”认定规范（试行）》，指出“中华老字号（China Time-honored Brand）”，是指历史悠久，拥有世代传承的产品、技艺或服务，具有鲜明的中华民族传统文化背景和深厚的文化底蕴，取得社会广泛认同，形成良好信誉的著名品牌。并明确规定，凡是申报为老字号的企业，必须具备七个方面的条件①。

《“中华老字号”认定规范（试行）》是对中华老字号历史地位和当代价值的充分肯定，自从实施以来，对老字号的保护和发展，起到了积极的作用。但其关于老字号的定义及认定条件，也引起了广泛的争议。争议的实质，在于如何科学、确当、公允地认定老字号。

既然我们将老字号比喻为“企业中的古树名木”，那么古树名木认定的相关标准框架设计的思路和方法，便可以借鉴。

在全国绿化委员会、国家林业局颁发的《全国古树名木普查建档技术规定》（全绿字〔2001〕15号）中，对“古树名木”的内涵和外延做出规定：

一是明确提出“古树名木”的范畴：一般系指在人类历史过程中保存下来的年代久远或具有重要科研、历史、文化价值的树木。“古树”——指树龄在100年以上的树木；“名木”——指在历史上或社会上有重大影响的中外历代名人、领袖人物所植或者具有极其重要的历史、文化价值、纪念意义的树木（见该规定第三条）。

二是界定“古树名木”的分级及标准：古树分为国家一、二、三级，国家一级古树树龄500年以上，国家二级古树树龄为300—499年，国家三级古树树龄为100—299年。国家级名木不受年龄限制，不分

① http://wiki.mbalib.com/wiki/%E4%B8%AD%E5%8D%8E%E8%80%81%E5%AD%97%E5%8F%B7.

级（见该规定第四条）。

三是对每一棵“古树名木”的调查内容做出具体规定。其调查框架包括：古树名木的所在地、树种、位置、树龄、树高、胸围（地围）、冠幅、生长势、树木特殊状况描述、立地条件、管护责任单位或个人、传说记载、保护现状及建议等（见该规定第十一条）。

借鉴上述理念和规定，在对老字号的认定工作中，其框架内容应包括以下重要内容：

——老字号所在市地、字号名称、地址等；

——老字号年龄、发展历史、经营管理及个性文化特点等；

——老字号的轶事掌故、历史文化贡献等；

——老字号的现状及保护与发展建议等。

特别需要指出的是，对于老字号企业的现状，应该有一个全面、实在的认识与了解。老字号的现状，或者更具体而言，老字号企业的“健康状况”，至少有良好、一般、较差、濒危和死亡等五种类型，即如同古树“生长势”一样[①]。但这不是认定老字号的指标，而是为保护和促进老字号发展的对策研究提供基本状况支持。

目前，在一些城市的“老字号认定规范”中，有“经营状况良好，且具有较强的可持续发展能力”等标准[②]。这实际上是“评选式”老字号认定方式的体现。

首先，它在众多老字号中，遴选出“经营状况良好”的老字号，而将其他四类老字号拒之门外。这不是对老字号的认定，而是老字号选优。老字号的认定，旨在保护和促进老字号的发展。以“选优”的方式，对“生长势”一般、较差或濒死的企业置之不顾，显然违

① 《全国古树名木普查建档技术规定》将古树名木的“生长势”（树木生长的强弱状况）分为五级：（1）枝繁叶茂，生长正常为“旺盛”；（2）无自然枯损、枯梢，但生长渐趋停滞状为“一般”；（3）自然枯梢，树体残缺、腐损，长势低下为“较差”；（4）主梢及整体大部枯死、空干、根腐、少量活枝为“濒死”；（5）已死亡的直接填写，并在总结报告中说明。

② 资料来源：国家商务部《“中华老字号”认定规范（试行）》（2006年12月）《“四川老字号”认定规范（试行）》（2006年7月）《“福建老字号”认定规范（试行）》（2009年9月）、《“浙江老字号”认定办法》（2009年12月）《常州市老字号认定规范（试行）》（2011年3月）等。

背了老字号认定的宗旨。

第二，是否老字号，应该由历史说了算。这和一棵树是否属于古树，要依靠树龄说了算一样。老字号的“老”字，一是强调其的长寿，二是强调其本身所蕴含的历史文化价值。用近期“经营状况良好”作为认定老字号的标准，既是对老字号的一种苛求，也是对老字号认定工作的舍本求末。

第三，老字号的认定工作，实际上又是一次老字号基本情况的普查。它恰恰应该立足于对所有老字号“生长势”“立地条件”等状况做深入细致的了解和全面的把握，才能在“认定”的同时，有针对性地制定和调整相应的方略、政策和措施，切实保护和促进老字号的发展。

综上所述，客观、全面、辨证地认识老字号，并在此基础上确立认定的标准体系，才能保证老字号认定工作的科学、规范、严谨。

**（三）框架要目**

科学认定老字号，需要有一个标准体系做依据。这一体系旨在回答“什么样的企业才是老字号”。根据本文的主旨，老字号企业的认定，应注重从时间和空间两个维度来考察。其指标框架，应主要包括企业存续时间、企业历史文化、企业无形资产、企业商文化空间生态环境、企业目前经营管理状况等五个方面。

1. 企业存续时间

从我国和世界各国的情况看，在企业生命周期的有关数据中，有三个“年龄段”，可供老字号认定时参考。

一是三十年。世界著名咨询机构麦肯锡的研究报告显示，全球家族企业的平均寿命只有 24 年，只有约 30% 的家族企业可以传到第二代，能够传至第三代的家族企业不足总量的13%，只有5%的家族企业在三代以后还能够继续为股东创造价值。[①] 据日本《日

① 《福布斯发布“中国现代家族企业调查报告”，重庆5个家族企业上榜，二代接棒，业绩普遍不如创一代》，《重庆晨报》2013年9月23日。

经实业》的调查显示，日本企业平均寿命为30年，我国企业平均寿命也与之相近[①]，“30年”无形中成为企业生命中的一个重要的“门槛”。

按照一般公认的25年至30年左右为一代的看法，如果一个企业存续了30年，其产品或服务恰恰也影响了一代消费者。这就带来其品牌影响向第二代传播的可能。

从现代品牌营销的角度看，《品牌洗脑》一书中写道：“我们成年人的品位和喜好——无论是关于食物、饮料、衣服、鞋子、化妆品、洗发水，还是其他什么，从儿童早期就形成了……有研究表明，大部分我们对于品牌和产品的喜好（有些时候是对于这些品牌所代表的价值观），在我们7岁以前就已经深深嵌入大脑中……事实上，基于我发现的一些新的研究结果，结论要更进一步了：世界上最聪明的厂商在努力控制我们喜好的时间点上又提前了一些——在我们还未出生时。”“托德兰克博士在科罗拉多大学医学院进行了一项为期两年针对孕妇和胎儿的研究，结果表明孕妇的饮食不仅让胎儿对香味和气味敏感，而且相关信息还会传输进胎儿的大脑，从而影响婴儿未来的饮食习惯”。[②]

2013年7月30日国家工商总局发布的《全国内资企业生存时间分析报告》显示，截至2012年底，我国实有企业1322.54万户。其中，生存时间五年以下的企业652.77万户，占企业总量的49.4%；5至10年的435.24万户，占企业总量的32.9%；10年以上的234.52万户，占企业总量的17.7%。24年以上的13.67万户，占企业总量的1.0%。

能够存续24年以上的企业，其数量只占全国企业总量的1%，其中能有30年寿数的，所占比例会更低（见表1）[③]。

① 《全国内资企业生存时间分析报告》，国家工商总局2013年7月30日发布。

② [美]马丁·林斯特龙著，赵萌萌译：《品牌洗脑——世界著名品牌只做不说的营销秘密》，中信出版社2013年版，第3、7—8页。

③ 国家工商总局2013年7月30日发布的《全国内资企业生存时间分析报告》。

表 1　全国企业生存时间分布表（截至 2012 年底）

| 年龄 | 企业数量（万户） | 比重 | 年龄 | 企业数量（万户） | 比重 |
|---|---|---|---|---|---|
| 1 年以内 | 195.91 | 14.8% | 11 年 | 43.13% | 3.3% |
| 2 年 | 185.19 | 14.0% | 12 年 | 33.95% | 2.6% |
| 3 年 | 153.39 | 11.6% | 13 年 | 27.15% | 2.1% |
| 4 年 | 118.29 | 8.9% | 14 年 | 21.71% | 1.6% |
| 5 年 | 89.92 | 6.8% | 15 年 | 18.16% | 1.4% |
| 6 年 | 82.54 | 6.2% | 16 年 | 13.18% | 1.0% |
| 7 年 | 76.66 | 5.8% | 17–19 年 | 27.74% | 2.1% |
| 8 年 | 67.84 | 5.1% | 20–24 年 | 35.83% | 2.7% |
| 9 年 | 62.47 | 4.7% | 24 年以上 | 13.67% | 1.0% |
| 10 年 | 55.81 | 4.2% | 合计 | 1322.54% | 100.0% |

对于具体企业的所在省市地方，特别是在一些区县或乡镇，一个企业在当地存续 30 年，已经是为人们另眼相看的“凤毛麟角”。所以，它们往往被称为当地的“老字号”。

如此看来，目前我国一些省市以 30 年为老字号认定的标准之一，或者就是基于本地的具体情况。

二是七十年。美国《财富》杂志的统计数据显示，美国 62% 的企业寿命不超过五年，只有 2% 的企业能存活 50 年。我国企业的生存也有类似情况①。由此再参考“富不过三代”这一世界各国都有的经验之说，三代历时大致在 70 至 90 年之间，从最低标准看，70 年至少是企业向百年历史迈进的又一级台阶。日本有老话说，“若要为老字号企业奠基，要等第三代入赘女婿当家。”其中的“奠基”二字，用得真是“点睛之词”。

三是百年及百年以上。美国 62% 的企业寿命不超过五年，我国近五成企业年龄在五年以下。对于这些转瞬即逝的企业，百年真的是无法企及的奇迹了。更何况世界上还有数百年乃至上千年的老字号。

日本《东洋经济周刊》将世界上创业 200 年以上连续经营的老铺企业称为“超级老铺企业”，并将世界上 20 个国家拥有的存续 200 年以上老铺企业数量排列如下②：

① 《全国内资企业生存时间分析报告》，国家工商总局2013年7月30日发布。

② 《东洋经济周刊》2010年11月20日，第43页，光产业创成大学院大学后藤俊夫教授2010年10月统计。

| 序号 | 国别 | 企业数 |
|---|---|---|
| 1 | 日本 | 3886 家 |
| 2 | 德国 | 1850 家 |
| 3 | 英国 | 467 家 |
| 4 | 法国 | 376 家 |
| 5 | 澳大利亚 | 302 家 |
| 6 | 荷兰 | 296 家 |
| 7 | 意大利 | 192 家 |
| 8 | 瑞士 | 167 家 |
| 9 | 美国 | 157 家 |
| 10 | 俄罗斯 | 149 家 |
| 11 | 捷克 | 102 家 |
| 12 | 瑞典 | 84 家 |
| 13 | 比利时 | 79 家 |
| 14 | 西班牙 | 77 家 |
| 15 | 中国 | 75 家 |
| 16 | 丹麦 | 66 家 |
| 17 | 波兰 | 49 家 |
| 18 | 挪威 | 44 家 |
| 19 | 爱尔兰 | 41 家 |
| 20 | 南非 | 41 家 |

日本学者野村进在《一千年的志气，永不衰竭的企业竞争力》中称，大阪有家名叫“金刚组”的建筑公司，自飞鸟时代（600—710年）就开始建造寺庙神社直至今天。据说公元593年于难波建成四天王寺，是该公司事业发展的第一步。这家公司创业的年代，距今竟有1400年。除此之外，日本北陆地区还有创业将近1300年的老旅店，京都有开店1200年之久的和式点心店。同样在京都，还能找到有着1300

年悠久历史的佛具店和千年老字号药铺等[①]。

《日本长寿企业的经营秘籍》一书的作者船桥晴雄在其“致中国的读者朋友”的致辞中说：“日本的长寿企业很多。据调查，在124万家企业中，存续100年以上的企业有2万家，200年以上的有1200家，300年以上的有600家，500年以上的有30家，1000年以上的有5家”[②]。

据此，如果我们从长寿的角度给企业生命周期划分“级别”，至少有三个：

（1）30年以上——“入门级”；

（2）70年以上——“奠基级”；

（3）100年以上——“长寿级”。

再向上延伸，还可以包括：

（4）200年以上——“超级长寿级”；

（5）500年以上——“奇迹长寿级”。

综合上述分析，本文提出，确认企业存续时间的具体条件，主要应该包括企业寿命、企业传承谱系、文化遗产保护级别、始创地保存状况、店址迁移情况等要素。

（1）企业寿命

①企业档案资料：主要包括店（场、厂）历史记录；能证明店铺始创年代的房屋契约文本（房契、租约等）；历史账目记录；商标注册证书（包括：注册机构、年代、文字及图形内容等）；广告宣传册页（如同陞和、盛锡福20世纪30年代印发的宣传册等）；其他可以证明企业创始年代及发展历史的文字、图片等佐证资料。

②口述实录佐证：主要包括创始人家族人员口述实录；店员口述实录；所在商业街邻里店铺的口述实录；胡同街巷邻居的口述实录；

① [日]野村进著，武继平译：《一千年的志气，永不衰竭的企业竞争力》，中信出版社2011年版，第3页。

② [日]船桥晴雄著：《日本长寿企业的经营秘籍》（原名《新日本永代藏——企业永存的法则》），清华大学出版社2011年版，第2页。

其他口述实录。

③著述记载证明：主要包括企业出版物（纪念册、店史等）；史籍记载；报刊等媒体记载；文学作品及民间传说等。

④专家考证：主要包括论文、专著或文集等；文物鉴定的有关资料。

（2）企业传承谱系

①企业传承谱系：主要包括企业自身提供的传承谱系；有关著述记载；有关考证文章。

②技艺传承谱系：主要包括企业自身提供的传承谱系；有关著述记载；有关考证文章。

③企业组织形式：主要包括创始期组织形式（家族企业、合伙、股份公司、其他）；企业组织形式的历史变化情况；有关著述记载；有关考证文章。

（3）文化遗产保护级别

①物质文化遗产：主要包括老字号所拥有的物质文化遗产级别（如瑞蚨祥等商业建筑列入国家级文物保护单位名录）；文物保护单位的相关内容及保护状况。

②非物质文化遗产：主要包括老字号所拥有的非物质文化遗产级别（如内联陞的传统布鞋制作技艺列入国家级非物质文化遗产名录）；非物质文化遗产的项目、内容；传统技艺等的保护及传承情况。

（4）始创地保存状况

①企业创始地：指企业最初创始地老店建筑存留情况，主要包括：老店建筑落成时间；原貌保存情况（可分为：原貌保存良好，具有原真性、完整性；原貌门面保留，框架结构基本保留[有否恢复可能]；原貌门面保留，内部结构改易[有否恢复可能]；原貌已破坏[现状如何，应有说明]）。

②相关资料：包括历史照片；建筑图纸；最初建设及历次维修或改造记录等。

（5）店址迁移情况

主要包括：迁址次数；各次具体情况（年代、地址、面积、建筑形制、对企业的影响）。

2. 企业历史文化

（1）产品与服务

主要包括产品或服务的特点；产品或服务产生与发展的历史脉络；产品或服务在社会生活及民俗文化中的地位、影响力；产品或服务的保护与传承情况。

（2）创新与发展

指老字号历史上的创新与发展有关记载，主要包括企业自身的记录；史籍记载；媒体历史记载；民间传说、民谚；文学、影视作品等。

①产品或服务

1）历史记录，如产品或服务的拓展方面（如新中国成立之初，内联陞在产品线中增添女鞋系列，曾经引起企业内大的争论；如盛锡福的礼帽、便帽[解放帽]、羊剪绒皮帽成为北京三个历史时期的“标志”，被载入中国服装服饰史、中国现代社会史相关文献）。

2）近年发展。近30年来对传统技艺的挖掘、整理、开发及创新发展；新领域、范围、行业等的开拓；

②技艺（如荣宝斋的木版水印、一得阁的墨汁、王致和的腐乳等）

1）技艺创新与发展的历史记录（发明创造人、过程、成果等）；

2）传统技艺延续与发展状况（传承人、新中国成立以来的情况等）。

③业态：如瑞蚨祥的连锁业态。

④营销：如内联陞的“履中备载”（顾客信息管理）。

⑤竞争：如盛锡福与同陞和的“零距离竞争”（盛锡福从创始起，就提出了“哪里有同陞和，那儿就有盛锡福”的口号）。

⑥其他：企业经营管理其他方面的发明创造。

（3）老字号文物遗存

主要包括办公家具、用具等；生产、销售工具及设备等；不同时期的原材料、半成品及产品；老账簿及契约等（如六必居的老根账）；反映企业历史、文化的商标、广告、包装物及营销方式方法的有关物件等（如全聚德民国时期的“鸭票”和老广告等[①]）。

（4）匾额、楹联、招幌

①字号：主要包括字号名称的由来与含义；字号名称的变迁。

②匾额、楹联：主要包括不同历史时期的字号匾额与配匾、楹联的实物及保存情况；匾额与楹联的悬挂位置、字体、款识、材质、装饰特点、制作工艺与技术等的文字记录、历史及现状图片等；题写人及背景资料；题写时间及有关情况（过程、故事、有关记载等）；关于匾额或楹联的著述及媒体报道；在文学及影视作品中的体现等。

③招幌：主要包括招幌的种类（实物、音响、文字、标志招幌等）；招幌的形制、材质、颜色、制作工艺及使用方式方法等；原件或复制品；相关文字及图片。

（5）企业获奖情况

①参加国际或地区展会（大中小型展会；综合、专题、主题展会）获奖情况：主要包括奖状、奖章、奖品，图片资料应有展会名称、地点日期、获奖级别等；有关国家和地区媒体报道的影印、复印件及相关照片。如历史记载企业曾参加某年国际博览会，除文字资料外，还应有相关图片资料佐证。如《北平旅行指南》一书中所载聚顺和获奖照片[②]。

②参加全国性展会或国内地区性展会获奖情况：主要包括奖状、奖章、奖品，图片资料应有展会名称、地点日期、获奖级别等：有关媒体报道的影印、复印件及相关照片。

③参加省市自治区、区县级展会获奖情况，与上述相同。

（6）店规店训：主要包括历史原件；文字记载（本店；著述；媒体）；口述记录（员工、同行或相邻店铺员工、邻里及市民的口述等）；文学艺术、影视作品中的体现；店规店训在企业的传承情况。

（7）企业社会责任：主要包括具体事迹的文字、图片记载（本店；

① 《全聚德150年出炉1.96亿只烤鸭》，《新京报》2014年7月3日。

② 马芷庠著，张恨水审定：《北平旅行指南》，北平经济新闻社1935年版，第220—211页。

著述；媒体）；口述记录（同行、行业间、邻里及市民的口述等）；文学艺术、影视作品中的体现。

3. 企业无形资产

（1）品牌：主要包括品牌的直接载体（文字、图案和符号等）；品牌的间接载体（产品的质量，产品服务、知名度、美誉度、市场占有率等）；品牌价值（评估、评价）；品牌荣誉（品牌获奖情况）。

（2）其他知识产权：主要包括版权；著作权（如《同仁堂药目》等出版物）；传统技艺；其他知识产权。

（3）民间文学及谚语中的企业形象

①民间文学：主要包括关于老字号的民间传说等（如皇帝赐匾都一处、黑猴送金的传说等）(应提供与之相关出版物的书刊或文字记载）。

②民谚及俗语：如“头顶马聚源，身穿瑞蚨祥，脚踩内联陞，腰缠四大恒”；“会仙居的炒肝，都一处的烧麦，后门桥的灌肠”；“臭沟开，举子来”与同仁堂的故事等（应提供与之相关出版物的书刊或文字记载）。

（4）文学艺术及影视作品中的企业形象

①文学艺术：主要包括作品（如：小说《寻找“画儿韩”》、话剧《天下第一楼》等）；作品的发行量及社会反响（应提供与之相关出版物的书刊或文字记载）等。

②影视作品：主要包括作品（如：电视连续剧《东方商人》、《大宅门》等）；作品的收视率及社会反响等。

4. 企业商文化空间生态环境

主要包括字号所在商业街区或胡同的历史、文化特色、现状；传统风貌保护情况等。

①商业街区：主要包括传统商业街区原真度（原汁原味度）、完整性；老字号店铺集聚度；老字号店铺建筑原真度；老字号搬迁后街面荒废度等。

②周边区域：主要包括附近5平方公里胡同及居民情况；民俗文化传承情况。

③新址基本状况：主要包括建筑风貌；周边环境等。

5．企业目前经营管理情况

（1）企业所有权；企业所有者与经营者；员工；生产、销售的规模、数量；财务状况；企业文化等。

（2）说明企业经营管理目前状况的必要证照、表格及有关文件复印件、图片或声像资料等；获得的社会荣誉和相关证明材料。

## 三、老字号认定的等级

综上所述，“老字号”是一个内涵非常丰富、外延十分宽泛的企业集合。按照不同的逻辑结构，可以划分为不同的群体。从保护、发展老字号的宗旨出发，立足我国实际，应该采取谨慎态度，认真研究确定科学的认定原则和方法。

### （一）老字号分级认定的原则

1．科学性。以1996年国内贸易部特别是2006年国家商务部等主管部门有关振兴老字号发展的相关文件为基础，全面梳理、认真总结近年来各地在老字号认定等工作方面的经验和成果，坚持统一标准与分级操作有机结合、相对固定与适当微调有机结合、定期认定与动态管理有机结合[①]，从各地老字号的实际出发，尊重老字号形成发展的客观规律，科学确定各级老字号的内涵和外延，依靠实践检验各项规定的实效性，并不断加以修订、完善。

2．权威性。由国家商务部等行业主管部门牵头，在广泛听取、认真研究、积极采纳社会各界意见特别是老字号企业、老字号研究专家意见的基础上，参照文物保护单位、非物质文化遗产、爱国主义教育基地等类似领域认定管理的办法，会同工商、文物、宣传、教育等相关管理部门以及各类社科“智库”，共同研究确定各级老字号的分级认定标准。

也可以结合政府职能转变，积极探索以老字号行业管理协会、

① 江苏省南京市规定每两年审查一次。《江南时报》2012年1月5日。

老字号发展研究会等社会组织为主体，通过适当途径吸纳老字号企业意见，以“第三方”名义研究制定老字号分级认定标准，政府主管部门最后予以确认的办法。

3、典范性。作为中国式工商业形态和中国优秀文化的典型代表，老字号应该体现出在一种产品、一种技艺、一种服务、一个行业、一个地区的典范价值，能够充分发挥对企业发展、行业发展、产业发展和地区发展的引领性作用，成为展示行业发展状态和城市个性文化特色的“地标”，成为海内外游客的首选旅游目的地，成为人们认识、感受中国文化的最佳载体①。这种典范性，应该既体现在对中华传统文化的继承和发展上，又体现在对世界先进文明的吸收和学习上，是“传承”与“创新”的有机结合。

4．层次性。老字号所属层级的不同，是各级政府提供保护与支持的重要依据。因此，应该根据本身基本情况、企业特色和社会影响程度，确定老字号的不同级别。原则上，一个老字号只能认定一个级别，避免因为一个老字号在一个地区分别被认定为两个以上不同层级所带来的管理上的混乱。

5．可行性。等级认定作为管理老字号的制度、办法，应该符合各级、各类老字号的客观实际，尽可能与现有企业管理制度“接轨”，并能得到社会特别是老字号企业的广泛认同；应该具体、明确，特别是对于认定主体、认定权限、认定条件、认定材料、认定程序等方面的相关规定，应该十分清晰，尽量避免“误读”的可能，以便于各有关方面正确理解和有效操作。

### （二）老字号分级认定的模式

老字号认定的等级，“寿命级”无疑是首选。企业存续时间的长短，是最为客观且最有说服力的指标。在所有关于商业威望的词语中，“长

① 1956年3月4日，毛泽东在《加快手工业的社会主义改造》中指出：“提醒你们，手工业中许多好东西，不要搞掉了。王麻子、张小泉的刀剪一万年也不要搞掉。我们民族好的东西，搞掉了的，一定都要来一个恢复，而且要搞得更好一些。”同年12月7日，他在《同民建和工商联负责人的谈话》中又强调：“历史名字要保存，商务印书馆、中华书局的名字为什么不要？瑞蚨祥、同仁堂一万年要保存。全国有名的招牌要拍下照片来，有许多招牌的字是写得好的，不留下来后代就不知道了……王麻子、东来顺、全聚德要永远保存下去。内容是社会主义的，名称是封建时代的也可以。”

寿”堪称最高的赞许。

以行政区划范围认定老字号，是目前已经普遍采用的等级模式。

也可考虑采取“寿命级”与“行政区划级”相结合的模式。

1. 寿命级模式

在本文第二部分，我们介绍了长寿企业的三个“年龄段”。据此，依照企业存续时间，从最低至最高，可将老字号分为三级：

“A”：30年以上

“AA”：70年以上

“AAA”：100年以上

当然，对于“AAA”中高寿至200年乃至500年以上的老字号，也可以设置专门级别，以为特别尊重和保护。

关于按照“寿命级”模式来认定老字号，有三个问题值得指出。第一个问题是，这里的“寿命”是一个动态的概念，强调的是从认定时的年份算起，倒溯一定的时长。这不同于商务部关于“中华老字号”的认定条件中“创建于1956年以前”的硬性要求[①]。

在市场经济的大潮中，企业的生死嬗变是十分正常的现象，而一家企业只要能够在激烈的竞争中生存了相对长的时段、成长到了一定的规模、覆盖了较大的市场、积累了较为广泛的人脉、产生了较大的社会影响、成为某个领域里人们公认的企业名家，就意味着它已经具备了“老字号”的资格。

事实上，一些省份和城市，已经立足自己实际情况和发展需要，突破商务部相对固化的标准，分别提出不同的年限，作为地方老字号的认定条件。从而比较有效地促进了本地区老字号的认定和保护等工作。

我们看到，在老字号认定资格年限问题上，生活再一次显示出，实践永远走在理论的前面。这种状况，应该引起人们的深思。

具体情况如下：北京市[②]、上海市[③]、浙江省[④]、四川省[⑤]、云南

① 国家商务部2006年4月10日发布（商改发〔2006〕171号）。

② 见《北京日报》2014年3月1日。

③ 上海市商务委员会2012年9月8日发布。

④ 2008年11月，浙江省经贸委认定“胡庆余堂”等169家企业（品牌）为第一批“浙江老字号”。见浙江在线新闻网站：sp.chinadaily.com.cn。

⑤ 四川省商务厅2006年7月3日发布（川商改〔2006〕34号）。

省、江苏省南京市①、江苏省常州市②、浙江省杭州市③等规定申报资格为50年以上；福建省④规定申报资格为40年以上；浙江省金华市⑤规定申报资格为30年以上；广东省深圳市规定申报资格为15年以上⑥。

第二个问题是，对于“死而复生”的老字号，其寿命的确认方式，应该认真加以研究。目前有比较集中的两种意见：一种提法认为，应该“从创始年至评定年总年数减去歇业年数”。另一种提法认为，“如果中间曾经中断过，至少经营累计时间要超过30年”。⑦

前者计算简单明了，但没有对中断期间企业社会影响力的考虑。后者则缺乏对企业经营累计时间的理由说明，30年只经历一代人的时长，还是累计时长；即便是对半划分，前后各15年，所能说明的，充其量只是某企业死去若干年后，另一企业又以同名注册而出现，和“老字号”无关。

我以为，对于“死而复生”的老字号，第一应是企业历史中断前便有独到的经营特点和文化特色，且存续数十年；第二，中断期间仍旧有社会影响的延续，表现为“无形生命存在”；第三是“复生”后能成功地接续原字号的经营特点与文化特色，并为消费者和社会广泛认可。

例如北京的稻香村，始建于清光绪二十一年（1895年），1926年歇业，历时31年，但创下了名满京城的业绩。58年以后，1984年1月复业。

据《旧都百话》记载：“自稻香村式的真正南味，向北京发展以来，当地的点心铺受其压迫，消失了大半壁江山。现在除了老北京逢年过节还忘不了几家老店的大八件、小八件、自来红、自来白外，

① 见《江南时报》2012年1月5日。

② 2011年3月10日发布。见常州市商务局网站：http：//www.czhboftec.gov.cn。

③ 2009年12月16日发布。见《杭州日报》2010年1月26日。

④ 见《海峡都市报》2006年7月19日。

⑤ 金华市商务局2012年10月16日发布。见浙江在线新闻网站：sp.chinadaily.com.cn。

⑥ 2010年3月29日广东省深圳市商业联合会发布。

⑦ 南京市商务局和南京市老字号协会等评定机构的老字号评定标准；《南京“老字号”首次实行“年审制”》，见《金陵晚报》2013年10月23日。

凡是场面上往来的礼物，谁不奔向稻香村、稻香春、桂香村、真稻香村、老稻香村乎？”①

“稻香村”倒闭后，它所开创的南味食品系并未中断。“稻香村”的一些传人继承了其传统工艺，“桂香村”“稻香春”也都是沿袭“稻香村”的传统工艺和经营风格，并代代相传。也正因为如此，只要说到南味糕点，北京人总是想起“稻香村”，尽管它“死去”了五十八年，堪称两代人的时光。这或可说是北京人的“稻香村记忆”。

当稻香村“复生”出山，立即引起北京市场的轰动。自 1984 年至今的 30 年间，稻香村接续了自己的历史，成为社会公认的北京糕点文化的首席地标。

第三个问题是，按照“寿命级”模式来认定老字号的等级，其寿命的漫长，自然已经隐含着包括各种优秀品质在内的含义，但是毕竟不可能直接、正面阐释这个老字号的历史文化内涵和当代社会价值，所以，还需要其他辅助元素的补充。

2．行政区划级（国家、省市及区县）模式

依照老字号各方面基础条件的不同，特别是在不同行政区划范围内的影响差异，可以将老字号划分为国家级、省市自治区级和区县级三个层级。

（1）国家级

①企业寿命在 100 年及以上

②产品或服务曾经获得全国及国际博览会大奖

③企业及其品牌具有中华民族传统文化的代表性

④企业历史建筑列入国家重点文物保护单位名单

⑤传统技艺等列入国家非物质文化遗产名录

⑥企业在政治、经济、科技、文化等方面曾经有重大历史贡献

（2）省、市、自治区级

①企业寿命在 70 年及以上

① 李家瑞编：《北平风俗类征》，北京出版社2010年版，第323页。

②产品或服务曾经获得省、市、自治区大奖

③企业及其品牌具有省、市、自治区传统文化的代表性

④企业历史建筑列入省、市、自治区级重点文物保护单位名单

⑤传统技艺等列入省、市、自治区级非物质文化遗产名录

⑥企业在省、市、自治区政治、经济、科技、文化等方面曾经有重大历史贡献

（3）区、县级

①企业寿命在30年以上

②产品或服务曾经获得区、县级奖项

③企业及其品牌具有区、县传统文化的代表性

④企业历史建筑列入区、县重点文物保护单位名单

⑤传统技艺等列入区、县非物质文化遗产名录

⑥企业在区、县政治、经济、科技、文化等方面曾经有重大历史贡献

## 四、老字号的分类标准与实施

老字号分布在国民经济和人们日常生活的方方面面，具有不同的社会背景和行业特点。为了能够针对不同行业老字号各自的发展需求和面对的不同困难，制定相应的支持政策，更好地发挥政府的引导、服务、管理作用，有必要对老字号的分类做出明确的规定。

由于老字号认定工作的开展历时不久，一些问题还需要在实践中统一认识、逐步加以规范。据研究，在国家商务部两次“中华老字号”名单中，把业态、行业与综合等类别同时使用，第一次分为商业、服务业、餐饮住宿、食品加工、医药与其他等六类[①]；第二次分为零售、食品、餐饮、中药、工艺品和其他等六类，两批名单的类别相互交叉，很不一致[②]。

① 尹庆民、林妍梅、高洪力、李秀芹等著：《北京老字商号产权多元化改革研究》，同心出版社2008年版，附录。

② http：//wiki.mbalib.com/wiki/%E4%B8%AD%E5%8D%8E%E8%80%81%E5%AD%97%E5%8F%B7.

正是因为国家主管部门的分类尚未统一，由此导致各地“政出多门”，关于老字号的分类，有的是依据各种业态，有的是依据不同行业，有的是依据经营方式，有的依据企业模式，有的依据所有权的归属，五花八门，影响着对老字号的认定、支持、服务、管理，特别是影响了各地相关政策的对接，不利于整体推动老字号的保护和健康发展①。

为此，迫切需要加强老字号分类问题的研究。

**（一）老字号分类原则**

为了确保分类有效，应该明确以下几个原则。

1. 唯一性。老字号的分类，应该是一个完整的体系，或者按照一个地区的产业业态划分；或者按照经济领域的行业结构划分；或者按照不同的主管部门划分。但是，无论如何划分，都必须严格遵循形式逻辑的要求，保证“体系”只有“一个”。

2. 排他性。依据上述要求，老字号的各个类别，都应该处于同一个逻辑结构和同一个层次之中，彼此之间的“边界”应该十分清晰，不能互相交叉，不能互相包含，更不能产生“上位”与“下位”同时并存的关系。

3. 周延性。老字号的分类体系，原则上应该能够涵盖一个地区所有的老字号。在具体设计的时候，要认真分析地区老字号的实际状况，既要自觉把握区属老字号这个重点，又要充分认识区域老字号对于拉动本地区发展的重要意义；既要深入阐释历史上老字号的重大价值，更要高度重视老字号的现实社会文化价值。

4. 共存性。在中国现行管理体制框架下，老字号的分类体系，应该能够尽量与一个地区行业的划分有机结合（或者基本吻合）。同时，也应该为以后可能出现的新类别留出足够的发展空间。

**（二）老字号现有分类状况**

老字号的行业分类需要认真研究、慎重划分，因为其不但涉及

① 张继焦、刘卫华主编：《老字号绿皮书：老字号企业案例及发展报告№2（2013~2014）》，中央文献出版社2014年版，第48–49页。

经济，还涉及历史文化等诸多方面。既应以目前实施的《国民经济行业分类》（GB/T4754-2011）为依据，又应在此基础上，充分考虑老字号的历史文化特点，特别是一些关系到非物质文化遗产保护的传统技艺等方面和内容，参照已有的分类体系，以及一些历史文献中的记载，从实际出发，科学进行设计。

1. 传统产业形态分类

由于我国国民经济形态的多样化，我国的行业分类十分复杂。传统上曾经按照产业业态分为第一产业（农业）、第二产业（工业等）和第三产业（服务业）。按照这个分类体系，现有老字号中，除了一小部分（主要是粮食加工、茶叶加工、酿造等行业）属于第二产业之外，绝大多数都是属于第三产业。但第三产业的内容庞杂，如果没有下一个层级的细类划分，显然不适合今天老字号分类的需要。

2. 《北平市工商业概况》的分类

北平市社会局1932年印行的《北平市工商业概况》，“将市区工商各业之沿革、变迁、原料、产地、制造、品类、价值、用途、运输、销路及雇主心理、购买能力、营业状态、负担情形、盛衰原因、振兴方法等悉皆连类述之……都二十三万余言，凡一百六十五业。”“依其性质范围，釐为五编。一曰特品，凡关艺术殊产属之；二曰服饰，凡用为修容被体及其原料附品属之；三曰饮食，凡关食料、药材属之；四曰器用，凡关金石电矿土木等产制之品属之；五曰杂项，凡不属于他编者属之末编之末，附以洋行，以知外货之所从来，次以集市，以见销场之普及。”书中所分的五编，可视为五个大类。

第一编　特品（30种）

景泰珐琅业、地毯业、古玩业、玉器业、镌碑业、雕漆业、骨角业、灯画业、造花业、书帖业、装潢业、笔墨业、墨盒业、锦匣业、图章业、乐器业、首饰业、眼镜业、楠木业、小器业、藤竹器业、花爆业、玩具业、冷布业、刀剪业、建筑业、肠衣业、花树业、笼鸟业、金鱼业。

第二编　服饰（30种）

皮货业、绸缎业、布业、织工业、织袜业、棉花业、西服业、成衣业、估衣业、毛巾业、帽业、雨衣业、鬃毛业、皮革业、皮箱业、靴鞋业、斜皮业、发网业、绣业、花边业、绦带业、伞业、毡帘业、圆垫业、纱帘业、折扇业、钟表业、化妆品业、颜料业、染业。

第三编　饮食（31种）

米面业、菜业、肉业、鸡鸭业、鸡蛋业、松花业、鱼业、油业、白油业、盐业、碱业、牛乳业、豆腐业、豆精业、啤酒业、汽水业、烧酒业、糖业、糕点业、干果业、鲜果业、饭庄业、水业、冰窖业、中药业、参茸业、阿胶业、薄荷业、西药业、烟草业、茶业。

第四编　器用（44种）

五金业、机器铁工业、砂业、铜铁锡业、洋铁业、磁器业、搪瓷业、陶器业、玻璃业、料器业、铝器业、镜框业、硝磺业、热水瓶业、热水袋业、电料业、电镀业、电灯业、煤油业、纸业、帖套业、印刷业、粉笔业、标本仪器业、打字机业、体育用品业、木材业、寿材业、木器业、桶业、棚业、石材业、砖瓦灰业、山货业、麻袋业、筐篓业、旱烟袋业、漆业、桐油业、酒精业、水胶业、矾业、香烛业、度量衡业。

第五编　杂项（30种）

银钱业、银行业、证券业、保险业、典当业、挂货业、拍卖业、轿杠业、照相业、留声机业、理发业、剧场业、电影业、球社业、旅店业、浴堂业、报馆业、广告业、镶牙业、电车业、车业、骡马业、马掌业、煤业、火柴业、劈柴业、黑白炭业、粪业、洋行、集市。①

《北平市工商业概况》的分类，与今天的行业分类迥然不同，但其经过实地调查，所列五大类165种行业以及具体的记述，勾勒出20世纪30年代北京工商业发展的基本状况，记载了不少已经消失的行业，突出了北京地区的特产，至为难得。这为我们发掘、整

① 池汇泽、娄学熙、陈问咸编纂，《北平市工商业概况》，北平社会局民国二十一年十二月印行。

理其中蕴含的历史文化元素如非物质文化遗产等，提供了宝贵的文字资料。特别是这份材料出自政府部门之手，更加提高了其权威性。对于今天老字号的行业分类，也有相当的参考价值。

在行业分类上，《北平市工商业概况》有着白描性特点。从现代产业及行业分类的观念看，它在类别的命名、产业及行业划分、门类归纳等方面不够清晰、严整，这是其不足之处。

3.《北平庙会调查》的庙会商业分类

北平民国学院 1937 年所做的《北平庙会调查》，参考当时国际劳工局的业务（另有称“商业”）分类标准，将北京庙会商业货品列为 14 类。该报告指出，“以工业分类法来部勒商业分类，诚有不能恰适处，如杂货类便不易分类……故只以国际劳工局之业务分类法略加改易概括之，规定货品最多者为分类之标准。”具体包括如下类别：

（1）木材类：为木材、柴杖、木箱、木桶、各种木器、竹器、柳条器、藤品和骨器、角器等，大抵皆农家手工业品。

（2）家具类：为高粱帚、布拖掸、鸡毛掸、毛刷、镜框、铜铁水壶等。多为农家手工业品。

（3）冶炼类：为铁铸火锅、火圈等。

（4）金属类：为刀剪、锁链，各种金属制品，旧金属等。

（5）交通类：大车用具、脚踏车用具等。

（6）土石类：砖、瓦，陶器等。

（7）化学类：香水、香粉、肥皂、医药、照相、搪瓷、瓷器、玻璃等。

（8）服用类：帽、鞋、袜、手套、成衣，其他日用杂货等，鞋袜手套。

（9）纺织类：棉布麻布（人造丝及面纱之织物）、丝绸、边带、棉绳等。

（10）皮革类：皮革、皮夹、皮带、皮鞋等。

（11）食品类：水果、干果、面食、糖食等。

（12）印刷类：纸张、信封、信笺、图画、新旧书籍等。

（13）饰物类：饰物、饰花、珠玉、古玩、音乐器具、仪器、体育器具、儿童玩具等。

（14）草木鸟兽虫鱼类：花木、鸽、雀、猫、兔、狗、金鱼、油葫芦等。①

正是有这样的分类与记录，使我们今天能看到20世纪30年代北京庙会商业的行业概貌，并能由此折射出当年北京商业、餐饮业、纺织业、服装业等诸多行业的发展状况。值得注意的是，这个分类，一是强调了“以工业分类法来部勒商业分类，诚有不能恰适处”；二是采用了国际劳工局的业务分类法，同时，又根据北京庙会商业的具体情况而略加改易，规定货品最多者为分类标准。正是参据了国际劳工局的有关标准，但又有所变通，《北平庙会调查》才使我们看到当年庙会行业分布的大致情况，尽管它还不能完全反映当时北京各个行业的分类情况。

从今天的眼光来看，其分类的依据，既有物品材质，又有加工方法，还有功能属性等，且交叉混杂，显得比较随意。

4. 《中国老字号》中的行业分类

1998年高等教育出版社出版的《中国老字号》（10卷）中，将老字号的行业划分为八大类②：

①工业卷（13个分类）：地矿业、冶金业；电力业、机制业；化工业、建材业；纺织业；食品业（粮油加工、酱醋调味、烟酒糖茶、其他食品）；造纸印刷业；陶瓷玻璃业；服装鞋帽业；火柴日化业；文体用品业；工艺美术业；日用百货业；其他轻工业。

②商业卷（8个分类）：日用百货；副食果品；茶庄烟店；绸缎布匹；

① 刘娟、李建平、毕惠芳选编：《北京经济史资料（近代北京商业部分）》，燕山出版社1990年版，第378–380页；李鸿斌编纂，北京市东城区园林局汇纂，《北京庙会史料通考》，燕山出版社2002年版，第381–383页。

② 孔令仁、李德征主编，《中国老字号》，高等教育出版社1998年版。

服装鞋帽；钟表眼镜；文体用品；其他商行（如米面油盐店、扇庄、银楼、粮栈、陶瓷店、进出口商行、橡胶五金店等）。

③饮食服务业卷：饮食业；服务业（如理发店、照相馆、洗染店、旅馆、浴室等）。

④药业卷：包括西药店、中药店、制药厂、中药厂。

⑤文化金融交通业卷：文化业（2个分类：影院剧场、文物书店）；金融业；交通业。

《中国老字号》的这一分类，既有大的产业、行业划分，又依据老字号行业分布的实际情况有所归纳，较为客观地反映了二十世纪九十年代中国老字号的行业特点，可以供今天进行老字号分类研究参考和借鉴。但其大类的划分，还有需增补及规范的方面；其大类的次级分类，划分标准也需统一和完善。

5.《国民经济行业分类》中的相关标准

2011年4月颁布的《国民经济行业分类》（GB/T4754-2011），参照2008年联合国新修订的《国际标准行业分类》修订四版（简称：ISIC4），依据我国近年经济发展状况和趋势，将国民经济行业分为20个门类，96个大类，432个中类，1094个小类，并对每一个类都按层次编制了代码。

按照这个标准，国民经济行业分类的20个门类，包括：

A农、林、牧、渔业；B采矿业；C制造业；D电力、燃气及水的生产和供应业；E建筑业；F批发和零售业；G交通运输、仓储和邮政业；H住宿和餐饮业；I信息传输、计算机服务和软件业；J金融业；K房地产业；L租赁和商务服务业；M科学研究和技术服务业；N水利、环境和公共设施管理业；O居民服务、修理和其他服务业；P教育；Q卫生和社会工作；R文化、体育和娱乐业；S公共管理、社会保障和社会组织；T国际组织。

其中涉及老字号的行业分类，大致包括五个门类：C制造业；F批发和零售业；H住宿和餐饮业；J金融业；O居民服务、修理和其他服务业；R文化、体育和娱乐业。鉴于具体的国情特别是老字号企业的复杂状况，在实际使用时，还需研读其具体内容，以界定老字号的行业分类。

### （三）老字号行业分类的基本准则

依据上述梳理和分析，我们可以看到，在不同时期，曾经出现过标准各异、详略不同的分类体系，以适应当时经济社会发展的需要。

为了更好地推动老字号的发展，今天对老字号的行业分类，应该更加科学、准确、全面。为此，提出以下三项基本准则：

1. 要依据《国民经济行业分类》国家标准。现行《国民经济行业分类》国家标准参照了2008年的《国际标准行业分类》修订四版（简称：ISIC4），并依据我国经济发展状况和趋势，对门类、大类、中类、小类做了调整和修改。《国民经济行业分类》国家标准是我们划分老字号行业分类的基本依据。

2. 实际使用《国民经济行业分类》时适当调整。对应国家标准，根据老字号行业分布的实际情况，对其门类、大类、中类、小类进行必要的整理、归纳，使老字号的行业分类进一步规范化、标准化、动态化。

3. 要有符合老字号特点的一定程度的“个性化”。要充分考虑到老字号历史文化的内涵与外延，及其在社会经济、文化等多方面价值，使行业分类在保护和促进老字号文化传承上真正发挥作用。

### （四）老字号分类实例

这里，根据北京西城老字号谱系研究领导小组办公室提供的名单，尝试按照所属行业，对目前西城的老字号进行分类。

1. 餐饮业（46家）

（1）饭庄（30家）

仿膳；御膳饭庄；鼬风堂餐厅；柳泉居饭庄；同和居饭庄；鸿宾楼；玉华台饭庄；同春园饭庄；丰泽园饭店；泰丰楼饭庄；砂锅居饭庄；

全聚德；烤肉季饭庄；烤肉宛饭庄；瑞宾楼饭庄；峨嵋酒家；曲园酒楼；老西安饭庄；新路春饭庄；晋阳饭庄；马凯餐厅；厚德福酒楼；延吉餐厅；远东饭店；四川饭店；又一顺饭庄；南来顺；西来顺饭庄；莫斯科餐厅；西四大地餐厅；

（2）小吃（10 家）

小肠陈饭庄；爆肚冯；金生隆；爆肚张；庆丰包子；李记白水羊头；美味斋；致美斋；奶酪魏；门框羊头马；门框豆腐脑白；爆肚满；年糕钱；茶汤李；俊王德顺斋；护国寺小吃；

2．食品制造业（15 家）

六必居；天源；桂馨斋；天福号；户部街马记月盛斋；王致和；（王致和）龙门；（王致和）金狮；桂香村；义利；北京果品（红螺食品）；双合盛（五星啤酒）；聚宝源（初以牛羊肉铺驰名，现在又发展成为清真餐饮名家）；大和恒粮行；北京盐业；

3．茶叶（6 家）

张一元；永安茶庄；元长厚；正兴德；北京茶叶（PT）；京华茶叶；

4．药业（5 家）

同仁堂药店；白塔寺药店；鹤年堂；德寿堂；鹤鸣堂；

5．服装鞋帽业（7 家）

瑞蚨祥；谦祥益；造寸；内联陞；步瀛斋；马聚源；北京市地毯五厂；

6．文化业（11 家）

新华书店总店；中国书店；博古斋；清秘阁；汲古阁；成文厚；一得阁；荣宝斋；戴月轩；大观楼；三庆园；

7．百货零售业（3 家）

菜市口百货商场；西单商场；大栅栏第一百货商场；

8．居民服务业（浴池 2 家）

清华池；鑫园浴池；

9. 其他（1家）

天蕙斋（鼻烟）。

除上述行业外，目前还没有看到西城区将有关民间工艺美术及特种手工艺等企业纳入老字号名录。

另外，张一元茶庄在行业划分上仍为“茶叶”，但这家老字号实际上已经发展成为集茶文化系列产品研发和产供销一体化的现代企业集团，开创了在文化、旅游等领域的跨界经营。其所经营的行业，以茶为主，但已经有了与其他行业的交叉。这种情况，可在有关分类的相应位置，予以必要说明。

## 五、结语

长寿企业及其品牌的影响力大小不一，有的跨洲越海，驰名世界，有的享誉全国或诸多省市，有的则仅在小的区域范围且消费群体有限。所以，对于长寿企业及其品牌而言，最重要的不是知名度，而是信任度，特别是世代传承的信任度，更是难能可贵。不能因为老字号的店铺规模小、工艺技术“落后”、产品或服务市场覆盖范围有限，而忽视它们所拥有的丰富的历史文化价值以及其潜在的发展价值。

老字号的认定，是对长寿企业的历史与文化特质的梳理，同时，也是对城市历史文化积淀的梳理。长寿的企业，一定有独到而厚重的文化内涵。长寿企业在经济、科技、历史、文化、社会诸多方面的贡献，无论在哪一个国家或民族，都是被人们广泛尊重和推崇的。一定要看到，老字号是中华民族优秀传统文化中的瑰宝，是我们永世万代取之不尽用之不竭的文化宝藏，要真正珍视、切实保护和不断丰富这些宝藏。

老字号的认定，不是“评选”，而是对其历史积淀与文化价值的认识、确定。因而，相关认定工作，从标准的确立到工作程序乃至具体实施，都务必讲求客观、公允，讲求辩证法，将“科学”二字落到实处，力戒形式主义、片面武断。老字号是社会公认的，如果老字号认定工作的成果获得社会公认，这工作就成功了。换言之，衡量老字号认定工作的成果、成效，其根本标准就在于是不是为社会所公认。

本文提出的老字号认定标准框架要目及分类体系，是一次尝试。面对北京老字号丰富多彩又蕴涵深厚的历史文化，必定会有不少疏漏或欠缺。抛砖引玉，诚请各界方家指教。

本文参考和引用了诸多著作及图纸、图表，在此向作者致谢。

**作者简介**

袁家方，首都经济贸易大学副教授。学术论文有《研究老盛锡福经营管理经验的现实意义》《北京老商街的启示》《重视北京商业的城市个性特色》等；专著有《京味儿商文化空间研究》。

# 试论西城老字号与京商儒范

方　彪　邹希宽

【内容提要】在“首善之城”经商，商范只能规入儒范之中，并自觉适应京城的管理模式、意识形态、人口特征。儒范不是经营之术，而是经营之道。其核心是“序”，其外在的展现形式是“诚信”。诚信是获利的手段，“行义利之道”就是儒商。西城是北京传统的商业区，亦是老字号的集中地。许多老字号经历了几百年的风风雨雨，不但誉满京华，而且声弥海外，其所执者儒范也。时下的北京精神、西城精神规入商范之中，也就是老字号的新儒范，上承下启，在商海店林中一定能发挥重大的影响。

【关键词】京商　儒范　老字号　西城　传承

西城是北京历史上的传统商业区。京商创办了“老字号”，其指导思想、行为理念系“儒范”。究其因，“京师乃首善之区”，要在京城“开店”，其“商范”必须囿于“儒范”之中。儒范不是经营之“术”，是经营之“道”。

京商的顾客是“北京人”，旧京人口最大的特征是大多数人直接吃皇粮或间接吃皇粮，在“序”中乃“爷字辈”的角色，赚“爷字辈”的钱，只能规以“儒范”。行仁、义、礼、智、信之道，最终归之为一个“诚”字。“诚”不是目的，而是在京城获利最有效的手段。

老字号经历了20世纪的几次“大变”，时下犹存者，均系能与时俱进的商家。在改革开放的大潮中，西城老字号承启京商儒范，并和当代的北京精神、西城精神紧密联系在一起，成为宝贵的非物质文化遗产，同时也是向世界城市进军的动力之一。

拙文试就京商、儒范、西城老字号进行探真，其目的在于“古为今用”“旧为新用”，希望能对京商儒范的新内涵及老字号的传承发展起到借鉴的作用。

## 一、京商儒范的溯源与探真

### （一）北京人口的特征

北京有3000多年的建城史、800多年的建都史，系元、明、清三大统一王朝的“不易之都”。“定鼎北京”和“中华正统”也就合为一体。“帝都”必然是全国的政治中心、文化中心，但未必是经济中心。历史上的北京，系全国最大的消费市场。究其因，在前工业时代，北京地区的“硬件”不可能使之成为全国的经济中心。历代王朝实行“责九州之贡，成京城之用”的政策，使北京成为“大运河舶来的城市”。朝廷对“顺天府”的要求，主要是提供“力役”，办好“皇差”。这对京兆地区经济的发展甚是不利，强壮的劳动力，均成为“役夫”。致使大运河上的船队，到北京卸货后空航南返。究其因，一是北京地区无物产可供交易；二是北京市场的物价高居全国之首。于进京的商人而言，是“甩货”后揣着银子“富归故里”，视京城为“淘金之所”；于北京居民而言，是“以银购物”，庞大的、稳定的“吃皇粮”的人口，把舶来的各种物品统统消费掉了。

京城人口可划分为两大群体：“坐轿子的和抬轿子的”。“坐轿子”的人直接吃皇粮；“抬轿子”的人间接吃皇粮。后者为前者服务并依附于前者。京城市场取决于朝廷政局，只要不是“天下大乱”“逞兵向阙”，京城市场就稳定。兴盛时期固然繁荣，腐败时期更加“繁荣”。以清代而言，同光时期的“繁荣”，远胜康乾“盛世”。

北京城区的人口，到清末时已有百万。内城60余万八旗人口，不农、不工、不商，全部吃皇粮。外城30余万人口，系庞大的京官、京吏、京差、来京会试的举人，以及为其服务的群体。总之，京城人口，或直接吃皇粮；或间接吃皇粮。“皇粮”被时人称为“铁杆庄稼——旱涝保收”。也就是说，北京的百万居民，不但购买力庞大，而且稳定。

### （二）京商的特征

中国古有四民之序——士、农、工、商。商人虽富，却位居“四民”之末。这种传统的重农抑商政策，始自商鞅变法，历代王朝承之。直至清末“新政”，才肯定了商人的地位。北京城中若以两大群体来区分，商人在政治地位上尚难于归入“坐轿子”的体系，在“抬轿子”的群体中则位列上乘。故成功的商人，总要想方设法通过“捐官”“保举”等途径，改变自己的地位，以至出现了“红顶商人”。在商人成功的道路上，大多行“通官、通朝”之道，即依附于官僚，服务于宫廷，使自己成为特殊的“大轿夫”。不但通官，而且通“天”。

至于京商，更有其特殊性。起初是“来”京经商的商人，后来发展成“在”京经商的商人。在由“行商”到“坐贾”的进程中，各省商帮大多以行业、地区为依托，组建“会馆”。这种会馆有行业商会、地区商会的性质，目的系整合内部，调和外部，立足京城。其策略是通过“共议”“公议”，谋求共利共赢。其宗旨系不打价格战，稳定京城的高价市场。

不打价格战的原因，是为了避免在恶性竞争中两败俱伤。同时，“天子脚下”也不允许非官方的势力垄断市场，五城巡城御史就负有掌控物价的职责。“御苑之侧”，不当出头鸟是明智的选择。

不打价格战，虽然标榜为“化利为义”，其实质系化“价格战”为“质量战”“服务战”。在公议大体“齐价”的情况下，用竞质量、竞服务的方法赢得京城的买方市场，把自己的货“卖出去”。

两次鸦片战争之后，洋货、洋商开始进入中国内地，打破了旧有的经济秩序，北京也不例外。辛丑条约签订之后，在东交民巷使馆区的直接刺激下，东单、王府井迅速兴起，展现出了近代京城的商业繁荣，而且颇有后来居上之势。

为了保护共同的利益，建立对洋货、洋行、洋商的统一战线，各商帮打破了行业、地区的樊篱，于1904年组建京师总商会。总商会的成立，标志着“来”京经商，“在”京经商，终于发展成“京商”——不但落籍北京，而且创业在北京，守业在北京，认同在北京。所谓的认同，不仅是彼此认同、和北京人认同，更重要的是和北京文化认同，最终完成了“北京化”的进程，成为“北京商人”。从这个角度来讲，千年古城中的“百年老店”即可被视为“金招牌”，也就可以理解了。

进入20世纪后，产生了“工商界”之说，也就是说，“四民”中的“工”和“商”，不但自己“认同”，也被外界“视同”。产生这种现象的原因，是商业资本向工业资本转化，工业资本也向商业资本转化。互相转化的结果，就产生了“工商界”和“工商一体”之说，产生了“工商界联合会”。

但京商多系“趸货”，也就是定点采购，然后“略加斧迹”——榜明字号——即在本店出售。至于鞋帽、中成药等行业，所谓的“工”，也就是前店后坊的格局。

直到20世纪50年代中期“公私合营”兴起之时，京商的“工业化”也仍然只限于“前店后坊”的格局——自产自销。至多设立几个分号，出售本店的商品。从另一个角度来讲，北京的老字号多系商业服务性的企业，以数量而论，饭店、小吃店高居榜首，这些企业很难注资工业化，名声大了，也就是多开几家分店。

同仁堂系北京老字号的翘首，不但享誉京城，而且走向了全国，走向了世界。在集团的大旗之下，有多家制药厂。在国内走进任何一家药店，几乎都可以看见它的产品，而且远销五大洲，实可谓全球化经营。但同仁堂工业化的进程，也是在20世纪50年代中期公私合营之后，可以说是“起步甚晚”。

### （三）儒范探真

论“京商”必及“儒范”。自汉武帝之后，历代王朝“独尊儒术”，标榜“以儒治国”“以儒牧民”。究其实，历代君王多系“外儒内法”“外儒内道”的角色。儒家学说乃朝廷的“宣传教育大纲”及下发的“为臣守则”“为民守则”。两千多年以来，儒家学说一直是中国封建社会的表层意识形态。

所谓的“儒范”，也就是儒家的准则。“范”者“模”也、“规”也。行之不逾，则中规合范。具体而言，就是仁、义、礼、智、信的“化民之行”“牧民之道”。所谓的“儒商”，即以儒范为商范，化仁、义、礼、智、信为一个“诚”字。诚是手段，不是目的。商人唯利是图，获利是经商的直接目的，也是唯一目的。

封建王朝以儒家学说为“宣传教育大纲”“为臣守则”“为民守则”，身系“四民”之末的商人，当然不可“逆其行”，只能“笃其说”。况且在天子脚下经商，更不能表现出“异端”，只能以儒范为商范，在“诚”字之下获利。

以诚获利，看起来很难，亦可谓难于上青天。但京城之中买方和卖方互动的结果，又使得“诚”字成为获利的有效手段，甚至可以说要想立足京城，“非诚不可”。

以清代而言，京城的买方主要是居住在内城的60余万八旗人口。这些人有稳定的收入，有较高的购买力。其下层民众虽系“月光族”，但用他们自己的话来表述就是：“咱爷们就是穷得掉了底子，也是爷。瘦死的骆驼比马大，不怕喝西北风，下月照关钱粮。”

外城的30余万人口，虽然处于不断地“流动”之中，但属“个体流动，总体稳定。”也就是说，不但总人口稳定，总购买力亦稳定。

综上所述，京城的买方上层富有，下层虽然未必富有，但也系“爷”字辈的人。不但有政治上的优越感，而且有政治上的优势。京城的卖方系身居“四民”之末的商人，虽然富有，但不敢“店大欺客”，自然要恪守“和气生财”之道。从表面上来看，买方“强势”；卖方“弱势”。其实不然，京商利用“诚”字之道，化弱势为强势，稳稳当当地把银子赚到手。

“爷”字辈的人都“好面子”——“能坑不能欺”。“坑”是认高价，但要保证高质量、高水平的服务。若质量下乘，服务怠慢，则让“爷”失了面子，非利用自己的优势“说道说道”不可。客大固然可以欺店，客小也可扰店，让你“知道知道，马王爷三只眼，不好斗”。

根据“爷”字辈的这种心态，京商利用“儒范”把买方规入自己的“商范”之中。让不同档次的“爷”顺顺当当地把银子掏出来，甚至“欠了一屁股的帐，把钱粮单子都给押了出去”[①]。

## 二、西城老字号集中地展现了京商儒范

### （一）北京的传统商业区

以元代而论，北京城的商业中心区在海子附近的鼓楼斜街。明代在都城隍庙的周边地区，以及正阳门内的棋盘街和正阳门外的廊房一带。清代旗、民分城而居，除庙会外，商业区均迁往外城。大栅栏、珠市口、菜市口一带形成商业中心区。大栅栏是中心区的中心区，系老字号云集之所。上述地区均位于中轴线以西地区，即今日的西城区辖界之内。

### （二）“东富西贵”之说

北京历史上有“东富西贵”之说，此说有多种解释。总汇起来讲：外城的东部城区（崇南），地邻明清两朝大运河的终点码头，系崇文门关的开署之所。商业会馆云集；又是“吏”这一阶层传统的居住地。旧京有“穷京官，阔京吏”之说，故衍生出“东富”之说。外城的西部地区（宣南）的会馆，多为科举考试的“试馆”，又系京官这一阶层的传统居住地，故有“西贵”之说。

进入20世纪以后，东单、王府井两个商业区迅速兴盛起来，时人有“欧风催生”之说。在霓虹灯的光环下，确实“透着富”。而民国的总统府、国务院、参议院、众议院等机关又均设在西城，确

① 具体方法见下节详述。

实“显着贵”。

进一步探究，西城承前元时期北京城两千多年的底蕴和积淀，传统文化更加厚重。西单商业区的迅速兴起，是在中国大学、交通大学、平民大学、师范大学、孔教大学的围拱中“应需而生”，可谓“本土化的发展”，时人有“学生买东西上西单”之说。“万般皆下品，惟有读书高”，学生“认西单”，无疑给西单的商业文化带来时代的光环。应该明确指出的是，所谓“东富西贵”，并不是城区的划分、社区的划分，而是时人的“说词”，这种“说词”的产生，既有历史的原因，也有现实的影响。

**（三）老字号是传统商业的中坚**

东单、王府井迅速兴起后，大栅栏、珠市口、菜市口仍然立于不败之地。这无疑是“欧风虽劲奈我何”。时人有云：“咱爷们买东西，认道、认门、还认人”。“道”就是传统的商业街；“门”就是老字号；“人”就是知根知底的老掌柜、老伙计。具体而言，就是传统商业街上的老字号，起到了中流砥柱的作用。而老字号的经营之道，就是在商范中凸显儒范，也就是京商儒范合为一体。只有京商才能创造出“北京老字号”，而北京老字号又彰显了京商，使之在近代、现代、当代的商界独树一帜。亦可谓老字号是京商之英，老字号“长兴”，京商亦“发达”，北京的商业也就繁荣。

论老字号，不可忽略老字号与商业街区之间的关系。两者间的关系，可喻之为红花和绿叶——“红花还须绿叶扶；映得绿叶更青葱”。亦可喻之为花魁和群芳之间的关系——“花魁自喜占鳌头；无有群芳何脱颖”。也就是说，老字号是商业街的“招幌”，但老字号只能滋生于商业街。原因简而明：“独木不成林”“一肆难为市”。正因如此，传统的有志京商，大多经过“三步曲”——进军大栅栏、立足大栅栏、争盛大栅栏。也正因如此，综合大栅栏地区的同仁堂、瑞蚨祥、张一元等老字号“以儒范商”的经营之道，即可全面展示京商的儒范。

### （四）老字号集中展现儒范

京城乃首善之区，西城可谓是首善之区的首善之乡。若究首善之“始”，可上溯至金代的礼贤乡[①]。思想史上，“礼贤”和“笃儒”总是联系在一起。儒家学说的外在展现，系仁、义、礼、智、信，其内在的核心系“序”，也就是等级制度。等级制度渗透到各个领域之中，会有不同的展现，具体到老字号而言，就是一个“和”字——“和气生财”；亦是一个“诚”字——“诚达利达”

分而论之，仁、义、礼、智、信均有大用。溯仁之本，孔夫子有言：“仁者爱人”，“己所不欲，勿施于人”。“己欲立而立人；己欲达而达人”，仁系道德范畴中最高的境界。可趋之，实难及之。商海浮沉、商战成败、商人逐利，“商”字和“仁”字“亦远矣”。但京商的商范只能囿于儒范之中，以与“外儒内法”“外儒内道”的“展示”相适应。

不论是来“练摊”，还是来“开店”，敢到京城来“赚银子的主”，都是有些胆识和阅历的商人，在心态上、经济上大多有强势感。但又深谙自己的地位乃“四民”之末的商人，强龙不压地头蛇，况且北京的买方上层是“爷”字辈的人物，下层借力皇城文化的优势，亦以“爷”字辈自居。诸多的“爷”，就是诸多的“上帝”。以其人之道还治其人之身，是在首善之区的生存之道、至富之道。奸商或可小富；儒商方可大富。也就是说，奸商在“原始积累”中或可小试锋芒；儒商才能做成、做大、做长，成为“老字号”。

不同层次的“爷字辈”，都认为自己“序”列正统，“序”列人上。儒家思想的核心系“序”，首善之区的首善之“序”，反映到北京的买方、卖方，也就形成了内在的“需求”和外在的“展现”，互动的结果，给仁、义、礼、智、信注入了、涂抹了特定的“范”，也就是京商儒范——老字号的经营方式。

1. 仁义之道

“仁”展现在老字号的经营方式上，就是“货真价实”“童叟

---

① 其乡的中心区位于今西城区积水潭北岸。

无欺”“实心待客”“竭诚尽精”。以老字号的翘楚同仁堂、内联升为例，可明其大端。

循同仁堂之名，责同仁堂之实。仁者不欺心，系泛爱主义者，当然更不会欺老幼。以药经商，在“治病救人”的过程中获利，其商范的底线应该是、也只能是“货真价实”“童叟无欺”。越过了这条底线，也就是以害人获利；害人到达一定的“度”后，也就会害己——遭舆论封杀，受法律制裁，被顾客遗弃。恪守这条底线，也就恪守了以救人获利的“直通道”——稳定的市场，稳定的利润，稳定的声誉。这不但使自己位列行业的魁首，并且打通了紫禁城的御道——给太医院供药。

“贡”与“供”之别，甚明甚巨。“贡”者，天子“责贡”，诸侯“进贡”，系权利和义务之间的关系。供者，“供应”，即备下商品，以待顾客选购，系买卖关系。进一步究之，“贡品”属政治范畴，不计成本；“商品”属经济范畴，旨在获利。同仁堂成为太医院的供货商后，可谓名利双收。于名而言，坐上了药材市场的头把金交椅；于利而言，“皇家的银子好赚——问质不问价”。令人意想不到的是，宣统退位后，“宫里”竟然欠了同仁堂 18 万两银子的药钱。乐家“一笔勾帐”，没有向“小朝廷”讨债。此举可谓两得，一是赢得了“至仁之举”的赞誉；二是和“宫里”及王公府邸形成了新的买卖关系，稳定了客源。

以“实心待客”“竭诚尽精”而论，内联升的“履中备载”可谓至矣。有论者认为，“内”指“大内”，也就是“宫里”，穿上内联升的鞋（官靴）即可“步金阶入禁殿”，执笏君前。其“履中备载”乃是通过各种渠道，收集清廷重臣、幸臣、近臣的朝靴“尺码”归档，以备“足下之需”。

说起朝靴、官靴来，清廷的文臣、武将，大多好患“足疾”。因之“开缺（下岗）”“至仕（退休）”者不乏其人。究其因，或曰“尽食精肉细粮之故”；或曰“坐轿使之然”。总之，“足疾”成为一个难攻的“课题”。所以门生、故吏有进献朝靴于恩师、恩上的惯例，意在示忠、示敬——“您踩着我向上走”。

正因如此，内联升应需而生，应时而兴。此至尊至上的服务，清亡后犹存，北洋新贵们承清所遗，一代一代地传了下来。总统、总理、总长、总监……的足长、足高、足厚，“尽收之归档”。特种服务也就产生了天价鞋。“实心”“竭诚”“尽精”的仁术，终以巨利“得其本真”。

2. 礼序与礼仪

尽仁、尽义后，还得尽“礼”。老北京俚语有云：“买卖不成礼数在。”也就说，在经营的过程中，要“恪守礼”“不失仪”。“大礼在不言之中；小礼在迎送之际”。“不言”也就是难言，“不好说破”“不必说破”。“知序”“知己”，系礼中之礼，也是“大礼”的核心。

小礼系“展示”，内联升、瑞蚨祥等老字号均有“站门的”，其所司之职就是“执小礼，下庶人”。例而言之，客至，迎呼：“您来了，里边请……”客出，送曰：“您慢点下台阶，我帮您提溜着吧……”对无购物者亦曰：“您慢走，有空再来。”

小礼重在“仪”；大礼重在“序”。言大礼者，首论同仁堂对“宫里”欠银18万两“一笔勾帐”。若是向皇上讨债，系最大的“失礼”。在60余万京旗民众的心里，“皇上就是皇上”，“关起门来当皇上，也是真龙天子”。“勾帐”之举，为同仁堂赢得了“知大礼”“守大序”的赞誉，更主要的是稳定住了“京旗”这个大市场。

3. 大智之道

“礼慧于中，智行于外”，乃大智大慧。小智小慧则被讥之“抖机灵”“乖巧”“滑头”“贼奸”，这是外在的表现。京商的大智，乃是“有序竞争”“智能服务”。商战是有了商品之后的正常现象，商战一旦在价格之争中失控，势必导致两败俱伤。为了保持北京市场上的高价，只能将竞争纳入“有序”之中，即竞质量、竞服务。质高自然价高，以高质赢得高价。在竞高质的同时，竞服务，以高标准、高水平的服务赢得顾客。“百问不烦”“百挑不厌”“百拿不拒”，最终的目的是把货卖出去，还得卖出“回头客”，让买主“认门、认货、认人”，成为“拉不走的老主顾”。

上述所言，均系小智小谋。大智大谋，得综汇总体大环境来“操盘”。仍以同仁堂“勾帐”为例，此举赢得“大仁大义”“知大礼，守大序”的赞誉。其实“勾帐”的实质乃大智。同仁堂不论是“自行讨债”，还是“诉诸法律讨债”，均行不通。“自讨”，进不了神武门（小朝廷出入之门），原因是民国对溥仪“以外国君主待之”，“宫里”仍是禁地；“法讨”，法院不会受理。被告系“民国大总统”，还是“宣统皇帝”？两者皆可，也皆不可。原因是“欠银”乃退位前所积，民国应“承之”。但民国也有理由“拒之”——“药费乃私人之需，与政治无涉。”当然也就与民国无关。“吃药还钱”，当与溥仪结账。

“自讨”“法讨”，均行不通，最明智的选择只能是“勾帐”。“勾帐”之举，实系大势之下的大智。大智若仁、大智若义、大智若礼。“一笔勾帐”，使同仁堂获得了仁、义、礼的赞誉，乐家可谓大智，才能产生如此“大勇”——弃巨资成大名。

4．信之大用

于京商而言，仁、义、礼、智、皆归于信。“信”乃京商之“利器”，系制胜的“撒手锏”。老字号更是以“信”立足、以“信”发达、以“信”昌盛。具体而言，就是“记账”“赊账”“三节一小结（账）”“年终一大结（账）”。以“店认客”，达到“客认店”，形成固定的供需关系，“把买主拴住”。

正常的买卖是“一手交钱一手交货”，“钱货两清”后，“看好您再来。”赊账、记账是店对客的“信任”，在没有担保的情况下，如果客顾客“赖账”，又“且为之奈何？”以北京的大环境、北京的人口素质、北京人的思想意识而言，赊账、记账之道不但可行，而且行之有效，可以确保“稳定客源”经营策略的有效实施。

有清一代，北京内城居住着60余万八旗人口，称之为“京旗”。清廷的目的是造成人口上的相对优势，以拱卫“帝居”。这些“在旗之人”吃“铁杆庄稼——按月关钱粮。”按照定制，京旗人口按八旗方位分佐领定居，严禁“出旗散居”。因事出京城四十里，要呈报都统衙门存案。旗门大爷囿于内城之中，除了“泡茶馆”“遛早”之外，几乎没有别的活动。钱粮关下来后，上半月“紧吃”；下半月“吃紧”。吃紧也不要紧，“大不了赊账”。越欠越多，“把钱粮单子也给押了出去”。

京商敢于对京旗赊账，究其因是旗门大爷不可能“逃账”。爷字辈的素养“脸面最要紧”，也不大会“赖账”。就是“当裤子还账”，也要“挺着腰板上街——咱还是爷”。旁观者清，故时人感慨道：“够阴的遇见了够傻的。”可见京商离不开京旗，京旗离不开京商，彼此互动了200多年，催生出许多老字号。

辛亥革命之后，北京仍系全国的政治中心、文化教育中心，有一个庞大的“公务员”“准公务员”群体。“吃官饭的人”有稳定的收入，也就有稳定的购买力。所以京商的赊账、记账策略也就一直延续了下来，其下限可至20世纪50年代中期的“公私合营”。

赊账、记账同是购物“暂不交钱”。但有实质上的区别。赊账者，“暂时无钱购物”；记账者，有钱购物，但店家实行特别服务，是对买者“示敬”，更是一种“手段”。赊账的对象是“根本人家”，京旗可为代表。记账的对象系“宅门”，大小宅门都可享受记账。

琉璃厂的书商，系儒商的代表。大学教授乃文人的典型，教授逛书店，当然会受到高标准的接待，还能享受高标准的服务。店家热情地表示：“好书总得有个好归宿，知道您忙，有了珍品一定送到府上”。送书上门后则曰：“这书是短版缺货，不敢上架，知道您识货，径直给您送来了，您先留着看，年底再说。”

“再说”，可不是“白看”。年关将近，“小学徒”则上门讨债。“短版”“缺货”自然是“天价”，而“小学徒”讨债之术是静立在“大门洞”，时值三九严冬，小孩穿得挺单薄，让他“进屋暖和暖和”，则口称“不敢”。

不立于大门之外系“至仁”，立于大门洞乃“至义”，不登堂入室是“守礼”，静立不语实“大智”，年底方来可谓“守信”。店家仁、义、礼、智、信备矣，逼得名教授也要“举债”，甚至“进当铺”。但由于“英雄爱宝剑”，见到好书“比见到孩儿他娘还亲”。所以来年送上好书，还忍不住要“先睹为快”。

对于“信”，一些买家渐渐产生了一些看法。“与其如此，不如这般”。认识到“信”字已化为“囿”字，于是年终结账时“一笔清”，使来年有多个店家供选择。遇老主顾“清账”，掌柜的可就坐不住了，借着“拜个早年”，登门送上大“福”字，诚恳地表示：“如有不周，请多担待。柜上进了一批年货，有……是不是送到府上来挑挑。”

如是云云地套一番近乎，以求来年。故旧京俚语有“买主怕催账，卖主怕清账”之说。店家在年终结账时总要“留个零头”，意在表示“有余庆有余，吉年续吉年。”

老北京的居民全知道，煤铺、粮铺“例不赊账”。究其因，粮、煤系生存所必需，拿不出现钱买粮、买煤之家，实可谓“困至极矣”。商家虽有“儒范”，但“解人倒悬，非己之业也。”

煤铺、粮铺不但不赊账，也不“记账”。只欢迎“定货”，见到定单后，一定按时、按量、按质、按价地把货送到府上。然后当面验货，现场交钱，一笔清账。为了“示敬”，年前往往给大主顾送两个“蒲包”，里面装些年货，上贴大红字，多系有针对性的福、禄、寿、喜，以求来年“续好”。

且不论其“内求”与“目的”，以仁、义、礼、智、信为表现形式的京商儒范，使老字号成为跨世纪的百年老店，创下了自己的“金招牌”。时下一些农贸市场上也出现了“十年老店”的招牌。在商品大潮之中，区区小店能在十年中不倒闭、不改行、不易地，诚属“经营有道，有道经营”。十年老店若能发展成百年老店，实可谓“任重道远”。不但需要大环境，更需要在两个有道上下真功夫。

“经营有道”的“道”，系“术”也；“有道经营”的“道”，系“德”也。打造“金字招牌”，不但要有“术”，更需要有“德”。术之行不可以害德；德之实乃仁、义、礼、智、信外在的底线。

综上所述，所谓的京商儒范系仁、义、礼、智、信的外在展现，而老字号系京商的代表，其成功之道大多以商范归入儒范之中。在商业运作过程中，凸出一个“和”字，其宗旨系“和为贵”“和气生财”。在买方与卖方的互动过程中，仁、义、礼、智、信又可归之为一个“诚”字。具体而言，就是货真价实，高质高价；顾客至上，竞争服务；引导消费，创造市场；因人求仁，稳定客源；良性互动，恪保声誉。

但“诚”不是目的，系外在的展现。其宗旨系“以诚获利”，诚要有个“度”，其上下限均规于“利”，系“利之用”。掌握好这个“度”，就是“儒商”；破坏了这个“度”，就是“奸商”。孔子的高足子贡是大儒，也是大商。日本近代工商业之父涩择隆一的成功之道，就是以《论语》为指导思想进行管理。

## 三、京商儒范的新内涵与老字号的传承发展

在20世纪50年代中期的公私合营中，许多老字号得到了迅速的发展，同仁堂、双合盛可为其代表。一些老字号也面临着挑战，天惠斋可为其代表。从总体上来讲，老字号凭借着百年的底蕴与积淀，仍立于商海之林，并可独树一帜。但“计划经济”“短缺经济”“卖方市场”也给老字号带来了一定的负面影响。

改革开放的春风，让老字号焕发青春。同时也面临一轮新的挑战，能继往者，更能开来。西城的大环境、北京的大环境、全国的大环境、世界的大环境，使老字号不但能抓住机遇，亦能赢得挑战。

### （一）仁义礼智信的新内涵

从总体上来说，新中国定都北京已超过一个甲子。如果上溯到

金中都，北京的建都史有800多年。“都城”的底蕴、积淀或者说“固有基因”，已经渗透到北京的诸方面。具体而言，就是老字号所需要的大环境不但“犹存”，而且得到了良性的发展，所需者，是要进一步促成良性的“互动”。

一提到“传统”，似乎就和“守旧”产生了联系，这种观点实为大错。“传”者，递也；“统”者，事务的连续性也。“连续”者，上有连下有续。“续”就是发展，否则就是“有连无续”了，“无续又何连”？有发展就得有创新，这才是“传递事务发展的连续性”，也就是常说常用的“传统”二字。世上之物，凡“横空出世”者，大多只是“过眼烟云”。

以“儒范”而言，由孔孟之道，发展成程朱之学（理学）、陆王之学（心学）。进入二十世纪后，有“打倒孔家店”的呐喊，亦有“新儒学”的问世。虽经四人帮“批孔”，时下又有“再兴儒学”之说。具体而言，儒学总是在不断地发展过程中，不断地补充着自己、完善着自己，以适应新的发展形势。紧跟形势的原因很简单，儒学是入世之学、用世之学。只有能“用”，才能“不衰”。以儒范为商范，更是如此。

公私合营之后，工商业者成了“国家职工”。其传统的“商范”也就上升为“全心全意地为人民服务”，不但为中国人民服务，而且为世界人民服务。能“全心全意”，得有一个“诚”字，更得有一个“仁”字。故有“诚为仁，仁为诚”之说。

近年来，许多老字号被评为非物质文化遗产。肩荷“非遗”重任，不但要对历史负责，更要对未来负责。落到“实处”，就是要对顾客负责、对社会负责，亦要对企业的员工负责。“义”字的实质就是守责、负责。仁至大，义亦至大。故有“大仁大义”之说。

仁义之行必展之于礼，正因如此，中国有“礼仪之邦”的赞誉。北京系泱泱大国之都，正向世界城市迈进。对于传统的礼，自然赋予了新的内涵。其核心由“礼序”发展成礼敬、礼爱。其外在的表现形式亦与时代的步伐接轨，体现出当代的华夏文明。这种新时期的“礼”，不是传统的“礼数”，也不是西方的“礼仪”，而是社会主义市场经济条件下人与人之间内在、外在两种关系的展现。

于智而言，东方人的智慧、中国人的智慧，系内智、大智。不计小利，不施雕虫小技。通盘的战略是在共赢之中获得最大的收益，也就是“义利”。

于信而言，最大的“信”不是恪守合同，而是体现在合同之“外”、合同之“上”的层面。外者，扩大外延；上者，提高内涵。即在对品牌负责的基础之上，对人负责。此系最大、最高的人道主义在商范中的反映，亦是仁、义、礼、智、信的归宿。

**（二）老字号的新形势、新机遇、新挑战**

1. “势”须把准

旧有“西贵”之说，今日的西城仍是行政中心区、文化中心区、金融中心区，于商而言，传统的老字号亦仍是西城商业的招幌。在改革开放的大潮中，各路商帮进军北京形成新的涌趋，从“练摊的”到跨国公司，均欲在风水宝地一展身手。马连道茶城之兴，可为典型。今日的“新兴商城”，如能把握住机遇与挑战，随着时间的推移，也就成了“老字号”。

进军北京的商潮，目的自然是追逐市场。久居北京、立帜风水宝地的老字号，则应“引领市场”“创造市场”。机不可失，挑战也要认真对待。历史上的辉煌是“资本”，也是“包袱”。所谓的“包袱”就是昔日的“格局”，又被称之为“条条框框”。这些准则是曾经导致成功的经验，但在与时俱进的道路上也可能成为负担。老字号在21世纪不但要“轻装”，而且要“新装”。但新装、轻装不是“弃旧”，而是“创新不失旧”“承旧不守旧”“忆旧、怀旧更惜新”。

喻而言之，大树上长出了新枝，新枝上发出了嫩芽。嫩芽喜人、娇人、惹人，正因为她占尽地利，生长在大树之上。大树阅尽沧桑，根深干伟。新枝、嫩芽才格外茁壮、清新，而且“出人头地”。

应该注意的是，新和旧是相对的，在商品中更是如此，服装、鞋帽行业“尤甚”。新的很快变“旧”，旧的又重新登场示“新”。产生这种现象的原因——是老年人好忆旧、怀旧，购买商品时也就“逐旧”；而年轻人不知“旧”，因此很容易“以旧当新”，在逐新的追求中，走上了选旧的选择。

新旧之变虽然在服装、鞋帽行业中最为突出，其它行业亦应鉴之。老字号更应鉴之，也就是说，过了时的条条框框不是“金科玉律”，该弃之的一定要弃之；而优良的传统则一定要发扬光大。只有这样，才能在商海大潮中“占鳌头，树大旗”。

2. “术”应慎行

择例而言，茶叶行业的张一元，鞋帽行业的内联升，均颇有借鉴的价值。茶见诸史载始于汉。唐代的陆羽积数百年之大成，著成《茶经》一书，使饮茶之道上升到哲学的层面。继丝绸之路、瓷器之路贯通亚欧两大洲者，就是茶叶之路。茶叶、啤酒、咖啡，成鼎足之势立于世界。究两千多年的茶统，“神奇的树叶”能走出云贵高原的大山，沿长江东下，遍及全国，波及世界，主要原因就是茶的种植方法、加工方法、饮品群体、饮品方法都在不断地发展变化，能与时俱进。每经一次的“进”“变”，都加深了茶的内涵，扩大了茶的外延，故此，茶能长盛不衰。若恪守“陆羽之法”不变，大概只能在茶博院中去寻茶了。

时下，张一元的名气很大，有占尽鳌头之势。但溯其历史，百年前乃“区区小店”，而且没有什么来头和根基。当时，雄踞京城的茶庄，系坐落在地安门外、鼓楼前的吴肇祥。能在内城开业，而且守在步军统领衙门的旁边，其根基和来头可想而知。简单述之，就是该店系内务府的供货商，和紫禁城有“直通道”。

皇上喝吴肇祥的茶，内城60余万“在旗之人”也就认“吴家老店”。这块金招牌在20世纪一直发挥着影响并产生了实际性的作用。对老字号冲击较大的公私合营、文化大革命，吴肇祥均能安然度过。

可是在改革开放之后，吴家老店的老本渐渐吃光了。进入21世纪前后，吴肇祥从北京茶人的视野里消失了。若论“老字号”，吴肇祥系十九世纪中叶的老店，其实力和影响远在时下的张一元、吴裕泰之上。但辛亥革命之后，一直在吃老本，故只能眼睁睁地看着昔日的小店步入辉煌，而“吴老大”只能淡出茶行，于老字号而言，吴肇祥之失，实应鉴之、诫之。

时下北京的茶老大，东有吴裕泰、西有张一元。两雄并立，所较者，能与时俱进者昌。在与时俱进的过程中，两者各有自己的优势。能把握自己的优势，系制胜之道。茶业行中有“老吴（吴裕泰）变小吴”之说，但老张没有变小张。“小吴”和“老张”谁能掌领风骚，长领风骚，北京茶人拭目以待。

在老吴变小吴的同时，老字号的研究者中也产生了内联升“重回时尚圈”之说。若说时尚，100多年前，“头顶马聚源，脚踩内联升”的“爷字辈”最为时尚。原因是内联升专经官靴、朝靴，马聚源的“翎顶大帽”享誉京城。穿内联升的鞋，戴马聚源的帽子，也就“沾了官气，通了官运”。辛亥革命后，翎顶、朝靴被送进了博物馆，但千层底布鞋却仍为世人所钟，原因是“舒服”“跟脚”。

进一步究之，当时的“革履”多系进口货，即便是国产也是西方的“鞋型”，中国人穿着“不顺脚”“叵脚”，很容易穿出“足疾”。但随着皮鞋的“中国化”，球鞋的大众化，“千层底”布鞋还是变成了“老土”。

但“土中不土”，千层底布鞋毕竟有自己的优势。“高干”“高知”“大款”阶层“闲庭信步”“花园散步”时，往往还是“脚踩内联升”。出国访问时，往往也好“带上一双”，因为它确实是“舒适”。于是，海外也产生了对千层底布鞋的需求。至于“海内”，“脚踩内联升”仍然是一种身份的标志，凸显出有气度、有底蕴、有根基。成为可和“鳄鱼革履”相媲美的“时髦人士”。正因如此，平底皮鞋、软底皮鞋、旅游鞋虽然广受欢迎，可是取代不了“千层底”布鞋。

“脚踩内联升”，只能是一个特定的群体。千层底布鞋“不衰”，和捷克皮鞋“长盛”是两个概念。一个系“特定”，一个是“普及”。捷克皮鞋踏遍欧洲，旁及亚、非、奥、美。千层底布鞋无此可能，但在特定的群体、特定的环境中仍能长领“不衰”。

内联升的网店“尚履商城”，主体系时尚女鞋。女士讲时髦，衣、帽、鞋均须“配套”，要和年度国际流行服饰、色彩“一致”。在一致的过程中，“千层底”也就难于凸显了。所以“小内”只能是“老内”的女儿，父亲“罩”着女儿。一旦“远嫁”或“私奔”，女儿也就难以喜人、娇人、惹人了。

对于老字号而言，传、承、续之道，“敢不慎乎”。于儒范而言，是一种经营理念、指导思想，新时期当然要注入新的内容、新的精神。但应明确的是，儒范是“道”，不是“术”，不可能让企业“一夜致富”，只能让企业形成自己独有的底蕴与积淀，打下永续发展的根基。

老字号走上电商之路，系时之必然、势之必然。儒范进入电商，最重要的是一个“信”字，信立才能店盛。以盛锡福为例，网上所销售的产品中，百元以下的占60%，而传统工艺所生产出的高档帽子，其价格通常从五六百元到数万元不等。在网上不敢购高档货，主要的原因是信任度不够。儒范注入商范，仁、义、礼、智，最后均须归之于“信”。信是老字号和传统商业街区之根、之本，是买方最看中、最实惠的选择。“人”无信不立，无信不行，“商”更是如此。

3. “道”要光大

道是形而上的“理念”、“指导思想”，于老字号择创而言，仍选同仁堂明之。

同仁堂（集团）的陆建国在《北京日报》撰文指出：同仁堂的灵魂就体现在“仁”字上，若用一句话来概括，就是：“同修仁德，济世养生”。得从心里把行医卖药当作济世、服务社会的高尚事业。制药的人要对得起自己的良心，以诚立业、以信感人是一代同仁堂人对历史精神的诠释。很多同仁堂员工的儿孙辈，也成了同仁堂大家庭中的一员。“店兴我荣，店衰我耻”的信念已融入到同仁堂人的血液中。

“义”应高于“利”之上。2003年，“非典”突袭北京。同仁堂每天要抓10多万付药,代煎剂每天也要售出十万瓶以上。有人说“同仁堂发了”，其实是同仁堂赔了。以金银花为例，由每公斤20元一下子暴涨到300元，但同仁堂坚持以原价出售，每瓶亏损2元左右。

同仁堂不能在这个非常时期因为原料涨价就跟着涨药价，这是规矩。同仁堂人不能砸了这块牌子，老字号三百年义字当先，这是传统。与此同时，同仁堂还暂停了年销售额上亿元的国供酒生产线，改成生产抗非典药品的流水线。光此一项，就损失了六百多万元。忙不过来时，许多年过花甲的退休员工，自愿回到店里帮忙。

以义为上，义、利才能共生。这是同仁堂的经营理念。目前。同仁堂有两万多人，对于新员工，每年都会组织培训、教育，以确保同仁堂的理念能够稳定长期的传承下去。

一分耕耘，一分收获。同仁堂提出四个善待，即：善待社会、善待员工、善待经营伙伴、善待投资者。不少老顾客感叹，到同仁堂老店买药，得到的不仅是药品，更感到重义、爱人、厚生的文化。

昔日的“儒范”通过传承、发展，已成为今日同仁堂的经营理念。同仁堂（集团）时下已有1500余种产品，25个生产基地，75条通过CMP认证的生产线，1800余家零售终端和130多家医疗网点。在海外17个国家、地区设有90多个门店，1个生产基地。不但是“老字号”，而且是名副其实的当代集团企业。

综汇全文所述。京商是儒商，也只能是儒商。京商所创立的老字号，集中地展现了儒范。西城系传统的商业区，历史上的买方、卖方系互相依赖型的“互动”。今日的大环境，为老字号与商业街区、老字号与顾客的“良性互动”提供了大前提。在改革开放的大潮中，老字号应该当、有能力当“弄潮儿”，展现出传统的厚重与时代的风采，体现出北京精神、西城精神。这种精神，注之于老字号，则是“传”“承”、

"续"三合一的新商范。这种商范，系传统的儒范和时代精神的完美结合。

**作者简介**

方彪，北京燕山出版社原编辑、副编审；任北京联合大学北京学研究所特邀研究员、西城区社科联委员、西城文史学会副会长、北京民俗研究会理事等；专攻北京学、北京史、北京文化。著有《北京简史》《北京士大夫》等有关北京的著述十余部；发表《北京学试探》等论文200余篇。

邹希宽，北京市西城区第一图书馆馆员；研究方向为数字资源信息开发、地方文献资源数字化建设等。

# 西城区“中华老字号”的传承与创新之路

朱筱新

【内容提要】传承与创新，是位于西城区的中华老字号得以发展至今的重要原因。在注重传承经营理念、宗旨和商业道德、产品制作技艺的基础上，积极创新经营方式、策略、手段、方法和经营品种、制作技艺，使中华老字号不断增添新的活力，是老字号今后发展的必由之路。

【关键词】西城区　老字号　传承　创新

“中华老字号”作为一种民族品牌，也是中国的一种传统文化符号。位于北京市西城区的中华老字号，作为“中华老字号”的重要组成部分，如今已成为具有社会影响力的品牌之一。

西城区的中华老字号种类繁多，涉及文具、古玩、字画、餐饮、服装、百货、糕点、饮料、剧院、影院、洗浴等诸多商业领域。创建的时间自明朝至新中国成立后，这些老字号都经历了从草创之初到兴旺发达的漫长历程。纵观各个老字号的发展历程，其中的“传承”与“创新”，是老字号能够一路走来并延续至今的重要原因。

本文以北京西城老字号谱系研究领导小组办公室提供的相关资料为基础，对西城区辖区内“中华老字号”传承与创新的基本状况进行梳理，针对新时期发展的需要，提出推动中华老字号开拓创新的主要思路。

## 一、西城区中华老字号的传承基础

北京西城区中华老字号的始创者，身份差别很大。如经营文房四宝的清秘阁，系乾隆帝御赐其乳母周嬷嬷之子的店铺；步瀛斋鞋店、白塔寺药店、同仁堂药店等，为曾在宫廷供职者所创；天福号酱肉店，为宫廷宦官后裔始创；成文厚账簿店等，则为商人所创；此外还有卸任官员或文人转行创办的一得阁墨汁店、王致和酱园等，小肠陈、爆肚冯等的创业者则是来京谋生的普通民众。而在这些区别中，也存在一些共同之处。

### （一）拾遗补缺，找准市场定位

尽管老字号创建者的身份不同，但却具有共同的创建特点，即都是根据当时的市场状况，或准确地掌握市场的需求，或针对特定人群，或拾遗补缺，或为了满足社会新的消费需求，从而走出一条与众不同的道路，成就了一番前人难以想象的事业。

如内联升初创时，针对的是朝廷文武百官的出行需要，专为他们制作舒适的朝靴。步瀛斋鞋店初创时，也是针对当朝的文武百官、王府显贵以及知识界、文艺界人士，专门选用缎面、毛礼服呢等高档面料，制作各式布鞋。马聚源帽店则专为清朝制作官帽。

荣宝斋等老字号针对文人墨客的需求，经营文房用具、字画，并为书画家们提供展示和出售其绘画、书法作品的场所。一得阁墨汁店为了方便文人书写、作画的需要，免除他们研墨和携带砚、墨出行的麻烦，研制出了墨汁，为中国传统的文房四宝增添了新的品种。清秘阁、博古斋等老字号，专门经营碑帖、古玩、字画，既可以满足文人研究的需要，也为文人收藏提供了便利。

老西安饭庄、桂香村食品店等老字号创业的初衷，主要就是为了满足外地籍官员寓居京城后的思乡之情，使他们能在异地品尝家乡的美味佳肴。

小肠陈、爆肚冯这些经营小吃的老字号，则将服务定位于普通民众。通过制作风味独特、物美价廉的食品，使百姓既能吃饱，又能品尝到美味，在一定程度上调节了百姓的口味。

造寸时装店（公司）定位于专制妇女服装，解决了当时妇女做衣难的问题，也迎合了女性追求时尚、时髦的需求。

其他一些老字号同样如此，比如鑫园浴池、华清池、东昇平浴池等老字号，针对京城百姓的基本需求，方便了基层群众的洗浴；聚宝源、清华斋等老字号，主要立足于为回族群众制作精美的清真食品，方便回民的生活；三庆园戏院适应徽班进京后京剧艺术逐渐走向民众的现实，为京剧表演艺术家展示才华、技艺搭建了舞台；也为京城戏迷欣赏戏剧提供了适宜的场所。

老字号初创时的这些特点，是他们在市场赢得立身之地的关键。正是因为老字号很好地掌握了市场的需求，瞄准特定的服务人群，拾遗补缺，确定重点服务内容，对企业发展目标、竞争策略、经营手段等方面进行准确定位，才使得自己得以跻身于市场，并形成自己独特的产品和经营内容。

**（二）诚实守信，坚持品质第一**

中华老字号能够跻身于市场，并且在以后的岁月中得到发展，与其独特的经营理念、方式和精湛的技艺有直接的关系。

秉承中国优秀的传统文化，恪守“重义轻利”“诚实守信”的儒家思想，是中华老字号经营的一大特点。一些老字号甚至以此作为企业的名称，体现以儒家传统思想作为经营的理念。如义利食品店取“先义后利”之意，谦祥益则含“以谦生德，以谦至祥，受益广之”之意等。

而在实际经营中，中华老字号更是秉承“诚信”的理念，将“货真价实”“童叟无欺”等作为服务的宗旨、经商的原则。

保证产品质量，是“货真价实”的前提条件。为了确保自己产品的质量，许多中华老字号严把原料品质和质量关，精心挑选原料，选择优质的原料产地，以此取信于顾客。

如马聚源帽店制作帽子，有特定的原料产地。所制清朝官帽（缨帽），帽顶缨子必须选用西藏的牦牛尾，丝絮匀顺、舒展；染色则用西藏出产的藏红花，色彩鲜艳、不易褪色。尽管这些原料产地远、价格昂贵，但为保证质量，也绝不以次充好。马聚源帽店制作的棉、夹、纱等瓜皮小帽，所需的缎子专从南京的源兴缎庄进货，而不选用别家的原料。其中，源兴缎庄所产的上等绸缎“源素缎”，经久耐用。用其制作出的瓜皮帽，色泽鲜亮、持久。

戴月轩湖笔店制作羊毫毛笔的原材料，必从浙江进货。系因太湖地区养殖的湖羊，毛质细柔，制作的毛笔书写流畅，储墨性好。

鹤年堂、同仁堂、德寿堂等老字号药店，对各类药材的收购，十分注重产地，且从中精选上乘、地道的药材。

食品行业的老字号，始终注重原料的品质。许多原材料都是经过多次比较才最终确定的，并且形成固定的原材料产地。对一些具有时令性的原料，甚至规定严苛的季节要求和具体的采摘时间。以此保证食品的口感、口味不变，质量稳定。如天源酱园的甜面酱，所用黄豆必须产自京东的马驹桥，面粉则选用当时罕见的“上等粉”。制作糖蒜的大蒜，一律用京城长辛店或四季青两地生产的六瓣红皮“王贵大蒜”。甜酱包瓜，专用永定门外跃家楼种植的“竹叶青”香瓜，要求六七成熟时采摘。原料黄瓜中的伏黄瓜，选自安定门外小关一带产的五寸伏；秋黄瓜则要求条顺，顶花带刺，个头大小以4至6条一斤为准。苤蓝，采自永定门外蒲黄榆的刘记秋苤蓝，其皮薄、肉脆、茬口好。原料白瓜、黑瓜（虎皮山瓜），均选用永定门外蒲黄榆所种。甘露，则采摘自白纸坊黑土地的鲜甘露，等等。

烤肉季为了保证烤肉的肉质细腻、不膻，多选用张家口以西所产黑头团尾绵羊，次则选用河北承德等地所产长尾羊、大山羊。

一些中华老字号，为了保证原材料的质量，自己建立专门的原料产地。鹤年堂药店为了确保药品的质量，建立了自己的饮片生产基地。永安茶庄、张一元茶庄等老字号，都建立有自己的茶叶生产基地，永安茶庄制作的花茶的原料——茶叶、茉莉花，分别选自福建、安徽；张一元茶庄则专从福建购买茶坯。天福号酱肉铺建立的大型生态农场，不仅成为自己的原料基地，还成为其他供货商的原料品质养殖示范基地。

在保证经营产品原材料质量的基础上，中华老字号非常重视产品的质量。无论是食品、药品，还是服装等行业，在制作产品时，都力求精益求精，不偷工减料。同仁堂创始人乐凤鸣制定了“炮制虽繁必不敢省人工，品味虽贵必不敢省物力”的训条，建立了严格的选方、用药、配比及工艺流程。自清雍正元年（1723 年）后，同仁堂承担了向清廷供奉医药，其间就曾以身家性命担保药品质量。自此同仁堂便以宫廷制药技术作为标准，规范各种药品的制作；同时也培养了“诚实守信”的制药道德。

步瀛斋制作的布鞋，有选料、配料、打袼褙、切底、填制、圈底、纳底、焖底、锤底等十几道工序。其中的鞋底制作系手工纳制，使用上等水麻搓制的麻绳，要求每平方寸 80–100 针，针脚横平竖直，以保证穿着透气性强。鞋底纳好后，还要放入 80–100℃的热水中浸泡；再用棉被包严闷透，锤干，整形，晒干。经过这些工序制作出的“千层底”布鞋，不走样、不变形，穿着吸汗、柔软、舒适。又如缎面手工绣花鞋，在做工、用料上也十分讲究。绣花的线材，系精选 5500 经头 3.3 尺的干丝素绣。

饮食行业的老字号，无论是菜肴、糕点，还是小吃，也都以精湛的制作技艺和质量，深受大众的信任和喜爱。又一顺饭庄烹制的“它似蜜”，所用羊肉均选取羊身上最嫩的后腿部位。在制作这道菜时，开始是用苏子酱给肉上浆，后改用甜面酱。入锅煎炸后，再用白糖蜜汁，加香醋浓汁等烹制。从而保证烹制成的“它似蜜”，入口香甜回绕，鲜嫩不腥膻。六必居、天源、桂馨斋、王致和等老字号生产的各种酱菜、腐乳，也都要经过数道甚至十余道工序。尽管费时费力，但这些老字号对每一道工序都认真对待，不敢有丝毫的省减，从而确保了产品的质量。

中华老字号的这种优良传统，也影响到了其他老字号，如清秘阁南纸店制作的八宝印泥，采用八种原料：即珍珠、红宝石、红珊瑚、朱砂、猪膘、冰片、麝香和赤金叶。制作时，先将八种原料分别在玛瑙乳钵里研磨成细粉状；再按配方比例，放置在小瓷缸内，注入蓖麻陈油，撒入艾绒，然后经手工用力搋打千百次后，再放入封闭的坛子里。每三个月倒一次坛子，以使坛内的各种原料充分融合。直至经过两夏三冬，才取出销售。这样制作的八宝印泥，冬天不凝，夏天不稀。使用八宝印泥在宣纸上盖章，印迹颜色鲜艳，经久不褪。

中华老字号对产品质量的重视，不仅赢得了越来越广阔的市场和消费群体，也由此形成自己独特的产品，并获得社会各界广泛的赞誉。

**（三）敬业爱店，严格企业管理**

为了保证产品的质量，中华字号都在内部建立了严格的规章管理制度。如内联升鞋店将“工必为之纯，品必为之精，业必为之勤，行必为之恭，信必为之诚”作为立店之本，要求每一位员工都自觉遵守。

为了保证产品的质量，保持和保护已有的制作技艺，中华老字号普遍采用“以师带徒”的方式，培养传承人。这种传承制作技艺的方式，不仅使老字号秘不外宣的特殊技艺得以延续，长期保持产品的特色和质量的稳定，也使得老字号特有的经营理念、管理经验等宝贵财富，得以世代延续。

在内部的管理方面，中华老字号既严格，又不失仁义之怀。如一些老字号对店员制订有学徒、升迁制度。学徒一般要从洒扫、担水等粗活开始，旨在培养新店员任劳任怨、吃苦耐劳的精神。对已学成的店员，则根据其业绩，给予升迁或惩罚。在日常管理中，凡有违反店规者，必定处罚，甚至解雇。

谦祥益绸布店规定，本店从经理到店员，一律食宿在店。本地店员每月可探亲一次，山东籍店员每年可探亲一次。每年年底，各店经理要与店员进行一对一的谈话，凡绩优者来年继续录用，绩劣者解雇。员工的待遇非常优厚，日常用餐，自经理至勤杂人员不分桌，均四菜两汤；逢年过节，餐桌上还有鱼、虾，大年初一更有海参、鱼翅、香肠、肘子、干鲜果品等。

这种严格加关怀的内部管理制度，既使店员爱店、爱岗、敬业、恪尽职守，又使店员感到温暖，有助于增强老字号内部的凝聚力。

**（四）取信于人，注重营销策略**

以良好的服务质量赢得市场，也是中华老字号得以继续传承和发展的基础。中国传统的“仁”“义”“礼”“信”“和”等思想，都渗透于老字号的内部管理、商品销售和服务中。“热情迎客”“诚信待客”“童叟无欺”“和气致祥”“明码标价”等规定，是老字号普遍采用的销售服务原则。在此基础上，一些老字号还制订了具体的规定。如谦祥益在销售绸缎布匹时，要求“放尺”，即售货员在为顾客量布时，每 1 尺加放 1 寸。这种让利于顾客的做法，正是“仁”“义”传统思想的具体体现。

为了使顾客了解产品内在的质量，一些中华老字号还特别制定了相关的规定，如食品店实行“先尝后买”；许多老字号要求店员必须耐心、细致地介绍产品的性能、特点，解答顾客的疑虑或问题，直到顾客满意为止。在内联升店内陈设一把铡刀，如果顾客怀疑所买鞋的布料或质量，在征得顾客同意后，店员当着顾客的面用铡刀将鞋切开，以验证产品的质量。

为了提升社会影响力，中华老字号积极参与社会慈善活动。如同仁堂曾冬办粥厂、夏施暑药，办“消防水会”；在科举会考期间、向应试者免费赠送“平安药”。其他一些老字号也都曾积极参加各种社会募捐活动，或施舍，扶贫济困等，以此展示自己“重义轻利”的经商之道。

中华老字号的这些经营理念和方式，无不蕴含着中国传统文化和思想的精髓，从而在社会上得到普遍的认可和赞许，这也为老字号不断发展、壮大，提供了有利的条件。

## 二、西城区中华老字号的传承

西城区的中华老字号，能延续至今，不仅在于创立之初便确定了经营的品种，明确了服务的对象和群体，创立了独特的产品制作技艺，提供了信得过的质量保证以及多种、周到的服务，更在于其在以后的传承中不断地发展。

中华老字号的传承与发展，主要体现在经营方式的变化和市场的开拓，经营品种的拓展与开发，制作技艺、经营手段、方法及策略上的调整和创新等方面。

### （一）改变传统的经营方式，开拓新的生存空间

在中华老字号创立之初，受资金、市场的制约，大多经营场所比较狭小，只能提供有限的产品陈设和购物空间。顾客进入店内，除购物外别无选择。而一些具有加工性质的老字号，则大多采用“前店后厂”的格局，虽有产销衔接的优势，但同时也限制了生产规模的扩大。

中华老字号初创时，主要是通过特色产品和服务招揽顾客；之后逐渐形成“回头客”和“口口相传”方式吸引来的新顾客两个主要购物群体。这种传统的宣传方式，在确保客源稳定的同时，也在一定程度上影响了老字号的迅速发展和市场扩张。为了吸引更多的消费者，扩大市场，一些老字号便采用新的宣传方式。

在20世纪30年代，张一元茶庄曾在店门口安装高音喇叭，通过播放歌曲、戏剧等方式招徕顾客；后来又在邻街处架设霓虹灯，在广播电台做广告。这些“新事物”吸引了大量的民众驻足欣赏、观看，使更多的民众知道了“张一元”，起到扩大宣传的作用，迅速增加了茶叶的销售量。

德寿堂也通过报纸、电台等媒介做广告，在各种公共场所设置

广告，宣传自己的名牌产品。20世纪二三十年代，在京城庆乐、三庆、华乐、开明等大小戏园子里，都悬挂有德寿堂赠送的绣有“德寿堂康氏牛黄解毒丸”广告的门帘、台幛、帷幕；就连有轨电车上也张贴德寿堂的商品广告。为了吸引顾客的“眼球”，德寿堂还曾在楼顶上设立可以走动的小火车模型，在京城轰动一时。

同仁堂等一些老字号积极参加社会公益慈善活动，向社会展示自身积极向善的企业形象，增进社会大众的信任感，扩大顾客群，实际也发挥了宣传的作用。

随着产品消费群体的扩大，一些老字号陆续开设了分店或分号。如谦祥益绸布店的铺号就曾遍布北京、武汉、天津、济南、青岛、烟台、淄博等地。这些分店、分号的开设，既方便了各地民众购买的自己产品，也使得老字号拓展了市场，赢得更大的生存空间。

面对市场的开拓，一些老字号原有的“前店后厂”格局已不能适应新的形势，于是部分老字号又另开设工厂或加工厂，专门负责制作产品。这使老字号的生产规模得到扩大，生产条件得以改善，产品的质量得到进一步的提升。

在经营策略上的调整，也是中华老字号发展的重要内容。首先，营造舒适的购物环境、使顾客更直接地了解产品的品质，是中华老字号较普遍采用的一种策略。如张一元茶庄为使顾客了解各种茶叶，在店堂内专设茶桌和椅子，供远道而来的顾客休息；桌上沏有一壶香茶，顾客可以先品茶后买茶。许多老字号在店内或借助临街的窗户，设置橱窗，陈放产品，让顾客更直观的欣赏和了解产品，放心购买。

其次，从店内销售扩大至上门服务，也是中华老字号在经营策略上的一种创新。为了方便顾客购买茶叶，张一元茶庄在20世纪30年代，就开设了电话和函购业务；规定凡买5斤以上茶叶者，均送货上门。送货上门改变了传统的坐店经营方式，扩大了顾客群，极大地方便了行动不便老人的购物需求，拓展了老字号的经营空间。

再则，延长营业时间，急顾客所需。受中国社会城市生活习俗的制约，晨启昏闭，是老字号传统的经营时间。但随着社会的发展，这种经营方式越来越不适应新的城市生活节奏。因此，延长营业时间也成为一些老字号的创新之举。如每逢年节，京城民众涌向大栅栏置办年货，造成沿街店铺、摊位拥挤不堪。张一元茶庄就采取早开门、晚关门的措施，以缓解顾客进店购买茶叶的拥挤程度。

**（二）扩大服务对象，延伸服务内容**

中华老字号在创始之初，都有特定的服务对象或群体。这种定位保证了产品针对性强，顾客群体目标明确；但是与此同时，这也制约了企业的生存和发展空间。为了解决这个问题，一些老字号首先便选择扩大服务空间的发展之路。

如内联升鞋店、步瀛斋鞋店，最初的定位都是为达官贵人制作高档男鞋。民国初年，随着社会巨变，内联升由专服务于“坐轿的”，转向兼为“抬轿的”服务，开始生产下层民众爱穿的洒鞋。步瀛斋鞋店也转而兼生产民众爱穿的千层底布鞋、绣花鞋和各式皮鞋。新中国成立后，妇女地位提高，内联升又及时增加了女鞋等生产项目。

造寸时装店最初的定位，是为女性量身定做服装，后扩大为男装、女装兼做。凭借着多年积累的精湛的裁剪、缝纫技艺，制出的男装，同样式样新颖，造型美观，博得男性广大消费者的赞许。

其他一些老字号，在经营的产品档次上，或从单纯的高档转向高、中、低档兼营，或从低档转向兼营高、中档，吸引更多的目标顾客，扩大企业的服务空间。

其次，增加经营的产品品种，以促进老字号服务空间的扩大。无论是服装行业、饮食行业、医药行业，还是文化行业的老字号，在其传承的过程中，生产和经营的品种均有不同程度的增加。如戴月轩湖笔店的产品，除传统的戴月轩品牌毛笔外，还增加了文房四宝及自产自销的名人字画、金石印章等近千种商品。

瑞蚨祥绸布店从最初专营绸缎、布匹，发展成为包括主营丝绸、呢绒、化纤、棉布、中式服装，兼营服装制作、服饰、床上用品、皮货的经营服务格局。

同仁堂、鹤年堂、德寿堂等老字号药店在研究中国传统医学的基础上，根据社会的需求，不断开发出新的中成药和药方；与此同时，立足自身优势，积极参与国家有关部门推动的“大健康”战略，开展健康养生等新兴服务项目。

饮食行业的老字号，也在继承传统菜肴、烹饪技巧的基础上，根据社会饮食习惯的变化，特别是当代追求绿色、健康的理念，不断推出新的菜品。

再则，实行精细化服务，满足个性化需求。对特殊群体提供服务，不仅提升了老字号的社会影响力，更体现了“顾客至上”的服务理念。如步瀛斋、内联升等老字号鞋店，在传承中注意跟踪时代的变化，特别是社会审美的变化，适时推出鞋的新款式或新样式。在鞋型上，根据人体的胖、瘦，有宽、窄之分，以使各种体型的顾客都能购买到适脚的鞋。针对特殊需求或脚型特殊的顾客，店里提供定制服务，根据顾客的需求和脚型，做出鞋楦，再进行加工。

**（三）扩大服务范畴，提升文化品位**

打破单一经营的格局，把企业的服务项目扩大到多个领域，也是中华老字号在传承中创新的一种策略。

老字号自始创后，为了产品的销售，一直注重扩大经营的范围和服务的项目。一方面，有助于方便顾客购物的需求，便于顾客购买主营产品以外的其他商品；另一方面，也有助于扩大老字号的知名度和影响。

如荣宝斋等一些经营文房四宝的老字号，将当代文人的字画引入店内销售，或请书、画家在店内现场挥毫、作画。

一些老字号通过在橱窗广告、举办陈列展览等方式，介绍本店的历史和传统技艺；介绍产品和使用方法、注意事项；展示产品的制作过程以及原料、配方等。这不仅是一种宣传，更具有服务的内涵。让顾客“零距离”了解产品，无疑会增加顾客对产品的信任感。

如同仁堂、内联升等均设有小型的展览，这实际成为顾客在购物或参观的同时，了解中国传统文化、了解老字号与社会关系的一个窗口。

大观楼影城设有电影图片展览，陈设石砖墙、木条凳、布幔、老照片等文物，形象、直观地向观众生动展现中国电影业的成长过程。

扩大服务范畴，增加服务项目，使老字号在经商的同时增加了文化的内涵，使顾客一进入店内就感受到老字号独特的企业文化氛围。这些展览或陈设，不仅宣传老字号自己的产品，实际也在传播优秀的老字号传统，使顾客受到中国传统文化的教育。这在一定程度上，进一步提升了老字号的文化品位。

## 三、探索西城区中华老字号的创新之路

老中华字号能传承至今的重要原因，就在于其不仅形成了自己的特色商品体系和经营之道，发明了独特的制作工艺，还能顺应社会发展和变化的需要，在传承中不断创新和开拓。

应该看到，在中华老字号的传承与发展中，传承的是具有深刻中国传统文化内涵的经营理念、宗旨和商业道德，是延续了几代、甚至几十代的精湛的产品制作技艺。这是中华老字号的立身之本，也是被社会广泛认可的老字号品牌的本质所在。中华老字号的发展，则主要表现在经营方式和策略的变化、经营品种的拓展，制作技艺的改进，以及经营手段、方法及策略的调整。

认真总结中华老字号历史上传承与发展的成功经验，可以为中华老字号今后的进一步发展提供有益的借鉴与参考。

在新的历史时期，汲取中国传统文化的精华，秉承“以人为本”“诚实守信”“重利轻义”等优秀的中国传统思想，融入社会主义核心价值观，理应成为中华老字号经营理念的灵魂所在。因此，应该自觉传承和发展中华老字号坚持品质第一、不为小利所动、不逐一时之利而失大义等优秀传统，使之成为西城区老字号的“金字招牌”。

这些中国固有的传统思想，既是老字号创业和初始的根基，也是老字号赢得社会效益的重要法宝。在深入推进社会主义市场经济的今天，中华老字号的发展更需要立足社会效益，这是赢得消费群体的基础。

中华老字号应该紧跟时代的发展，关注市场的变化，拾遗补缺。社会的发展必定带来生活方式和习俗的变化，人们对老字号的需求也会随之变化。其中，企业营业时间与顾客工作时间、大众化经营与个性化需求、时尚与传统等矛盾的凸显，以及绿色环保理念、勤俭节约等理念的流行，都对老字号的经营方式和发展策略提出新的要求。适应时代的发展和变化，应是中华老字号今后创新的基点和依据。

**（一）重视产品质量，提高服务质量，提升服务水平，是中华老字号传承创新的重要前提**

重视产品质量，保持产品质量的稳定性，是中华老字号得以传承至今的基础，也是老字号的优良传统和立身之本。老字号的创新，首先要坚持“质量第一”的原则。无论产品如何更新换代，始终保持质量的优良、品质的优秀，这是老字号今后持续发展的重要前提条件。

在保证产品质量的同时，推动销售服务的升级，对吸引顾客购物十分必要。首先，坚持将诚实守信、重利轻义的中国传统思想与社会主义核心价值观相结合，作为中华老字号的经营理念，以此约束自身的营销行为，不仅能够继续赢得顾客的信任，更能为开阔更大的市场奠定坚实的基础。

其次，为顾客营造更加舒适、宽松的购物环境，使顾客在购物的同时，身心得到放松。随着社会节奏的加快，变购物为休闲，对于生活在大都市的民众是极为需要的。在购物的同时，使顾客得到更多的物质和精神享受，有助于提升老字号的文化品位，也有助于顾客调节心情，理性消费。

服务从售前延伸至售后，为顾客提供信誉保证，也应成为中华老字号赢得市场的一种策略。通过售前介绍、售后服务，不仅是对销售服务的延伸，更是老字号对保证产品质量的一种承诺。延伸产品销售服务，既能够解除顾客对产品的疑虑，消除顾客对产品的后顾之忧，使顾客买得放心，用得放心，也有助于提升产品的信誉度。

再则，增加产品生产的透明度。在消费者更加关注自身权益的现代社会，向消费者公开产品成分、制作过程、使用注意事项等信息，是保护消费者知情权的重要举措，十分必要。增加产品生产的透明度，也在一定程度上显示了中华老字号诚实守信、重视质量的决心和勇气，有助于增强顾客对产品的信任感。

**（二）调整经营方式和策略，拓宽销售渠道，是中华老字号传承创新的重要途径**

社会进入信息化时代后，传统的进店购物习惯正在逐渐被更加便捷的网上购物所取代。网上购物的方便、快捷、送货到家等特点，适应了当代消费者特别是上班族快节奏的生活习惯，满足了他们的购物需求。改变传统的老字号坐店经营的模式，通过网络、电话预定、速递上门等方式，主动送货上门，是解决企业营业时间与顾客购物时间矛盾的有效途径。这种销售方式，也有助于及时满足外埠顾客的购物需求，对扩大中华老字号的国内外市场极为有利。

在社会进入老龄化后，老年人已成为一个庞大的社会群体。老年人所需商品的种类、样式少，加之行动不便，常制约了他们的购物需求。解决老年人购物难、老年人及残障者出行不便的困难，为他们提供贴心、关爱式的服务，需要老字号创新经营方式和策略。如增加生产或销售老年人所需商品的种类，在店内设置老年商品专柜，以满足他们的消费需求；对老年人及残障者进店购物，迎来送往，提供歇息的设施；采取店内选货、电话订货、送货到家，开设老字号流动售货车、大篷车，送货到街道、社区等方式，解决老年人出行及携物不便的困难。应该看到，开发老年人的商品市场，无疑将为老字号赢得一个更大的生存和发展空间。

西城区的中华老字号，不仅在北京有很大的影响力，在全国也有很大的名气。如何借助这种优势，在网上开设老字号产品专卖店，将市场拓展至全国甚至海外，也是值得探讨和实践的一个创新点。

**（三）关注社会焦点，是中华老字号传承创新的突破口**

将产品的实用性与现实社会的意识、观念相结合、相统一，也应成为西城区的中华老字号传承创新的亮点。

健康、环保，是当今社会普遍关注的问题，也是中华老字号创新的重要内容。一些老字号的产品内含有不健康甚至有害的成分，特别是餐饮行业重盐、重油、重糖的传统烹调方式，与当代社会提倡清淡、低盐、低糖、少油的健康饮食的时尚潮流相悖。老字号必须适应社会发展对健康标准的新要求，在继承老字号的传统制作技艺，保持老字号传统风格、口味不变的基础上，融入健康、环保、绿色的理念，调整产品辅料的配比成分，减少不利于健康的辅料。

保健、养生，是生活在大都市民众的一种新的消费理念。西城区的中华老字号应该结合中国传统养生学知识，更新、改造传统产品，积极开发有利于保健、养生的新产品，加大宣传力度，介绍保健、养生功能，引导消费者正确使用，这不仅可以开拓一个新的商品领域，更能取得积极的社会效益。

追求个性，是当代社会的一种消费潮流。一些中华老字号在创业之初，就以特定的消费群体作为营销目标。虽然这是在特定社会背景下采取的定位和营销策略，但应该看到，高档商品与大众化商品在今天依旧拥有自己的消费群体，这也是个性化消费的表现。对于高档商品采用多品种、时尚化、小批量、多样式、多花色、差异配比主辅料，以及来料加工、量身定制等方式，能够充分满足消费者个性化的需求。

**（四）引领健康、积极的消费潮流，杜绝奢靡之风，是中华老字号传承创新的着力点**

勤俭节约，是中华民族的优秀传统。自觉履行企业的社会责任，提倡节俭，反对奢侈、铺张浪费，也应成为中华老字号传承创新的内容。

当今社会的主流，依然是中国传统的朴实、节俭风尚。是附会奢华，还是顺应社会主流，是衡量中华老字号核心价值观的重要标尺。

中华老字号有责任和义务坚持返璞归真，引领社会健康、理性地消费。摒弃奢华的商品包装；分别采用高、中、低档的原材料，制作相同款式或样式的服装；加大对大众化商品的宣传力度；对食品采用化整为零、小量或分量包装；餐饮业按人数定菜量、价格等，都能收到避免奢华浪费的效果。针对高端商品消费群体的个性化需求，也应更多地考虑款式的新颖和独特，在式样、风格、性能和品位上创新，注重功能、性能和内在质量的独特性，而不一味追求华而不实的外表装饰。

不跟奢靡之风，不逐奢华之流。利用宣传橱窗、广告等手段，在宣传产品的同时，引导消费者健康、理性消费，这也应成为中华老字号创新企业文化的一种方式。着力宣传大众化的产品，使追求奢侈、豪华的风气没有市场，更得不到商家的响应。

**（五）加大政策扶植力度，是实现中华老字号传承创新的重要保障**

在我国当前条件下，中华老字号的传承与创新，除自身内部的因素外，还需要社会与政府提供必要的外部条件。

由于历史的原因，西城区的许多老字号已离开原址，搬迁至新的地点。位置的改变，对老字号的经营造成较大的影响，导致目标客户离散，销售量减少。其中的一些老字号，因经营的产品本来就是微利，搬迁之后房租等各种负担加重，现已陷入举步维艰的境地。因此，在税收、房租等方面给予必要的优惠，既能维系老字号的生存和发展，也有利于中华老字号今后的传承和创新。

在城市的改造或改建中，优先考虑中华老字号的需求，或原址回迁，或为他们提供较好的地段、位置，这不仅使老字号能够保持稳定的客户群，更能促进老字号的传承、创新。

老字号在传承与创新中，必然需要调整店内布局和产品结构，构建新的营销体系，对产品进行更新换代等，资金投入量大，自身一般难以承受。政府应设置"老字号传承与创新"专项资金，用于资助中华老字号的升级换代。

推动中华老字号的传承与创新，应该成为企业、社会和政府共同的职责。政府有关部门应该会同相关研究机构，认真梳理影响不同类型老字号发展的重大问题，加强理论探索和对策研究，注重整体规划，切实帮助老字号解决经营场地、经营方式创新、传承人培养、发展资金等实际问题，提高政策的针对性和实效性。其中，建立专项奖励基金，用于奖励创新成效显著的老字号，是一个值得注意的措施。因为这样做，不仅对受奖的老字号是一种肯定和支持，对其他的老字号也是一种激励和引导。这对于促进西城区老字号的整体创新，具有极大的促进作用。

老字号的传承、创新之路，留给后人的不仅是物质的财富，更是一份宝贵的精神财富和启迪。汲取传承至今、蕴含着中国优秀传统文化的精神财富，顺应社会发展的主流，是西城区的中华老字号再度辉煌的根基。

**作者简介**

朱筱新，北京教育学院人文学院教授、学科带头人，兼任北京学研究所兼职研究员、澳门科技大学访问教授等职。长期从事中国古代史、中国传统文化、文物与考古等学科教学和研究，发表学术论文40余篇，专著有《中国传统文化》《中国古代的礼仪制度》《文苑风华——北京的学术与教育》《文物讲读历史》等。

# 北京西城老字号人才队伍建设的核心问题和改进思路

李吉星

【内容提要】北京市西城区是北京老字号品牌的主要集聚区，老字号企业为西城区区域经济发展、就业拉动提供了较大推力。老字号企业要发展创新，人才的培养和使用至关重要。企业、政府、行业组织等不同层面应认真分析、牢牢把握老字号企业人才队伍建设的核心，有针对性地开展人才培养工作。通过对张一元、内联升、年糕钱、戴月轩等老字号企业人才队伍建设工作的调研，本文提出：精神、品牌、技艺、历史文化等要素组成的文化传统是老字号企业能够传承百年的核心能力，老字号企业要以文化传统引领人才队伍建设，开展各层次各种类企业人才的培养、选拔、评价、考核工作，建立起一整套符合老字号企业特点的人才标准和体系，以确保自身文化特质的传承。

【关键词】北京市西城区　老字号　人才队伍　建设

北京市西城区是北京老字号品牌的主要集聚区。据统计，目前西城区拥有近百家老字号资源，占全市老字号数量的50%以上，其中中华老字号54家，约占北京全市的47%[①]。

为了充分展现和利用老字号丰富资源，推进特色商贸、文化、旅游的深度融合，促进老字号创造更多的社会、经济和文化价值，

① 《西城区出台新政策着力保护促进老字号发展》，北京市西城区人民政府网站2012年2月27日。

西城区在诸如大栅栏、琉璃厂、什刹海等区域打造老字号集聚区，为老字号发展提供战略空间，充分发掘和发挥老字号企业的聚集效应。与此同时，西城区一批老字号企业自身也已经开始形成集团化经营，成为所在行业的龙头企业。一些老字号通过连锁经营不断发展，开始尝试在外埠、境外开店，张一元、内联升等老字号已经初步实现北京地区连锁网络的全覆盖，张一元还在外省市开店并初步形成规模。

据统计，近三年来，北京西城老字号企业销售收入年均增长30.6%，高于同期北京社会消费品零售总额增幅 14 个百分点[①]，为西城区区域经济发展、就业拉动提供了较大推力。由此可以看出老字号企业对于西城区经济社会发展的影响力和重要性。

西城的老字号企业，大都分布在吃、穿、用等与百姓生活息息相关的行业中，都有着深厚的文化底蕴。“诚信经营”“童叟无欺”“货真价实” “技艺精湛”等已经成为老字号企业的本质内涵，成为一种文化传统，为广大消费者所认同，支撑、引领着老字号企业经营发展，这是老字号企业之所以能传承百年并不断创新发展的核心能力所在。

然而，随着市场环境和社会环境的不断变化，老字号企业面对经济全球化和本土竞争白热化的双重压力，需要将传统优势与现代优势相结合，将已有竞争力与新生竞争力相结合。这对老字号企业来说是一个新的挑战，事实表明，全国老字号企业有近 70% 经营不善，一些老字号企业逐渐萎缩，甚至消失。

影响老字号企业生存发展的因素多种多样，有市场、环境、技术、政策等原因，但我们从众多老字号企业的创业过程可以看出，人才是影响老字号企业发展的一个核心因素。大家耳熟能详的内联升，既是当年朝廷官员脚下虎虎生威的朝靴，又是民国名士“头顶马聚源，脚踩内联升，身穿瑞蚨祥，腰缠四大恒”的气派，是受老一辈

① 《西城区出台新政策着力保护促进老字号发展》，北京市西城区人民政府网站2012年2月27日。

领导人钟爱、简朴但舒适的“黑老虎”老布鞋，也是如今款式多样、花样繁多，北京人叫得响拿得出手的“北京礼物”“中国礼物”。其延续传承至今多达90余道纯手工工序制作的“千层底”，就是内联升的核心能力。而创制、传承、坚守并发扬这个工艺并保持这个核心能力的，是一代代为之努力的“内联升人”，他们对于内联升的发展壮大，不可或缺、功不可没。

人才是企业最大的资本。卡耐基对此有深刻的认识，他甚至还有一个豪壮的断语：拿走我的全部财产，把人才留给我，几年后，我又是一个钢铁大王。由此可见，人才的力量非同一般。

西城的老字号企业要不断推动自身发展，以自身的发展和贡献回馈消费者，就要充分利用人才资源、培养人才资源，建设好老字号企业的人才队伍。在这个过程中，要认真分析老字号企业人才队伍的特点，厘清老字号企业人才队伍的特殊性，抓住核心问题，有针对性地采取相应手段措施加以培育训练，夯实人才基础，为老字企业发展创新提供绵延不绝的人才动力。

## 一、老字号人才队伍建设的特殊性和核心问题探讨

### （一）老字号的形成要素和文化线索

老字号，是经过几十年、上百年长时段的努力经营，延续发展至今，有着自己名称的企业、工坊和产品。“字号”既是经营实体的名称，又是产品的名称，同时也是企业的商业销售品牌。老字号之所以能够长时段的生存发展，关键就在于其拥有的核心技艺和特色产品能够满足社会大众的需求，为大众所接受认可。

如老北京人喝茶认字号，“张一元”就是其中之一。早在清光绪二十二年（1896年），张一元茶庄的鼻祖张文卿就开始经营创业。比照北京及北方人的口味，张文卿就地进行窨制、拼配，形成具有特色的茉莉小叶花茶，以汤清味浓、入口芳香、回味无穷博得广大顾客的喜爱，“张一元”这个字号、品牌开始树立起来。

正因为长时段经营，一般老字号都具有传统特色，并经营有道。南来北往，一方水土一方人，一方人物一方情，老字号都有着鲜明的地方特色。老字号所处的行业和经营的产品往往都和广大群众联系紧密，因此，老字号响亮的名头，首先来自于群众的口碑，是经过群众的消费体验凝聚而来。

“中华老字号”“北京老字号”等是在传统群众口碑称道的基础上，由一定机构组织评定而来，具有权威性和广泛性。最早的“中华老字号”，是由国内贸易部1991年评选出的中国大陆的老牌企业，当时有1600余家企业被授牌。

2005年6月，中国商业联合会公布中华老字号认定规范征求意见稿。2006年4月，中国国家商务部发布“振兴老字号工程”方案，提出在三年内，由商务部认定1000家“中华老字号”，并以中华人民共和国商务部的名义授予牌匾和证书。2006年11月7日，商务部认定首批“中华老字号”，西城区的几十家老字号就在其中，如北京菜市口百货股份有限公司（注册商标：菜百），北京戴月轩湖笔徽墨有限责任公司（注册商标：戴月轩），北京内联升鞋业有限公司（注册商标：内联升），北京张一元茶叶有限责任公司（注册商标：张一元）等。

这次由政府主管部门认定“中华老字号”，相较老字号的群众认同，更加规范、凝练、权威。根据现在公认的观点，“中华老字号”是指在长期的生产经营活动中，沿袭和继承了中华民族优秀的文化传统，具有鲜明的地域文化特征和历史痕迹、具有独特的工艺和经营特色，取得了社会广泛认同和良好商业信誉的企业名称和产品品牌。对此，我们可以把之缩略为“长时段”“文化传统”“地域特征”“工艺技术”和“品牌”五项，也就是老字号的五大组成要素。一个企业，具有了这五项要素，我们就可以将其认定为老字号。

纵观老字号的五要素，时间、传统、地域、工艺、品牌各自有着自己的功能领域。但是如果我们以文化的概念来审视的话，则可发现这五要素之间有着一以贯之的一条主线。

首先我们来简析一下品牌的文化内涵。品牌是给拥有者带来溢价、产生增值的一种无形资产，其载体是用以和其他竞争者的产品或劳务相区分的名称、术语、象征、记号或者设计及其组合，增值的源泉来自于消费者心中形成的关于其载体的印象。品牌一定是消费者认同的，这种被认同的价值由很多元素组合而成，是需要时间积淀的。这不是一个简单的利益价值认同，也不是通过公共关系等手段就可以塑造，而是饱含消费者心理情感的价值认同。

一些企业为自己的品牌树立良好的形象，赋予美好的情感，代表一定的文化，使品牌及品牌产品在消费者或用户心目中形成美好的记忆。比如提到"麦当劳"，人们就会感到一种美国文化、快餐文化，会联想到"质量""标准"和"卫生"。

品牌在长期的经营中会逐步形成一定的文化积淀，这种文化积淀代表了企业和消费者的利益认知、情感归属，是品牌与传统文化以及企业个性形象的总和。由此，品牌也发展成为一种文化，即品牌文化。品牌文化，是指通过赋予品牌深刻而丰富的文化内涵，建立鲜明的品牌定位，充分利用各种强有效的内外部传播途径，形成消费者对品牌在精神上的高度认同，创造品牌信仰，最终形成强烈的品牌忠诚。

品牌文化的核心是其精神内涵，具体而言就是其蕴涵的深刻的价值内涵和情感内涵，也就是品牌所凝练的价值观念、生活态度、审美情趣、个性修养、时尚品位、情感诉求等精神象征。老北京人口中的"头顶马聚源，脚踩内联升，身穿瑞蚨祥，腰缠四大恒"，就是对这些老字号品牌文化最好的、形象化的诠释。

其次我们再来看传统工艺技术。传统工艺技术是老字号发展传承至今的核心要素之一。根据联合国教科文组织通过的《保护非物质文化遗产公约》中的相关定义，"非物质文化遗产"（Intangible Cultural Heritage）是指被各群体、团体、有时为个人所视为其文化遗产的各种实践、表演、表现形式、知识体系和技能及其有关的工具、实物、工艺品和文化场所。随着其所处环境、与自然界的相互关系和历史条件的变化，各个群体和团体使这种代代相传的非物质文化遗产得到创新，同时使自己具有一种认同感和历史感，从而促进了文化多样性，激发了人类的创造力。

非物质文化遗产主要包括：口头传统和表述；表演艺术；社会风俗、礼仪、节庆；有关自然界和宇宙的知识和实践；传统的手工艺技能。从中可以看出，老字号所拥有的传统工艺技术是非物质文化遗产中的一个重要内容，换个角度说，老字号所依赖的、能发展百年至今不衰的核心是“非物质文化遗产”。

依据当下的共识，非物质文化遗产是由人类以口头或动作方式相传，具有民族历史积淀和广泛、突出代表性的民间文化遗产，被誉为历史文化的“活化石”“民族记忆的背影”；非物质文化遗产分布的最大的特点，是不脱离民族特殊的生活生产方式，是民族个性、民族审美习惯的“活”的显现；非物质文化遗产既是历史发展的见证，又是珍贵的、具有重要价值的文化资源；非物质文化遗产是以人为本的活态文化遗产，它强调的是以人为核心的技艺、经验、精神，其特点是活态流变等等，传统工艺技术已被纳入非物质文化的范畴。

内联升的何凯英，被评为“国家级千层底制作技艺代表性传承人”。他所传承的传统工艺，被业界公认为工艺要求高、制作工序多、纳底花样多、绱鞋的绱法多、品种样式多。传统的工艺技术蕴含着文化和精神，用何凯英话来说，就是“在内联升的鞋里，能体会到中国人的精气神。”

再次，我们来看长时段、文化传统、地域特征这三个组成要素。老字号之所以形成和确立，是经过时间的洗礼、经过大众消费者长期体验并在心理上予以认同而来的。它的文化内涵积淀，伴随的就是时间的延续，老字号本身就契刻着长时段的印迹。时间的推移和文化的形成、发展相照应，是文化传统形成的必要而充分的条件。

地域特征彰显着一方水土的人文风情，它所反映的是一地人口的文化、风俗、价值、理念、旨趣，是自然的山川、地理、气候等特点在文化上的凝结和表现。地方特色和地方文化促成了老字号形式和内容的多样性。

综上所述，我们可以从文化的角度梳理出一条贯穿老字号组成五要素的线索，那就是文化传统。这个文化传统统领着微观的技术、工艺、销售、服务等，也统领着宏观的旨趣、理念、精神等，内容广博而形式多样。具有这样的文化传统，就能够生生不息，经久不衰；具有这样的文化传统，就能够赋予企业强大的生命力和非凡的扩张力；发掘、传承、利用好这样的文化传统，就能够推动老字号企业不断创新，延伸其文化的创造力，提高品牌的号召力和竞争力，使老字号历久弥新，不断发展，以至永续经营。

### （二）老字号要素在人才概念、标准上的叠加造成的特殊性

何谓人才，人才的评定标准是什么，以往一般都是以职称和学历来判定，也就是说，人才就是具有高学历、高职称的人。从客观上来看，这种以职称和学历为标准判定是否人才，不失为一种合理的、简单的、易于操作的办法。因为职称和学历都是国家认可的一种资质，它能一目了然地提供“人才”的受教育程度和专业水平。

然而，随着社会的不断深入发展，社会情势也变得越来越多元，在许多情况下，仅仅依靠职称、学历这样绝对化的人才标准，不仅没有起到选拔人才、利用人才的效果，反而限制了人才的涌现和人才的成长。有鉴于此，应该改变以往单纯的人才观和人才评价标准，扩大人才评选范围，真正满足社会发展对人才的多元、多层次需求。

我们要改变以往狭隘的人才观，尽力拓展人才观的内涵外延，不再把那些“一旦拥有、享用终身”的学历、职称当作主要衡量标准，而是更加因地制宜、实事求是评价人才、培养人才、选拔人才。应该实行“大人才观”，针对实际的客观需要，放宽人才的定位，使人才的评价和使用更有针对性，更加务实。

中共中央、国务院2010年6月6日印发的《国家中长期人才发展规划纲要（2010－2020年）》明确指出：人才是指具有一定的专业知识或专门技能，进行创造性劳动并对社会做出贡献的人，是人力资源中能力和素质较高的劳动者。具体到企业中，人才的概念是这样的："人才"是指具有一定的专业知识或专门技能，能够胜任岗位能力要求，进行创造性劳动并对企业发展做出贡献的人，是人力资源中能力和素质较高的员工。

如果分类分层的话，企业中的人才，应该包括经营人才、管理人才、技术人才和技能人才等。经营人才指企业的单位负责人和部门负责人；管理人才、技术人才是具有中级及以上专业技术资格或本科及以上学历的人员；技能人才是在生产技能岗位工作，具有高级工及以上技能等级或具有专业技术资格的人员。

普遍意义上的人才概念，是广而泛之的人才定义。不同的岗位需要不同的人才，人才也要适应不同的环境并充分发挥其作用。衡量、评介、培养人才，应该具有针对性，因地制宜，遵循客观要求。不同的行业、企业对于人才的需求，必然会有自己的要求和特点。同样，老字号企业发展也有自己的人才需求特点，这个特点源于组成老字号的五要素。具体而言，是老字号组成五要素在普遍意义人才概念上的叠加，是五要素在人才概念中的体现，而这个特点也是源于人才与企业相融相生的客观规律。

老字号之所以能够长时段传承发展，从某种意义来看，就是因为一代接一代的人不断继承开拓。无论是企业的领军人物，还是企业的技术中坚，抑或是企业的管理、服务人员，都始终坚定地围绕着老字号的历史文化传统这个核心而努力。在他们的理念以及日常工作中，无不体现着老字号的历史文化传统，这就是老字号人才不同于普遍人才概念的鲜明特点。

### （三）老字号人才队伍建设的核心问题、关键人物和重要环节

1. 文化传统的认同、继承，是老字号人才队伍建设的核心问题

企业的核心能力，指的是企业的知识、管理方式、商誉和企业文化。核心能力使企业比其他的竞争对手做得更好，它能应用于多种产品，而竞争对手却不能轻易模仿。拥有世代传承的产品、技艺或服务，以及具有良好信誉的和相当价值的品牌等，可以视为老字号企业的核心能力。这个能力看似企业所拥有，实际却是依附在这个企业的组织者、运营者和执行者身上。企业是个组织架构，有了人，有了人才，有了人才作用的发挥，企业才能不断向前发展。“人”使这个核心能力得以展现并发挥效用，同时又不断反馈增强这个核心能力。这个核心并非物化和固化，它具有相当的流动性，老字号能够长时段的传承发展，就因为其核心能力的不断延续流动，具体就体现于一代又一代人的继承和发扬。

老字号企业的核心能力，包含世代传承的产品、工艺以及信誉、品牌等，这些都是和老字号组成五要素相互对应、相互契合的。五要素之间，有着文化传统这一线索贯穿始终，据此我们可以认为，老字号企业的核心能力所在就是老字号所秉承的历史文化传统，这个文化传统使老字号区别其他企业而其他企业无法仿制，能为老字号企业提升竞争力，创造更多的价值。老字号的人才评价、培养、效用发挥，都源于这个核心。

人才队伍的建设，人才的成长形成，是一个漫长的过程，其中有内外因同时作用。在这一过程中，人的价值被逐步发掘和体现，最终被社会判定为“才”。也就是说，人才资格的评判必须通过工作岗位这个载体来实现，能胜任岗位要求的人，即为人才。企业的任一岗位设置和岗位要求，都是企业价值目标的追寻和实现。而企业价值目标的实现，是企业核心能力充分发挥的结果。因此，老字号企业的岗位要求，就是要彰显、实现、创新文化传统的经济价值、文化价值和社会价值。这就要求，符合老字号岗位要求的人才，必须认同和继承老字号的文化传统。

人才队伍建设的核心，是要培养、建设人才的能力，人才的能力即是企业的能力。而老字号人才队伍建设的核心问题，则在于文化传统的认同、继承以及不断发展传统并创造新的价值。

2. 企业领导者是老字号人才队伍建设的关键

内联升的创始人赵廷早年在京城一家制鞋作坊学做鞋。在积累了丰富的客户人脉和一定的管理经验后，赵廷自立门户，在东江米巷（今东交民巷，当时为达官贵人聚集地）开办第一家鞋店。赵廷分析了当时京城制鞋业的状况，认为京城缺少专业制作朝靴的鞋店，于是决定打“坐轿人”的主意，利用人脉关系，为皇亲国戚、朝廷文武百官制作朝靴，取名“内联升”——“内”指大内即宫廷，“联升”指在朝廷官运亨通，连升三级。内联升定位高端，服务于达官贵人，据有关资料记载，内联升的一双朝靴当时要卖到 50 两白银。作为内联升人才队伍的一员，赵廷对内联升的发展起到关键的作用。

当代张一元的掌门人王秀兰也是企业人才队伍中的关键人才，她不仅把原来一家小茶庄公司创建成全国茶叶界的一流企业，还率领企业向茶叶的深加工领域——饮料业进军。现在张一元已经建立起现代化的饮料公司，成为茶叶界步入生产茶饮料、果汁饮料、桶装水领域的第一家。

实践表明，企业的领导人是一个企业的掌舵人，对企业的发展和兴衰有着至关重要的影响。因此，企业的领导人作为企业人才队伍中的一员，是企业人才队伍建设的关键。

3. 掌握技术、传承文化的技术人才是老字号人才队伍建设的重要环节

按照老字号组成五要素以及贯穿其中的文化传统，老字号企业都有着其独特的工艺技术和文化精神，往往被认定为“非物质文化遗产”。比如，戴月轩以经营戴月轩品牌的毛笔为龙头，其湖笔制作技艺被列入北京市非物质文化遗产保护项目。

非物质文化遗产依托于人本身而存在，以声音、形象和技艺为表现手段，并以口耳相传作为文化链而得以延续，是“活”的文化

及其传统中最脆弱的部分。因此对于非物质文化遗产的传承来说，人的传承就显得尤为重要。

比如，内联升是目前国内规模最大的手工制作布鞋的生产企业，它的产品全部由手工制作而成，“手工千层底布鞋及其制作技艺”是内联升的核心能力，也被认为是内联升在市场上的核心竞争力。为了保持这个核心能力，内联升培养出了国家级非遗传承人，并建立起以国家级非遗传承人为首的“师带徒”岗位技能培养机制。选拔一批具有一定学历、热心于传统制鞋技艺的年轻技工，进行言传身教式的培训，以此打造一支年轻化的技艺传承队伍。

掌握技术、传承文化的技术人才，是老字号企业文化传统核心能力的直接承载者，也是老字号文化传统延续传承的人力保障。因此，采取有效措施，积极培养掌握技艺、传承文化的技术人才，成为老字号人才队伍建设的重要环节。

**（四）秉承文化传统的人才队伍是老字号的宝贵财富**

老字号企业的传统工艺、品牌、文化传统是老字号宝贵资源，但是需要人来传承、发扬、创新，才能最终把这些资源变为财富。老字号企业发展至今，其间不断吐故纳新，一代接一代的新人加入到老字号企业中，源源不断地为老字号的发展提供人力资源，奠定老字号工艺传承、品牌坚持、文化传承的人力基础。

在这一阶段的人，还属于人力资源阶段，还只是具有一定素质、具备一定技能的“人材”，具有可培养、可塑造性。当经过一定工作能力培训提升，能胜任工作岗位的要求、完成工作任务，并能开展一定创新性的劳动时，“人材”开始向“人才”转变。这个阶段的“人才”，逐步掌握老字号企业的核心能力，利用这个核心能力不断支撑老字号企业向前发展。当这个“人才”真正将个人价值观与老字号企业的精神理念相融合，将老字号企业的品质变为自身的道德追求，继承传统、发扬创新，通过自己的工作实践把老字号做大做强，这时的“人才”就转变为了“人财”，成为老字号企业的财富。秉承文化传统、发挥企业核心能力的人才队伍是老字号的宝贵财富。

## 二、北京西城老字号人才队伍建设案例调研分析

### （一）案例调研

1. 百年笔庄戴月轩

北京戴月轩湖笔徽墨有限责任公司（以下简称“戴月轩”），其前身是创办于 1916 年的戴月轩笔庄。经营项目以戴月轩品牌的毛笔为龙头，包括文房四宝四大类以及自产自销的名人字画、金石印章等近千种商品。戴月轩笔庄创始之时，采取前店后厂的经营模式，使客人可看到制笔的全过程。以此告诉世人，笔庄卖的不仅是产品，还卖“手艺”。戴月轩制笔的主要技艺流程，包括设计、选料、配料、拔毛、水盆（又称水作工）、结头、择笔（又称为修笔）等工序。

创业伊始，戴月轩就十分强调制笔的质量，要求制笔原料都要从浙江进料，每一道工艺力求精益求精，保证每支笔做到尖、齐、圆、健。不合格的毛笔，宁可烧掉也不能出售。为了表明质量、诚信，他将自己的名字刻在笔杆上。久而久之，“戴月轩”三字成为毛笔质量的见证。

为确保戴月轩毛笔制作代代相传，创始人戴斌共带有徒弟 19 人，把自己的全部技艺都教给徒弟。

戴月轩湖笔制作强调笔的“尖、齐、圆、健”，被称为笔之“四德”。戴月轩始终坚持“以质量和品种保驾品牌”，在笔坊现场完成制笔的全部工艺，以确保质量。制作毛笔的生产工人称“笔工”，笔工的制笔技术靠师傅口传身教。

戴月轩制作的湖笔，被书画同仁评价为“提而不散，铺下不软，笔锋尖锐，刚柔兼备。”2007 年 6 月，戴月轩湖笔制作技艺被列入北京市非物质文化遗产保护项目。

然而，戴月轩当下却面临着“笔工”后备力量不足的问题。“笔

工”学徒时间长，一般要五到八年才能出师；工资待遇相对不高，工作内容脏且累，年轻人不愿学。目前，戴月轩笔坊的八名“笔工”，年龄多在四十至五十岁上下，二十岁左右的年轻人仅有二人。而这二人之所以留下，还有着一些其他方面的特殊原因。

做笔需要眼力、体力和精力，没有新生力量的加入，戴月轩的人才队伍建设面临着困境。戴月轩负责人认为：在发展戴月轩老字号品牌的过程中，要坚持与时俱进，在继承传统的基础上有新的作为，这是企业发展的重点，也是难点。加强“笔工”队伍建设，保障制笔质量，是戴月轩首先需要解决的一个基础问题。

2. 京城小吃年糕钱

年糕钱创始于清光绪初年，至今已传有四代人。钱德才是改革开放后牛街地区第一户个体经营年糕的人，他坚持传统，找回很多从前一起做年糕的老师傅，逐渐形成独一无二的年糕系列，包括驴打滚、豌豆黄、艾窝窝、水晶糕、糖卷果、茶菜等几十个品种。

钱德才精心挖掘、整理、研究传统年糕的制作技艺，凭借自身过硬的年糕制作技艺和丰富的制作经验，终于恢复失传的豆豉糕、芸豆糕、山药糕、黄年糕、黄面火烧、白荞面扒糕等年糕品种，并把制作工艺用文字的形式记录下来。现在的“北京年糕钱”，成为牛街地区最具盛名的传统小吃店。

钱德才不但把年糕钱的品牌经营提升到一个新高度，还着力培养儿子钱振波，把年糕制作技艺和自己对传承发展老字号品牌意义的认识都传给钱振波。

年糕钱是个体经营，技艺传承一直是父传子、子传孙的模式。可是按理是年糕钱第五代传人的后代却不愿再卖年糕，技艺传承面临断档。面对新的形势，钱德才突破以往家族传承的局限，培养了一名外地外姓的年轻人学习年糕制作。他认为，只要继承传统，遵循年糕钱的制作工艺、程序，坚守年糕钱的品牌，不一定非得要和自己有血缘关系的人才能做年糕。如果不改变观念，那么受损的是年糕钱的品牌，社会所拥有的文化传统也会因此而受损。

3．业界领军张一元

张一元始建于清光绪年间，店名取自“一元复始，万象更新”之意。张一元茶叶公司以经营张一元牌茉莉花茶为龙头，“汤清、味浓、入口芳香、回味无穷”是张一元的品牌特色。张一元茉莉花茶窨制技艺被列入国家级非物质文化遗产保护项目，总经理王秀兰被认定为国家级非遗传承人。

在经营理念上，张一元始终秉承“诚信为本，追求品质，弘扬国饮，服务社会，厚德兴茶，健康大众”的理念，多年来，张一元时刻把诚信经营摆在首位，“金般品质，百年承诺”。

在产品质量上，张一元把产品质量视为企业生命。为了保证老字号品牌茶叶的质量，公司实行严格的“四把关”。1993年，制定“张一元茶叶公司质量标准”，并经国家技术监督局茶叶质量监测中心审定认可。从理化检测中心到毫米级的异物自动筛查流水线，到食品级的生产拼配车间，再到由80余名国家一二级评茶师、茶叶精制工、产品检验师组成的技术团队，进一步提高产品科技含量，确保产品安全、卫生、放心，直至覆盖茶叶行业全产业链。

在工艺技术上，张一元注重核心制茶工艺，外形、口感、香气、拼配均匀，保持“汤清、味浓、入口芳香、回味无穷”的张一元品牌特色。

在顾客服务上，张一元坚持“文明待客，服务周到，方便购买”，为顾客提供最优质的服务。在实行微笑服务的基础上，制定“三声五一样”的服务规范。“三声”即：客来有迎声，客问有答声，客走有送声；“五一样”指：买与不买一样，买多买少一样，业务忙闲一样，生人熟人一样，外地顾客与本地顾客一样。1997年推出以“五感”为内容的服务品牌，即亲切感、温暖感、诚实感、信任感、留恋感，为顾客提供一个宾至如归的良好氛围。多年来，张一元始终坚持“诚实守信，按照每一位顾客的实际需求介绍产品”，为顾客提供实实在在的服务。

从1994年起，张一元先后开发出12个品种的系列产品，引进全国各地的名茶，以满足各种不同口味的茶客。

正因为始终坚持“诚信为本”的企业精神，张一元从最初的一家老店，扩展到遍布全国200多家实体店，花茶的生产量逐年增加，发展成为成品加工、科技研发、质量监控、物流配送四位一体的大型“京味儿茶”产销中心。

市场不断开拓，企业不断发展，张一元把这些归结为有着良好的传统。“诚信为本”的企业精神外化于经营理念、质量理念、技术理念、服务理念，并蕴含于各级各类岗位要求中。

为此，在张一元吸纳新生力量之始，即通过培训、亲身实践、多岗锻炼等来培养和树立员工的精神理念，从思想意识上解决优秀传统的认识和认同问题，将这些企业理念转化为员工的精神要求，转化为他们的自觉行动，保障了每一位员工的劳动都体现着张一元的价值要求，使企业传统文化与员工素质能力融为一体。张一元的人才队伍建设始终体现着良好传统的引领和指导作用。

4. 足下生辉内联升

内联升是目前国内规模最大的手工制作布鞋的生产企业，产品全部手工制作。内联升的鞋，有三个必备特点：手工纳制的千层底、手工绱鞋以及使用纯天然材料。鞋底、鞋面都用精选的纯棉、纯麻、纯毛和丝绸，就连粘鞋底的糨糊都是采用高筋粉调制的。

内联升的整个制鞋过程，从打袼褙、制帮、制底开始到验收成品，要经过上百道工序，工艺要求严格，制作独特，技艺高深，做工精细，难度很大，耗时长，制作好一双布鞋，往往要花上四五天的工夫。每道工序都有明确严格的要求，讲究尺寸、手法、力度和细致，要求干净、利落、准确，严格明确的工序要求甚至深入到工人每个动作中，是名副其实的“工精料实”。

内联升改制后，依托传统，不断创新，引入ISO现代管理规范，使用ERP电脑业务管理系统，开设分店，在京外招收加盟店，内联升发展局面不断开拓。但内联升骨子里的东西没有变，独特精湛的传统手工制鞋工艺，是“内联升”品牌的支撑点，直至今日，90余道纯手工制作工序仍在内联升沿用。

内联升认为，作为一个老字号，要长远发展，不能离开百年积累的传与承，要重视人才发展，大力推动人才发展战略。为了避免技艺传承后继乏人，内联升建立以国家级非遗传承人为首的“师带徒”岗位技能培养机制。经过全面、严格的选拔，对一批具有高中以上学历、稳重、热心传统制鞋技艺的年轻技工，进行“师传徒”“口传心授”培训。在内联升的每个工序上，都有不同形式的“师徒相继”，力求建设一支年轻化、专业化、高素质、稳定性强的传承队伍。

“手工千层底布鞋及其制作技艺”是内联升的核心能力，也是内联升在市场上的核心竞争力。技艺不遗失，关键在传承。为了保持这个核心，内联升不断加强员工培训，精炼品牌内功。每年都要花大力气培养一批年轻的优秀技工，继承那些仅存于老一辈师傅们手中的独特手工工艺。为了使年轻的80后更好地学习手工制作千层底布鞋的制作技艺，内联升精选专业课程，适度调整培训方式，根据年轻人的不同情况，对传承弟子分别“开小灶”，为他们提供更多的培训机会。

“工必为之纯，品必为之精，业必为之勤，行必为之恭，信必为之诚”，这“五为”是内联升人百年的道德和技艺的坚守，也是内联升人才队伍建设的理念所在。

**（二）案例经验**

1. 坚守传统是老字号永续经营的核心能力

戴月轩始终坚持“以质量和品种保驾品牌”，制笔原料都要从浙江进料，每一道工艺力求精益求精，保证每支笔做到尖、齐、圆，不合格的毛笔，宁可烧掉也不能出售。不仅如此，“戴月轩”还敢于把名字刻写在笔杆上，以此见证质量和诚信。戴月轩制作的湖笔，被书画同仁评价为“提而不散，铺下不软，笔锋尖锐，刚柔兼备”。2007年6月，戴月轩湖笔制作技艺被列入北京市非物质文化遗产保护项目。

年糕钱自钱德才始，一方面通过坚持传统，不断发展新产品系列品种和恢复失传的品种，开发驴打滚、豌豆黄、艾窝窝、水晶糕、糖卷果、茶菜等几十个品种，恢复失传的豆豉糕、芸豆糕、山药糕、黄年糕、黄面火烧、白荞面扒糕等年糕品种；一方面不断挖掘、整理、研究传统年糕的制作技艺，把制作工艺用文字的形式记录下来，丰富老字号历史文化传统内容。

张一元秉承“诚信为本，追求品质，弘扬国饮，服务社会，厚德兴茶，健康大众”的经营理念，坚持“金般品质，百年承诺”诚信经营，注重核心制茶工艺，保持“汤清、味浓、入口芳香、回味无穷”的品牌特色，坚持“文明待客，服务周到，方便购买”的方针，实行微笑服务，制定“三声五一样”的服务规范，推出以“五感”为内容的服务品牌，张一元从最初的一家老店，扩展到遍布全国200多家实体店，其茉莉花茶窨制技艺被列入国家级非物质文化遗产保护项目，总经理王秀兰也被认定为国家级非遗传承人。

“手工千层底布鞋及其制作技艺”是内联升的核心能力，也是内联升在市场上的核心竞争力，独特精湛的传统手工制鞋工艺，是“内联升”品牌的支撑点。“工必为之纯，品必为之精，业必为之勤，行必为之恭，信必为之诚”，这“五为”是内联升人百年的道德和技艺的坚守。这些老字号企业所秉承和坚持的种种精神、品质、理念、技艺、规范、要求都是经过长时间的自身打拼、市场荡涤、消费选择、社会变化等等内外部的因素最终定型形成企业赖以生存发展的优秀历史文化传统，这些传统支撑着企业的生存和发展，自然这些传统就形成了老字号企业永续经营发展的核心能力。

2. 坚持传统是老字号人才队伍培养的核心所在

为确保戴月轩毛笔制作代代相传，创始人戴斌共带有徒弟19人，把自己的全部技艺都教给徒弟。年糕钱创始于清光绪初年，在代际传承中，年糕制作技艺和上一代对传承发展老字号品牌意义的认识都是传承的内容，年糕钱至今已传有四代人。张一元在新员工入店之始，即注重培养和树立他们的精神理念，从思想意识上解决优秀传统的认识和认同问题，促使企业理念转化为员工的精神要求和自觉行动，保障每一位员工的劳动都体现着张一元的价值要求。内联升建立以国家级非遗传承人为首的“师带徒”岗位技能培养机制，精选专业课程，适度调整培训方式，对传承弟子，视情况不同分别“开小灶”，进行“师传徒”“口传心授”培训，继承那些仅存于老一辈师傅们手中的独特手工工艺。储备了一批具有高中以上学历、稳重、热心传统制鞋技艺的年轻技工，形成稳定的、掌握传统技艺的人才队伍，建设起年轻化、专业化、高素质、稳定性强的传承队伍。不论父子相传、师徒相授，他们传承、发扬的都是老字号企业长期积淀而成的技艺和精神。老字号企业的这些优秀传统，在一代接一代的人身上体现出来，使老字号企业的历史文化脉络绵延不绝，也支撑了老字号企业的生存发展。

3. 改革创新是老字号人才队伍建设保持活力的内在驱动

坚守传统是企业的核心能力所在，坚持传统是老字号企业人才培养的关键。面临新的问题和新的形势，在培养人才队伍时要坚持问题导向，大胆进行改革和调整，转变理念，创新人才队伍培养的体制和机制，使人才培养效率更高、针对性更强，是老字号企业人才队伍培养保持持续活力的内在驱动。戴月轩通过建立“笔坊”、首席制笔师、规定相应技师待遇等办法保障人才队伍培养的高质量和持续性。年糕钱通过代代相传，保证企业字号的品牌和特色。而在新的历史条件下，面对传承人数量有限的窘迫情况，转变思路，通过引入标准化、合约化的传承方式，保证年糕钱技艺、品牌的延续和拓展。张一元从经营理念、产品质量、工艺技术、品牌特色、顾客服务等角度，通过培训、亲身实践、多岗锻炼等来培养和树立员工的精神理念，使企业传统文化与员工素质能力融为一体。其掌门人王秀兰通过培养、锻炼、选拔，艰苦创业，把原来一家小茶庄公司创建成全国茶叶界的一流企业。这些说明在老字号企业的人才队伍培养上，围绕坚持传统这个核心，创新人才培养的体制机制，将会使老字号企业人才队伍建设更加充实，有效释放人才红利，从而为老字号企业的发展打造不断向前发展的力量源泉。

## 三、北京西城老字号人才队伍建设内容

### （一）北京西城老字号人才评价标准

人才是个历史范畴，在不同的历史阶段，有不尽相同的选人、用人标准。人才总是处于某个特定的领域，在这个领域内，被公认为是人才；而脱离了这个环境，就不一定是人才了。因此，人才的评价标准是不固定的，应因地、因时、因势而定，力求客观公正地对人才进行评价。

对于企业而言，人才的评价标准是由企业的价值目标决定的。老字号企业同样如此，人才评价标准必须符合老字号企业的价值目标。基本有如下四项：

1. 树立正确的世界观、人生观和价值观。老字号企业能够长时段生存发展，甚至延续上百年，首先依靠的是品质的坚持和道德的坚守。戴月轩为保证质量和品牌，将姓名刻在笔上，用自己的名誉来保证产品的品质，也用自己的信誉对社会做出承诺。年糕钱坚持传统，并以不断发掘、恢复、呈现失传的产品为己任，始终为社会历史文化传统的传承和发扬而努力。张一元始终秉承“诚信为本，追求品质，弘扬国饮，服务社会，厚德兴茶，健康大众”的经营理念，以货真价实的产品，扎实服务大众。内联升“工必为之纯，品必为之精，业必为之勤，行必为之恭，信必为之诚”的训导，塑造出一代又一代内联升人的优秀品质。这些都是老字号企业的价值追求。它既是老字号企业担当的社会责任，也是老字号企业对优秀文化传统延续

所承担的历史使命。

因此老字号人才的评价标准，首先就是要有正确的世界观、人生观和价值观。一个人价值观念取向的正确与否，和他能否最终成材有着密切且必然的联系，当他把老字号的精神价值转化为自己的思想意识，那他就会为社会文化传统的继承发扬和老字号企业的发展壮大而努力。

2. 坚持“诚信”原则。货真价实、童叟无欺、诚信经营，以及重承诺、守信誉等，是老字号企业始终秉承的优秀品格，“诚信”二字是老字号企业的标志和旗帜。有了诚信，老字号企业才获得大众的认同，才能够在时间洗礼中保存至今。诚信既对企业、也对市场，既对自己、也对顾客。诚信是一种坚守，是一种承诺，是一种负责，也是一种担当。坚持诚信，遵循诚信、发扬诚信，是从内而外的优良品质不断发散并有效回馈于企业和个人提升发展的驱动力，因此，“诚信”必然是老字号人才评价的重要标准之一。

3. 注重创新意识、创新思维和创新能力。老字号企业的发展并不是一成不变的，从企业创业的第一天起，其品牌、技艺、服务，包括运行机制、管理手段等，都在适应不同的社会阶段和形势而持续增添新的内容。戴月轩产品种类的增加、年糕钱新产品的研发、张一元质量体系的建立，这些都是老字号企业不断立足于核心能力基础的开拓创新。通过创新，老字号企业的生命力越发强大。内联升从制作单一男鞋发展到制作男鞋、女鞋、童鞋，突破以往坐等顾客上门，开始利用网购、团购等现代销售方式。创新拓展老字号企业发展空间，为老字号企业发展提供无穷动力。

4. 具备必要的专业技能。老字号企业作为一个经营实体，包括管理、生产、技术、销售、宣传等运转环节，各个环节都有着明确的技能要求。只有胜任岗位要求的人，才可能是人才。而为了能够胜任岗位要求，必须掌握所在岗位的相关知识，拥有良好的专业水准，具备相应的专业技能。张一元 80 余名国家一二级评茶师、茶叶精制工、产品检验师组成的技术团队所应有的专业技能，服务人员的“三声五一样”“五感”等，都是所在岗位应具备的专业水准和要求。

### （二）北京西城老字号人才培养方式

1. 传统人才培养方式的延续及变化

“父传子受”是西城老字号人才培养的传统方式之一，年糕钱的传承可谓典型。在清光绪年间，钱启成开始做年糕生意。钱启成制作的年糕，选料严、加工精、馅子细、色正味厚。除了用料精良、做工考究、货真价实外，钱启成还有一些独特工艺，制作的年糕很受消费者欢迎，“年糕钱”的名号从此确立。清末民初，年糕钱传到第二代传人钱宝文手里。钱宝文做生意时，经常把儿子钱德才带在身边。钱德才从十多岁起就步入这一行业，父传子受，逐渐掌握了精湛的年糕制作技艺，钱德才成为年糕钱的第三代传人。钱德才又把年糕制作技艺和自己对传承发展老字号品牌意义的认识都传给儿子钱振波。钱振波成为年糕钱的第四代传人。

“师徒相继”是西城老字号人才培养的又一传统方式。1916 年戴月轩笔庄开业时，戴斌就带有十几个徒弟，通过口传身教，把自己的全部技艺教与了徒弟。时至今日，戴月轩的笔工仍然按照师徒相继的方式培养着一代又一代的接班人。在内联升，传统的师徒相继培养方式也在延续，一般由技艺高超的老师傅带领学徒，老师傅通过口传心授，将自己的制作经验、经营窍门教给学徒，学徒通过体会、理解，在实践中继承老师的技艺，经过三年左右的时间，学徒出师。除了千层底布鞋制作技艺外，内联升的每个工序上，都有不同形式的“师徒相继”。在 2009 年，内联升还特别选拔 3 名年轻人作为国家技艺传承人何凯英的徒弟，并举行隆重的拜师仪式。

父传子受与师徒相继，从技艺流转来说，效果是一样的。父即为子之师，子即为父之徒。他们的区别在于两代间的血缘关系和家传技艺的保护观念上。父传子模式范围单一，人才培养数量少，人才梯队断档的风险较大。年糕钱传到第四代后，父传子受的方式受到极大的挑战与颠覆，也开始采取师徒相继的人才培养方式。内联升一开始也是采取父传子受的方式培养自己的人才队伍，后来改为师徒相继的方式传承技艺。父传子受的方式在西城老字号的人才队伍培养上已渐渐消失，更普遍的是师徒相继方式。

在西城老字号师徒相继传统方式中，也有了一些新变化。戴月轩在笔工的培养上，就设置了首席笔工，首席笔工既带有自己的徒弟，也对其他资深笔工所带的徒弟有水平评判权。内联升为国家技艺传承人何凯英的徒弟举行拜师仪式，突破以往师傅学徒间关系确立的意义，形成岗位技能培养机制，蕴含更好地继承传统技艺的期望。

2. 现代企业制度下的人才队伍建设

现代企业制度是指以完善的企业法人制度为基础，以有限责任制度为保证，以公司制企业为主要形式，以产权清晰、权责明确、政企分开、管理科学为条件的新型企业制度。

现代企业制度下的人才培养方式，更加灵活多样；在人才观念上，更加关注工作实际能力的养成和提高；在具体的人才培养选拔上，主要看能力水平；在人才的评价标准上也更加灵活、有效，针对性强。十分重视企业文化与个体素质的相融，大力塑造共同理念和价值取向，充分发挥人员的主动积极性。通过不断教育培训，提升员工技术水平，激发员工的创造力。高度重视员工的产品和服务质量意识的培养。这些都是现代企业制度下人才培养方式的主要内容。

这里应该特别提出，“以人为中心”的思想是建立现代企业制度的根本宗旨。关心人、理解人、信任人、尊重人、培养人，为人之成才铺平道路，发掘人的潜力，最大限度地调动最大多数人与企业同呼吸共命运的积极性，是现代企业制度下人才队伍建设的重点。

西城一些老字号企业通过改制，也建立起现代企业制度。改制后的张一元股权，为国有参股20%，10%社会法人股，职工股70%。这种股权分置，使个人的利益和价值紧密地与企业发展联系在一起，有效地调动企业员工的积极性，极大地增强职工的主人翁意识，激发张一元人才队伍建设的效率提升和成果涌现。

3. 传统企业人才观念与当代企业人才观念的契合

以产权清晰、权责明确、政企分开、管理科学为条件的现代企业制度，主要集中体现在企业的经营管理上，并不意味着在人才培养方面形成与传统完全隔绝的方式。实际上，在现代企业制度下，传统的人才培养方式仍然有着相对广阔的发展空间。

1995年，戴月轩在宣武区百货公司内试行改制，组建北京戴月轩湖笔徽墨有限公司。2001年，内联升进行股份改制，成立北京内联升鞋业有限公司。应该说，戴月轩和内联升都已经建立起新型的现代企业制度。而与此同时，师徒相继、口传身教仍然是他们主要的人才培养方式。我们可以认为，现代企业制度下的人才培养方式灵活多样，传统人才培养方式也是其中之一。选择哪种方式，需视企业的实际需要而定。

值得指出的是，对于已经建立起现代企业制度的老字号企业，包含工艺技术、品牌在内的文化传统依然是其核心能力。围绕这个核心能力，不论是传统人才培养方式，抑或是其他新型人才培养方式，其核心观念仍然文化传统的树立和延续。

## 四、基于核心问题的西城区老字号人才队伍建设思路

### （一）坚持文化传统主导人才队伍建设

不同的环境需要不同的人才，不同的企业对人才有不同的评价。老字号企业的核心能力是老字号所秉承的历史文化传统，老字号的人才评价、培养、效用发挥都是源于这个核心。

因此，应当深刻认识文化传统对于老字号企业的本质意义，始终坚持以文化传统主导贯穿老字号人才队伍建设工作。尤其是老字号企业领导层和管理层，在建设企业自身的人才队伍时，应充分了解、探析和挖掘自身所秉承的文化传统，不断分解和细化文化传统细胞，把文化传统从精神上、技术上和习惯上深刻地融入人才队伍建设的

各个环节中，保持和保障文化传统在老字号人才队伍建设中的主导地位。

**（二）加强老字号领军人才队伍建设**

照前所述，一个老字号的长远发展，在很大程度上取决于有没有一个信念坚定、思路清晰、敢于担当、勇于创新、深获员工信任的领军人物。张一元在发展历程中经历了家族血缘独管企业到外姓主掌企业事务的转变，表明发掘培养一个企业掌门人对老字号企业的发展的关键作用。

时至今日，针对不同产权结构的老字号企业，在政府层面上，有关部门在制定老字号人才队伍建设规划时，要把培养新时期的企业家、CEO作为重要目标；要为企业领军人才的成长、发展，提供必要的学习、工作条件；要注意班子结构的差异互补和有机匹配，通过多种措施，使每一家老字号都形成一个坚强有力的领导团队。

在企业层面，应注重培养和储备那些具有传统文化认知、有开拓创新精神、组织领导能力强的人员，创造机会、多岗锻炼，增强他们的阅历和经验，建立健全选拔机制，建立充实人才储备库，多方保障未来企业领军人物的成长和凸现。

在行业组织层面，积极组织企业相互交流，利用行业组织的优势，以会议、活动等形式，大力营造重视传统、推动创新的氛围，激励老字号企业领军人物积极提升自我，破除狭隘意识；注重老字号企业现有管理层的思维、能力建设，从行业组织层面为老字号企业领军人物后备人才的培养和造就提供支持。

**（三）分层分类，多元并进，综合建设老字号人才队伍**

领军人物的培养，是老字号人才队伍建设的关键，培养掌握技术、传承文化的技术人才，是老字号人才队伍建设的重要环节。因此，应该以推动老字号文化传承为核心，依据不同岗位，分层分类，确定不同层次人才的特点和要求，作好人才发展规划，开展系列教育培训、实践锻炼；企业个体、行业组织、政府部门发挥自己的功能作用，多元并进，共同关注老字号人才队伍建设，不断为老字号人才队伍建设创新机制，创造条件，构建平台。尤其是企业自身，人才的涌现和使用最终是落脚在企业的运行发展中，是对企业发展需求的积极有效的回应。企业应把人才队伍建设放在企业发展战略、甚至是企业成败的高度，更加重视自身的人才队伍建设。

**（四）建立人才评价标准和体系**

行业主管部门和各个企业要根据自身特点、价值取向、发展需求，从观念层面到技能层面，认真研究探索人才成长必需的学识、能力、素质、意识等诸要素，建立一套符合客观实际的人才评价标准，以标准来衡量人才队伍建设，以标准来促进人才队伍建设。在人才的培养、评价、选拔上，注重细化评价标准，量化评价指标，改进评价方法，规范评价程序，构建科学的人才评价体系。建立和完善人才激励机制，可以项目或岗位为依托，对人才进行精神、物质方面的激励，与人才评价标准和体系相辅相成，使人才的价值在生活、待遇方面有所体现，稳定人才、鼓励人才、督促人才，使人才发挥更多更好的经济效益和社会效益。

**（五）加强政府对老字号企业的支持力度**

老字号企业无论作为市场经营实体，还是历史文化传统，抑或是历史文化现象，都需要政府的关注和支持。政府应该将老字号人才培养纳入地区人才建设发展规划、通盘考虑，科学实施，出台落实非遗传承人的保护意见和措施。投入适当资金，规划引领老字号企业发展。对老字号企业拥有的非物质文化遗产，从经济上、政策上加大保护力度。通过财税等手段，鼓励和支持老字号企业在人才队伍建设上的投入和创新。在商贸领域和文化领域支持老字号企业发展交流的专项资金中，应设立相应项目或制定配套政策，鼓励老字号企业积极投入人才队伍建设、“非遗”保护传承和人员的培训培养。

### （六）发挥社会组织作用，提高老字号人才培养的科学性

适应当代中国经济社会全面转型的需要，进一步探索引入社会组织力量，依托社科研究机构，协助政府有关部门和企业自身，构建老字号发展所需各种人才的培养路径。开拓思维、扩展视野，积极开展与科研机构、高校、培训组织等机构的合作，借鉴、吸取、利用优秀的理论、方法和平台，借助“他者”的思维视角来促进企业内部的人才队伍建设，使老字号企业的人才培养更广泛更充分更有效，不断完善老字号企业人才队伍建设的整体工作。

**作者简介**

李吉星，彝族，博士，云南省社会科学院副研究员，云南省商务厅云南老字号认定专家委员会委员。论文有《云南省老字号企业现状与发展调查报告》《云南白药新的领军人物》《云南昆明冠生园：字号品牌的微妙境地》《云南“滇红”：冲出重围的国际化、高端化战略》等。

# 从“非遗”看老字号的文化传承与创新——以北京西城为例

李培志　黄孝东

【内容提要】本文从“非物质文化遗产”的含义、社会属性等方面入手，分析非遗与老字号之间内在的关联性；描述北京西城老字号非遗的现状及特点；探讨非遗在老字号继承文化传统、品牌营销、创新发展等方面的功效以及非遗在老字号文化传承与创新过程中所面临的突出挑战；针对西城老字号非遗现状，提出深挖老字号非遗项目的生产性保护潜力、加大老字号非遗项目的宣传与展示力度、加强老字号非遗项目的知识产权保护意识、完善老字号非遗项目专业人才培养机制等保护与发展老字号的建议。

【关键词】老字号　非遗　传承　创新

老字号企业与一般的企业有所不同，其字号、产品、标志性建筑以及创始人都承载着丰富的文化特质和历史内涵。老字号不仅对特定时代的历史文化具有一种固态展演功能，而且其传承性与创新性也具有明显的动态文化属性，这与非物质文化遗产（以下简称“非遗”）所具有的基本特征，有着极大的相似性和契合性。在漫长的历史发展过程中，越来越多的元素不断影响和冲击着老字号的生存和发展。如何利用非遗对老字号进行有效保护，如何在传统与现代、文化与市场之间重新诠释老字号与非遗的辩证关系，无论是对于老字号发展还是对于非遗保护，都是一个十分重要的问题。

本文以北京市西城区为例，从非遗和老字号的关联性出发，观察和分析老字号非遗的基本状况与特征，提出保护和促进老字号发展的相关建议。

## 一、“非遗”与老字号的文化属性

### 1．“非遗”及其社会属性

“‘非物质文化遗产’，指被各社区、群体，有时是个人，视为其文化遗产组成部分的各种社会实践、观念表述、表现形式、知识、技能以及相关的工具、实物、手工艺品和文化场所。这种非物质文化遗产世代相传，在各社区和群体适应周围环境以及与自然和历史的互动中，被不断地再创造，为这些社区和群体提供认同感和持续感，从而增强对文化多样性和人类创造力的尊重。”[①] 非物质文化遗产有着一些鲜明的基本特点，如“独特性、活态性、传承性、流变性、综合性、民族性、地域性”等等[②]。结合非遗的定义和特点，从社会属性的视角来看，一方面，非遗具有特定生活方式层面的价值意蕴。非物质文化遗产是人们在生产实践过程中产生的，也是人们在长期生活互动中逐渐形成的，在一定意义上，特定的生产与生活过程决定了非遗也是具有一定意涵的生活方式，而这种生活方式的存在、延续或影响，是人类社会持续发展与进步的重要影响因子。可以说，非遗在一定程度上映射出某一社会群体的生活方式，是人们智慧与创造力的体现。

另一方面，非遗也具有情感支持与维系的社会特质。非遗是特定群体生产和生活的组成部分，它不仅可以体现为某一社会群体维持生计的手段，也可以体现为群体构建社会关系、传递社会文化的工具和载体。当然，无论非遗以何种形态呈现，其形成都需要长期积累。非遗经历了社会变迁，在与外界接触与互动过程中被保存、

① 保护非物质文化遗产公约.http：//www.npc.gov.cn/wxzl/wxzl/2006-05/17/content_350157.htm。

② 王文章主编：《非物质文化遗产概论》，文化艺术出版社2006年版，第61-69页。

再造和重塑，可以说，这个过程不仅是一个社会绵延与传承的过程，也是特定人群认同形成与强化的过程，更是社会情感与社会记忆形成的过程。

2. 老字号是传统文化的重要承载者

在《现代汉语词典》中，关于老字号的定义是："开设年代长久的店铺"。而关于"中华老字号"，在商务部的相关文件中，是指"历史悠久，拥有世代传承的产品、技艺或服务，具有鲜明的中华民族传统文化背景和深厚的文化底蕴，取得社会广泛认同，形成良好信誉的品牌"[①]。从以上这些定义可以看出，老字号是一类店铺（企业）或品牌，从文化传承的视角来看，老字号的一些显著特征也体现在其具有的历史性、社会性和传承性上。

首先，老字号是一种时间记录器。只有跨越较长历史时段的店铺或企业才有可能称之为老字号。在某种意义上可以说，老字号也是一种"时间资本"[②]。它不仅携带和记录着大量的历史信息，而且也传承着一些中国传统文化及其基因。更为重要的是，这些基因在漫长的发展过程中逐步融入当地的社会生活，成为社会生活方式的一部分。可以说，老字号不仅是某个人或某些人所创立和经营的商业之物，更是某一特定时代与文化的社会之物。

其次，老字号具有强烈的符号象征意义。相比一般的企业，老字号的象征意义更为显著。如同仁堂、瑞蚨祥、荣宝斋这些老字号的标志性建筑已经成为其所在城市的地标甚至是旅游景点。这种物质文化符号，在空间上影响和改变着人们的意识与行为方式。对于某些消费群体来说，老字号产品是一种身份和生活方式的象征。在一定意义上，对老字号产品的认同是人们对自我认同的强化与延伸。进一步来看，老字号所承载的某些无形文化符号，已经深深地

① 商务部关于实施"振兴老字号工程"的通知.http：//www.mofcom.gov.cn/aarticle/b/g/200604/20060401910767.html。

② 笔者用此概念指代老字号的创始人、品牌、产品、标志性建筑、企业文化等要素所承载的历史信息给人们留下的记忆。

镌刻在人们的记忆中，在时间维度上赋予了其特定的心理与社会意义。

第三，老字号具有活态传承特质。文化的传承与发展建立在人的再生产基础之上，多数老字号创立伊始都是以家族企业的形态出现的，技艺的代际传递是其主要的传承和发展机制。为此，很多老字号都将培育技艺传承人作为其持续发展和提高核心竞争力的一项重要任务。老字号的这种活态传承，既是保存自身传统技艺的有效路径，更是呈现传统文化的一种动态展演。

3. 非遗与老字号的关联性

非遗与老字号的关联性，主要体现在文化与社会层次上。其中，有这样几点是值得我们特别注意的，一是非遗所倡导的生产性保护，与老字号产品的生产行为有着内在的一致性；二是非遗与老字号都是经历长时间的社会检验才流传下来的，二者都具有“社会记忆”的意涵；三是非遗所承载的文化与社会信息，与老字号所具有的文化与社会属性又有一定的相似性，这使二者之间的关联性更为凸显。具体来说，二者之间的关联性可以主要归结为两大方面。

一方面，二者的保护缘由，有着相对类似的时代背景。随着现代工业的迅速发展、全球化趋势的不断强化、大量的农村人口不断涌入城市，原有的社会结构和生活环境发生巨大的改变，许多珍贵的文化事项和文化传统都遭到不同程度的冲击和破坏，有的甚至已经消失或面临消失的危险。在此背景下，保护非物质文化遗产的观念应运而生。而老字号自身以及其所携带的社会文化元素，在现代化、国际化、都市化、市场化等因素的影响下，同样受到生存的威胁。部分老字号无法适应市场化竞争的冲击，处于艰难境地；甚至有的老字号在城市更新、规划等因素的影响下消失在人们的视线之中。可以说，非遗和老字号面临着类似的时代困境；与此同时，随着文化自觉的提升，人们也越来越意识到保护非遗和老字号的意义与重要性。

另一方面，二者拥有大致相同的社会文化属性。非遗是人类宝贵的物质与精神创造，它不仅记载着古老的记忆，而且也体现着特定群体的智慧与精神。而老字号不仅是商业经营的典范，而且还以经济的形式传递着社会记忆与传统文化、折射着人们的生活方式与消费文化、展现着地域特征与城市文化。从宏观视野来看，非遗和老字号不属于任何特定的个人、群体甚至国家，它们都是人类文化多样性的呈现，都以一种活态和动态的形式传递着人类的历史文化基因。

## 二、北京西城区老字号“非遗”的现状及特点

### 1. 西城区老字号“非遗”的基本现状

从行业分布来看，西城老字号大体可分为餐饮小吃、食品加工、医药、茶叶、服装、鞋帽、百货、文化等类，其中，餐饮小吃类老字号居多。从非遗角度考察，在众多西城区老字号企业中，一些企业不仅拥有西城区级、北京市级非遗项目，而且还有一些企业其产品或技艺已进入国家级非物质文化遗产名录，如天福号酱肘子制作技艺、烤肉季烤羊肉制作技艺、鸿宾楼全羊席制作技艺、六必居酱菜制作技艺、王致和腐乳酿造技艺、仿膳（清廷御膳）、张一元茉莉花茶制作技艺、鹤年堂中医药养生文化、内联升千层底布鞋制作技艺等。[①]

近年来，在国家实施振兴老字号工程和大力推进非物质文化遗产保护工作的大背景下，西城区高度重视老字号的保护与促进工作，特别在老字号文化与技艺保护上出台了具体措施。如在《北京市西城区保护和促进老字号发展若干意见》（西政发〔2011〕32号）中明确指出：“对符合条件的老字号品牌、独特技艺优先纳入非物质文化遗产保护体系。对纳入物质文化遗产保护的老字号建筑、历史文

① 参见《北京西城老字号谱系研究》内部资料（2014年2月）、《民间瑰宝耀京华——西城区非物质文化遗产保护成果概览》（北京市西城区文化委员会编，2011年）等资料。

化街区按照有关规定做好保护工作。鼓励、支持有条件的老字号企业创建非遗工作室（大师工作室）、老字号博物馆，支持传承人授徒传艺，开展展示、研讨和宣传活动”。

这些举措的提出和实施，对西城区老字号文化和技艺的保护起到了积极的促进作用。在一定程度上，西城区老字号对于申遗和保护非遗的意识已经有了整体性的提高，部分老字号在申遗和保护非遗的过程中，不仅进行了积极有效地探索，而且也取得了良好的社会效益。

如张一元是西城老字号中践行申遗和保护非遗较早的企业。早在 2004 年，张一元就积极挖掘茶叶传统制作工艺，将消失 30 多年的柚子花茶推上市场。2007 年，“张一元茉莉花茶制作技艺”被列入国家级非物质文化遗产保护名录。2008 年，张一元抓住党中央、国务院把清明节、端午节纳入法定节假日这一契机，相继举办“张一元清明民俗风情节”和“端午民俗风情节”，开展相关系列主题活动。[①] 这些活动不仅宣传了老字号的品牌、推销了产品，而且也推广与传播了非遗技艺和传统文化。

又如内联升。继 2008 年其千层底布鞋制作技艺被列为国家级非物质文化遗产之后，内联升又开设非物质遗产展厅和非遗工作室，通过图片、文字、实物等实体资料的方式，向公众全面介绍企业的历史文化、千层底布鞋制作技艺的非遗传承和中华鞋文化简史等内容。2009 年，内联升举行隆重的拜师仪式，专门接受国家级非遗传承人传授技艺，建立以国家级非遗传承人为首的“师带徒”岗位技能培养机制。[②]

从总体来看，西城区具有非遗项目的老字号企业所采取的一些努力和尝试，不仅使老字号品牌形象得到有效宣传，更为重要的是，老字号所承载的文化在此过程中也得到传承和延续。

① 中华老字号——中国茶 · 张一元（内部资料）。
② 中国布鞋第一家：内联升（内部资料）。

2. 西城区老字号“非遗”的特点

除了“非遗”的共性特点外，西城区老字号“非遗”还具有鲜明的区域文化特点，具体表现为：

（1）鲜明的皇家文化和深厚的草根文化并存。“今天的西城区是金中都的核心区域，是元、明、清历朝都城的核心区之一。以北京中轴线为界，明清皇城有三分之二在西城，这里王府、官邸、富家宅第众多，形成明清贵族官僚的聚居区。”① 许多西城老字号正是在这种浓厚的皇家文化场域中形成和发展的，其非遗技艺有着鲜明的皇家文化烙印。例如，仿膳由几位清宫御膳房的师傅创立并延续；鹤年堂创始人丁鹤年的曾祖是元大都著名的太医；马聚源由一位清政府的张姓官员引荐至皇宫，为清政府做帽缨生意，等等。可以看出，这些老字号的创立与发展都和皇室有关。

另外，还有一部分老字号利用皇室关系保护企业的生存，或是利用皇家文化来开拓市场。例如瑞蚨祥通过捐官和联姻来构建自身与皇室之间的关系，以此保护和推动企业的发展；内联升抓住大内（宫廷）官员渴望得到晋升的心理，结合当时的市场形势，为皇亲国戚、朝廷文武百官制作朝靴。可以说，西城老字号非遗技艺所承载的，不仅是一种生产工艺，更是技艺背后特殊的中国皇家文化。

与此同时，西城又是京城百姓的主要居住区，遍布区域内的众多老字号在满足群众日常需要方面，发挥着不可替代的重要作用。特别是爆肚冯、李记白水羊头、豆腐脑白、年糕钱等小吃制作技艺，以及六必居、王致和、大和恒粮行、张一元茶庄等老字号的传统技艺，都体现出浓郁的老北京民俗特色。

（2）体现区域特征的开放包容特质。历史上经济的发展、政权的更迭，促成了不同民族文化的融合，使西城区从整体上具备一种开放与包容的区域文化特征，在商业形式上则表现为西城老字号及其非遗技艺的多样性。

① 刘洋主编：《北京西城历史文化概要》，北京燕山出版社2010年版，第210页。

从一些拥有非遗项目的西城老字号的发展历史可以看出，每一项非遗技艺都有着很深的历史渊源和复杂的传承过程。从创始人的籍贯来看，西城老字号非遗技艺体现了多种地方性文化和多民族智慧的集聚。天福号、烤肉季、鸿宾楼、六必居、王致和、内联升等拥有国家级非遗技艺的老字号企业的创始人均非北京本地人，而是来自其他省市和地区；从产品的特色来看，餐饮小吃类老字号非遗技艺汇集了多地风味，医药茶酒类及文化休闲类老字号非遗技艺也都具鲜明的区域特色。

从某种程度上说，这种多样性受到西城区悠久的商业文化底蕴的影响，同时也与政权更迭带来的多民族集聚与文化融合密切相关。可以说，这既是西城老字号非遗多样性的表现，同时也是西城区开放、包容的地域文化特质的具体呈现。

## 三、非遗在老字号文化传承与创新过程中的重要作用及面临的突出挑战

1. 非遗在老字号文化传承与创新过程中的作用

（1）非遗是老字号继承与保护传统技艺的重要途径。由于时代的变迁、人们生活方式的变化，一些老字号企业经营的项目，仅从现代商业的角度来看，有些已难以为继。为了生存，它们不得不努力开拓经营领域、创建新的营销方式、开发新的产品和扩展新的技艺，以此适应现代社会的大众需求。

在一定程度上，老字号之所以“长久不衰”，一个重要的原因便在于它的文化基因，特别是它所具有的传承民族悠久文化的特质。也就是说，对于一些老字号来说，它们的存在和发展，在一定意义上，仅在于其文化的“卖点”。为此，一些老字号，特别是不太适合现代社会大众需求的老字号，可以借助“文化基因”的形式，在坚持、保持“文化内涵”的基础上，借势发展。

而非遗无疑是老字号一种难得的精神财富，借助这种“文化符

号”，一些老字号不仅可以再现传统文化或生活方式的魅力，而且也可以使其独特的传统技艺得以进一步保护和传承。更为关键的是，这种保护和传承是得到国家、市场与社会三者认可的，因此这种形式能够带来多赢或共赢的社会效果。一方面老字号借助非遗项目实现了服务国家、贡献社会的企业社会责任价值；另一方面政府有关部门通过对老字号“非遗”项目的保护和扶持，为企业经营创造了良好的社会环境。

具有非遗项目的老字号企业，一般都能通过非遗的平台，不断开拓市场、宣传企业产品、扩大企业的社会影响。实践证明，这种方式和方法是积极的、有成效的、性价比较高的。对于运营良好的老字号企业来说，非遗项目的存在，可以“锦上添花”；对于运营欠佳的老字号企业来说，非遗项目的存在，更可以“雪中送炭”。总之，非遗是老字号继承与保护传统技艺的重要途径，它不仅对于企业的经营来说具有意义，而且对于民族文化的保护和传承也具有意义。

（2）非遗是老字号进行品牌创新与文化再生产的有力保障。品牌价值和文化内涵是老字号企业的灵魂。老字号企业文化的形成和塑造，是其长期生产经营实践的结果。传统的技艺是老字号的“根”，坚持这个“根”，老字号的生存就有了一定的保障。

但是随着社会的变迁，传统的技艺面临新技术、大数据的挑战，人们的生活方式、思想观念也在不断变化。面对新环境下的社会转型，老字号迫切需要创新。这种创新，不仅体现在新工艺、新技术等物质层面，而且也体现在品牌文化的再生产上，即品牌战略发展要有新的思想和元素适时注入。从另一个角度来看，老字号的品牌文化也面临着“传统的再生长”问题。离开老字号的品牌传统谈创新，将会“本末倒置”，失去老字号的灵光。

从一定意义上看，非遗的生产性保护是老字号进行品牌创新与文化再生产的有力保障。一方面，非遗项目为老字号坚持传统技艺、保护品牌传统文化提供了制度性的渠道和方式；另一方面，依据非遗保护的规范性原则进行品牌文化再造，是老字号传统文化实现现代性转换的一种有效途径。特别是把非遗中的传统技艺与老字号企业的历史事件、代表人物、逸闻趣事相结合，加上现代企业文化的元素，推进品牌再塑，是推动传统文化与老字号企业文化有机融合的一种创新方式。

实践表明，利用非遗保护的理念与策略促进老字号企业品牌文化的再生产，是符合社会文化发展规律的，将会对老字号非遗的有序发展起到实践指导、价值导引的积极作用。从非遗角度来看，老字号不仅是一种文化的表达，而且更是一种社会性的存在，这种存在更具有社会整合的功能。也可以说，老字号社会性的一面，使它与非遗具有天然的契合性，这种契合性使非遗中的诸多“价值丛”能够有效地作用于老字号的品牌创新与文化传承之中。

2. 非遗在老字号文化传承与创新过程中面临突出挑战

（1）保护机制陷入选择困境。非遗技艺是具有非遗项目老字号企业的核心竞争力与社会价值的集中体现，有效地保护非遗技艺，有利于这类老字号企业增强自身实力和促进文化传承。

随着国家对老字号及非遗重视程度的提高，西城老字号企业对于保护自身非遗技艺的意识已有所提高。但是，受经济利益的驱动和市场的冲击，也有一些老字号在非遗技艺的经济价值和文化价值之间迷失了方向，难以在两者之间寻找到平衡点。有些老字号因为追求利益最大化，造成核心技艺的丢失；有些老字号则故步自封，非遗技艺的传承困难重重。

老字号“非遗”技艺具有自身独特性，既不能完全听任于企业和市场，又不能完全托管于政府和社会，而是需要一种生产性和制度性的保护机制。也就是说，要做到在创新过程中不丧失核心技艺，在自身定位过程中提升自我保护意识，使老字号“非遗”技艺得到准确评估并以制度性的形式固定下来，这些都需要老字号企业激发自身的内在动力，做出持久的努力。

（2）宣传与展示途径有待进一步开发。在现代企业日益追求多样性发展以及市场竞争不断加剧的背景下，老字号企业对其产品和非遗技艺进行宣传与展示是非常必要的。近年来，西城老字号企业宣传与展示产品及非遗技艺的意识明显提高，而且做了许多努力和尝试，例如参加老字号非物质文化遗产展、推动非遗技艺进校园等。

但是从整体上看，只有少数老字号企业通过自身的宣传与展示将产品和技艺的文化价值转化成经济价值，而大多数老字号企业在此方面做得还不够，其症结主要在于其不能准确地定位自身。例如部分老字号企业缺乏针对其产品特性的专门宣传；还有一些老字号固守过时的宣传方式，收效甚微。

老字号及其产品的宣传与展示，不是硬性地推给大众。如何提升老字号企业对其非遗技艺的认识、怎样将单纯的产品宣传变为一种文化交流与心灵沟通，这将是进一步宣传和展示老字号品牌所面临的现实课题。

（3）知识产权保护意识有待进一步提高。非遗技艺是一些老字号生存与发展的核心所在，其独特性和不可复制性要求对老字号“非遗”技艺的保护要提升到法律层面。加强老字号“非遗”技艺知识产权保护，是企业进一步发展的有效保障，也是对历史文化和技艺传承人智慧与创造力的尊重。

近些年，许多西城老字号企业虽然在独特的历史文化与地域文化基础上打造出了一些特色产品和服务，且知识产权保护意识也有所提高，但是仍时有产品及技术的知识产权被部分企业和商人所盗用与冒用。这些行为不仅影响了老字号企业的正常运营和企业形象，而且也给老字号企业进行生产性保护造成障碍。

（4）培养传承人与打造专业团队能力亟须加强。老字号“非遗”技艺是活态的，它依附于人而存在并因此而具有意义。保护老字号“非遗”技艺，在很大程度上表现为对技艺传承人的保护和培育。

然而，根据对一些西城区老字号企业的调研以及查阅相关资料发现，非遗技艺传承人以及专业人才的培养状况并不乐观。据笔者访谈过的一位非遗代表性传承人介绍，技艺传承人的选择要看这个人是否有悟性、是否对这门技艺真正感兴趣；来企业学习技术的人并不少，可是能坚持下来并能继承技艺的人却少之又少，主要原因在于学习技艺的过程非常辛苦而且收益较低。另外，对老字号“非遗”技艺传承人的培育，不能仅仅针对某一个个体，而是要开发包括专家和对技艺怀有文化情怀的人在内的整个团队，且要有一套科学方法作为支撑。当下，进行非遗技艺传承人梯队建设并对传承人队伍进行整体性保护的工作，亟须加强。

## 四、关于保护与发展老字号“非遗”的建议

通过非遗保护推动老字号发展，是一项艰巨的任务。政府、企业、社会组织等责任主体都义不容辞，同时也都大有可为。在全面深化改革的大背景下，政府应该在加大行政管理体制改革力度、切实转变职能的同时，通过加强立法、制定相关政策、不断完善制度等方式，积极引导老字号深度开发非遗资源，并为此提供优质服务和法治保障；老字号企业应该进一步提高文化自觉和文化自信，积极创造条件，申报非遗保护项目，主动展示、深度阐发、广泛传播其历史文化内涵；社会组织应该积极发挥作为“第三方”的特殊作用，努力搭建连接政府与老字号企业、消费者之间的桥梁，创造关心非遗传承、关心老字号发展的良好舆论氛围。

当前，从加强西城老字号“非遗”保护和发展的角度，应该着重抓好以下几个方面工作。

### 1. 深挖老字号“非遗”项目的生产性保护潜力

非物质文化遗产的生产性保护，是我国在非遗保护方面所积极倡导和推动的一项重要工程。近年来，各地方或有关部门依据不同类别非遗的特点，采取不同的方式与形式进行了一些生产性保护方

面的积极探索。

老字号“非遗”项目主要集中在“传统技艺”领域，且老字号企业的主要生产经营活动又与非遗项目高度相关。可以说，加强老字号“非遗”项目的生产性保护，既有来自企业求生存谋发展的内在动力，又有来自社会整体环境与氛围对非遗的期许。老字号不仅具有独特的文化价值与魅力，而且还是商业诚信经营的楷模，更具有很强的市场亲和性，

为此，从某种程度上，可以把老字号“非遗”项目的生产性保护作为整个非遗生产性保护的“窗口”。建议西城区的文化和商务部门，要从“城市窗口”的高度，对已进入非遗项目的老字号企业加大支持力度，及时总结其经验与成功做法，推广和复制其具有共性特质的一些方式方法。建议适时建立西城老字号“非遗”项目保护联合会，积极促进老字号企业“非遗”项目的内部交流，在分享经验的同时共同探讨推动发展创新的有效方式。政府相关部门在创造良好发展环境的同时，也要充分尊重并发挥企业的能动性和首创精神。

另外，老字号“非遗”的生产性保护，要自觉遵循非遗的一般性规律与特点，坚持文化第一、市场挂帅，努力实现文化与市场双赢。对于还没有进入非遗体系的老字号，在条件具备、时机成熟时，优先考虑将其纳入非遗保护序列，在扶持中促进其进一步发展。

2. 加大老字号“非遗”项目的宣传与展示力度

有别于一般的企业，老字号企业对产品及其非遗技艺的宣传和展示，不能将目光仅仅聚焦在产品上，而是更应该把产品和凝结其中的文化元素一同展现出来，使人们对老字号“非遗”项目与特定的生活方式产生认同。为此，要进一步加大老字号“非遗”项目的宣传与展示力度。

首先，要从整体上对老字号“非遗”项目进行宣传和推广。如创造更多机会，让老字号企业集体参展，加深人们对西城老字号的

整体印象；利用政府主管部门的网站进行集中宣传，通过多种渠道与举措推进老字号的整体性公益宣传进社区、进校园，等等。

其次，要实现宣传与展示形式的多元化。既可以通过著书、摄影等相对传统的方式进行宣传，也可以通过现代媒体对老字号“非遗”项目进行记录与再创作。要特别注重以某些重大社会活动为契机，将这些记录方式和创作成果用于企业自身的产品宣传与企业文化传播之中，利用公共宣传平台进行公益展示，积极地向社会宣传和推广老字号企业所蕴含的传统文化。一些外地老字号在“中国非物质文化遗产生产性保护成果大展”中“边演边卖”的做法，值得西城老字号借鉴。通过一些有力的宣传与展示举措，不仅让更多公众了解老字号企业“非遗”项目的传统技艺，而且也使非遗项目所蕴含的传统文化得以进一步传播。

第三，积极推进个性化宣传与展示。老字号企业及其非遗项目虽然具有一定的共性，但每个老字号都应该注意到自身的独特性，应根据非遗项目的特点，有针对性地制定宣传和展示计划。比如，医药类老字号“非遗”项目，可以进一步通过举办养生课堂、社区健康文化讲座等形式进行展示；餐饮类老字号“非遗”项目，可以进一步扩展传统展示渠道，积极利用具有文化与生活方式特性凸显的现代记录影视作品进行宣传，等等。

总之，老字号“非遗”项目的宣传和展示，既要从企业群体和区域整体的角度出发，又要照顾到每个老字号的独特性，更要从文化传播的高度推广老字号及其生产方式，向世界展示中华文化的丰富性，向世界表达中国式生活方式的无穷魅力。

3. 加强老字号“非遗”项目的知识产权保护意识

保护老字号“非遗”项目知识产权，需要多方面、多层次的努力。首先，老字号企业在追求经济效益的同时要提高自身法律意识和自我保护意识。非遗项目是这类老字号企业的宝贵财富，企业可以针对自身的具体情况，构建一个相对完善的、更为全面的非遗项目保护体系。例如在企业内部成立专门的非遗项目研究与保护部门，对非遗项目的历史资料进行深入挖掘；利用现代防伪技术，提升产品市场的影响力，最大限度地减少其他企业或个人对其进行侵权的空间，等等。

其次，政府有关部门要更加积极主动地加强老字号“非遗”项目知识产权保护的相关制度建设。大力实施和宣传《非物质文化遗产保护法》，根据本地实际情况进一步明确和细化有关老字号“非遗”项目的内容及权利责任，建立健全老字号“非遗”项目登记注册制度，组建专门机构对老字号“非遗”项目实行集中管理，加强执法力度，对各种侵权行为进行严厉打击。

第三，提高企业信誉度与知名度，调动社会各界力量主动监督，共同营造有利于老字号“非遗”项目知识产权保护的社会氛围。重视和调动诸如老字号协会这类社会组织的积极作用，全面提高社会公众的知识产权保护意识。

4．完善老字号“非遗”项目相关专业人才的培养机制

一是重视对代表性传承人的保护和培养。进一步落实传承人专项津贴制度，为传承人提供更多物质支持。进一步完善已有的大师工作室制度，为传承人创造更好的工作和学习环境。支持传承人走出企业、进入社会、走向世界，将传统技艺在更大范围内传承和发扬光大。鼓励传承人参加国家有关行业标准的制定，使传统技艺得到进一步推广。

二是打造老字号“非遗”技艺传承方面的专业团队。随着现代商业的发展，老字号“非遗”技艺的传承和发展更需要团队协作的力量。为此，建立健全由师傅、徒弟、徒孙以及相关人才、专家构成的传承链条和传承网络，从整体上保护传承人队伍，显得尤为必要。

三是推动老字号人才培育的制度化建设。将老字号“非遗”项目传承人与学徒的培训、认定、使用等工作纳入西城区级人才发展规划之中，为老字号“非遗”技艺的保护与传承提供充分人才储备。

建议西城有条件的老字号企业建立专门的人才选拔与支持机制，并根据自身非遗技艺特点，通过设立人才选拔激励基金、开展传承人选拔活动等形式，进一步营造良好的选人、用人、留人环境。细化拜师收徒制度，使之逐步制度化、规范化，发挥更大的效用。

## 参考文献

1. 王文章主编：《非物质文化遗产概论》，文化艺术出版社 2006 年版，第 61-69 页。

2. 刘洋主编：《北京西城历史文化概要》，北京燕山出版社 2010 年版，第 210 页。

**作者简介**

李培志，天津社会科学院社会学研究所副研究员、博士，主要研究方向为城市社会学。主要论文有《天津市“老字号”企业现状与发展调研报告》《天津市老字号企业现状与发展调研报告（合作）》《天津达仁堂：从非物质文化遗产看企业文化的传承与创新》等。

黄孝东，山西大学哲学社会学学院讲师、博士，主要研究方向为经济人类学。

# 探索老字号发展之谋略

王　新

【内容提要】商业企业的谋略是决定企业生死的大事。中国的老字号之所以经久不衰，一个重要原因在于它们独特而有效的谋略。本文通过对典型案例的深入分析，提炼中华老字号谋略的核心内容——商德之魂（诚信）、经营之本（精细）、独占之基（专营）、生存之渊（绝技）、商气之势（集聚），提出今天西城的老字号企业应该从“诚信为人经营美德”“高尚谦和淡定人格”“创新追求绝活技艺”“特色专营集聚策略”等方面传承、发展中华老字号谋略，实现新的飞跃。

【关键词】老字号　谋略　传承　发展

“谋略”被称为“智慧”与“战略”，或“策略”与“方法”。战争需要谋略，商业经营同样需要谋略。古往今来，凡商业成功经久不衰者，都离不开独特而有效的经营谋略。那些百年老店的谋略经典，正是老字号得以生存发展的关键所在。这些谋略，是百年商业经营的典范，是现代商业经营应该汲取的宝贵财富。因此，追根溯源，探索老字号发展谋略，对于研究老字号兴衰史有着重要意义，对于扬弃传承老字号的经营精髓有着重要意义。

本课题试图通过分析老字号的典型案例，提炼老字号整体的特征，把一般性的经验加以归纳、提高，为当代老字号传承人和企业经营者提供借鉴。

## 一、追溯老字号生存发展的谋略

老字号兴衰的因素千差万别，有历史、财力、人力、技术等背景因素，错综复杂。百年老号得以生存至今，绝非偶然，必有众多条件支撑。抛开外界因素的影响，自身经营因素就成为我们需要追溯与研究的核心内容．

1．诚信是京城老字号的商德之魂

“诚”——诚心诚笃、诚实、诚恳、诚朴、至诚、真诚，说诚实话，做诚实事，当诚实人。“信”——信任、信守、信实、信服，言必信行必果、言而有信、言行一致、信誉、名誉、信得过、可依赖。

中国传统商人所恪守的“诚信为本”，已经上升到人与人之间“感情关系”的高度。超越遵守市场交易这个商业底线，进入到道德原则领域，这才是中国传统商人眼里“诚信为本”的本意。诚信是经商之道，更是为人之道。诚信就是竞争力，就是品牌的基础，就是企业赢得长期发展的根本原则和动力。诚信是百年老店的根本，是企业安身立命的基础，是与合作伙伴共同达到双赢这个商业最高境界的保证，是与消费者之间最好的默契。

同仁堂、六必居的故事，告诉我们：独具魅力的诚信文化，济世养生的创业宗旨，同修仁德的敬业精神，货真价实的职业道德，讲信义重人和的行为规范，一直深深影响着百年老店的历代经营者，并将其升华为职业道德的精髓代代相传，使之成为永续经营、绵延发展的立业之道。老店的历史就是仁德、诚信的历史，金字招牌就是“信义”的凝结。它用几百年诠释了“诚信”铸就的成功。

（1）修德济世同仁堂。“修合无人见，存心有天知”，作为载誉三百余年的著名老字号，从清康熙八年（1669 年）创建至今，北京同仁堂始终坚持“诚信为本，药德为魂”的经营宗旨，以“同修仁德，济世养生”为己任。同仁堂的文化可以概括为“三诚、三信”，即：诚实、诚心、诚恳；信念、信心、信誉。

走进同仁堂，映入人们眼帘的，是那副“炮制虽繁必不敢省人工　品味虽贵必不敢减物力”的对联。这是创立大栅栏同仁堂药店的乐家第一代传人乐凤鸣为“同仁堂”留下的训言，同仁堂人把这句训言铭记在心，更给世人留下了诚信典范的美誉。

同仁堂的创始人乐显扬，号尊育，祖籍浙江宁波，明永乐年间由浙江宁波迁京，创办同仁堂药室，“同仁”二字由乐显扬亲定。乐氏家族四代以铃医为业，年幼的乐显扬耳濡目染，喜读广读方书典籍，善辨药材，致力于方药研究制作。他把行医卖药作为一种养生济世效力社会的最高追求事业，他说：“可以养生、可以济世者，惟医药为最。”

清康熙二十七年(1688年),乐显扬逝世,其三子乐凤鸣接续祖业，于清康熙四十一年（1702年）在大栅栏开设同仁堂药铺。乐凤鸣在同仁堂药铺创业之始，刻意精求丸散膏丹及各类剂型配方，于清康熙四十五年（1706年）汇集成书，名为《乐氏世代祖传丸散膏丹下料配方》，收载宫廷秘方、古方、家传秘方、历代验方三百六十二首。他在书中序言提出的“炮制虽繁必不敢省人工，品味虽贵必不敢减物力”，成为同仁堂日后几百年从业的最高准则。此书为其制做药品建立起严格的选方、用药、配比及工艺规范。

由于同仁堂配售的药品疗效显著，名气越来越大，清雍正元年（1723年），雍正帝钦定由同仁堂承办官药，供奉御药房药材和代制内廷所需中成药。

慈禧当政以后，同仁堂奉旨为皇室制做御药，更加声名显赫，至此历经清朝八代皇帝，达188年之久。流传有“国药属京药，京药属同仁”之说。

“丸散膏丹、神仙难辨”，是说中药成分复杂，不好辨别。北京同仁堂药店在经营上始终以诚信为重，所有店员非内行不用。在岗人员均须是熟悉药材、善辨真伪、区分优劣选用药料的精干能手。

同仁堂要求选用药材精良，在收购野山参、鹿茸、冬虫夏草、牛黄等名贵药材时，要派经验丰富的中药专家亲临产地，看货选样。还要由质检科送权威检测部门检验，合格后方可入药。中药里许多品种价格昂贵，天然牛黄等比黄金价格还高，但决不偷工减料。“产非其地，采非其时”的药材坚决不用。

有些特殊的药料，用收购的办法不能保证质量，同仁堂就自己培育。如制作乌鸡白凤丸需用纯种乌鸡，就在北京市北郊无污染的龙山专门饲养。对纯种乌鸡饲以营养丰富的饲料，饮以清澈洁净的泉水，发现羽毛骨肉稍有变异即将其淘汰。

中药的生产过程十分复杂，同仁堂规章严密，数百年中一直秉承先人遗训，要求药工精细制作。从购进原料到包装出厂，要有上百道工序，每道工序都有严格的要求。草药都要经过人工一颗颗、一根根挑选，去泥土杂质，并切除非药用与疗效不高部分，再进行蒸、炒、炙等工序适当炮制，储放备用。

配药时，许多医须经东家亲自过目下料，以防下药不精确，影响质量。配药制丸，要求和料匀称、份量准确，药料投放误差控制在微克以下，天然牛黄、珍珠等要研成粉末，除灭菌外还要符合规定的罗孔数，保证粉剂的细度，保证颜色均匀、无花线、无花斑、无杂质。

（2）讲究严谨六必居。以“黍稻必齐，曲糵必时，湛炽必洁，陶器必良，火齐必得，水泉必香”闻名于世的六必居老酱园，坐落在前门外粮食店街路西。堂内挂着相传是明嘉靖年间武英殿大学士严嵩所书“六必居”三个大字的横匾[①]，结构匀称、苍劲有力。

“六必居”始建于明嘉靖九年（1530年）。由山西临汾西社村人赵存仁、赵存义、赵存礼三兄弟开办的小酒店铺，扩充为前店后厂的酱园。《都门纪略》《朝市丛载》等都把它列为制售八宝菜、包瓜等酱腌菜的名家[②]。

① http：//baike.baidu.com/view/28663.htm.

② http：//baike.baidu.com/view/2223908.htm.

当初为保证酒味醇香甘美，这家作坊订立了“黍稻必齐，曲蘖必时，湛炽必洁，陶器必良，火齐必得，水泉必香”的操作规程，成为六必居传承代代的诚信店规，“六必居”也因此得名。

六必居酱园选料严格，制作精细，主要原料都有固定的生产基地，规定了适宜的栽培品种及适当的采收季节。到了收获季节，就由这些老客户赶着大车送货上门。

六必居酱菜的质量和口味，都与严格按“六必”流程制作密不可分。制做黄酱要经过选料、浸泡、碾磨、扣模、拉条、发酵、刷毛等多道工序，历时数十天，才能制成。其中，每一道工序，都有具体、严格的要求。

甜酱瓜的制作，也是一环扣一环，采摘、清洗、浸泡、晾晒、入缸、打耙，每一步要求都很严格。

六必居根据季节的变化、不同的品种，分别采取干腌法、干压腌法、卤腌法、漂腌法、曝腌法、乳酸发酵法等不同的工艺，使其每个品种都有独特口味。

六必居的酱菜，酱制多少就卖多少，生意十分兴隆。这里的酱菜，个个有名，而顾客尤其爱吃它酱制的铺淋酱油、稀黄酱、甜酱八宝菜、甜酱什香菜、甜酱萝卜、甜酱黄瓜、甜酱黑菜、甜酱瓜、甜辣白菜、甜辣萝卜干、白糖蒜等制品。这些酱菜，酱味浓郁，色泽鲜亮，脆嫩馨香，咸甜适口。严谨的工作流程和给予消费者“六必”的承诺，使六必居的酱菜出名，更使它信誉出名，成为北京酱园中历史最久、声誉最高的一家。

2．精细是京城老字号的经营之本

老字号的经营轨迹，充分体现了由粗放到精细的目标定位和经营取向。成文厚抓住记账方法的细微之处，精明地寻找商机，精细地策划未来经营的产品；荣宝斋以纸的经营为本，精细地思考字画、官折官卷、木版水印的经营产品；仿膳抓住宫廷名菜的精细，赢得市场、赢得消费者。

（1）精明转型成文厚。成文厚是一个历史悠久的老店铺，为刘姓商人于清光绪三十年（1904年）在山东济南开设。早期的成文厚，主要印制《三字经》《百家姓》《千字文》《弟子规》《大学》《中庸》等学生课本以及《三国演义》《西游记》《呼延庆打擂》等通俗小说，并经销毛笔、墨、砚、镇尺等文具用品。

成文厚是自产自销，成本低，售价便宜。由于当地同行不多，因此买卖做的火爆，营业发展很快。以后逐渐扩展到龙口、烟台、营口、吉林、哈尔滨、丹东等地。民国二十四年（1935年），吉林成文厚经理刘显卿派其子刘国梁到北京开办成文厚分店。刘国梁用500块银元在西单北大街路东开办北京“成文厚”，称为“显记成文厚”。主要商品也是学生课本、通俗读物等。

但是，北京成文厚开张后，生意一直很不景气，连年亏损。20世纪40年代初，北京得泉簿记学校校长贾得泉编辑出版《改良中式簿记》一书，介绍科学的复式记账方法和借贷式账簿的样式，并在西四北路东开设“德泉会记学校”。

成文厚老板刘国梁和帐房先生刘培森等人得知后，当即意识到，改变旧式账簿，建立科学的记账方法，推行新式账簿，已是势在必行。于是，立即商议抓住时机，与贾得泉合作，设计出一套以科学的复式记账法为依据的借贷式新式账簿。1942年，首次推出贾氏设计的国际通用之借贷式簿籍及西式记账单据等30余种，很快得到社会公认，使我国账簿的形式发生根本性变化。由此，成文厚转产转营成功，买卖愈加兴隆，资本越来越雄厚，成为京城第一家新式账簿的专营商店。

（2）书画重镇荣宝斋。坐落在北京和平门外琉璃厂西街上的荣宝斋，前身是建于清康熙十一年（1672年）的松竹斋，至今已有300多年的悠久历史。松竹斋的创办者是一个姓张的浙江人。因其承办的官卷、官折精选细挑，纯洁无疵，松竹斋成为琉璃厂最出名的南纸店。

但是，1840 年鸦片战争以后，松竹斋经营日益困难，最后到了难以维持的境地。于是店主聘请广交京师名士的庄虎臣为经理，清光绪二十年（1894 年），取“以文会友，荣名为宝”之意，将店名改为“荣宝斋”。

荣宝斋开业后，以其精湛的装裱、装帧和古旧破损字画修复技术为世人称道，又以其绝技木版水印闻名中外。在荣宝斋复制的众多作品中水平最高的，是被后世公认的木版水印的巅峰之作——《韩熙载夜宴图》。《韩熙载夜宴图》是我国古代工笔重彩人物画中的经典之作，也是五代南唐画家顾闳中的惟一传世之作，全画共分为“听乐、观舞、歇息、清吹、散宴”五部分，描绘了五代南唐大臣韩熙载放纵不羁的夜生活。

（3）仙宫美食有仿膳。在精细方面。仿膳饭庄有着“餐饮业里程碑”的美称。仿膳饭庄在国际上的知名度很高，本西尾忠久在其所著《世界的名店》中介绍了世界 80 家名店，其中就有“仿膳饭庄”和“荣宝斋”。

1925 年，末代皇帝被驱出宫门，皇宫的御花园北海被辟为公园。原御膳房赵仁斋与孙绍然等原御膳房的厨师合伙在北海公园北岸开设茶社，取名仿膳。“仿膳”的“仿”字，指的是模仿的意思；“膳”取《周礼 · 天官 · 庖人》书中之意，指宫廷御食。“仿膳”即意为仿照御膳房的制作方法烹制菜点。

仿膳经营的品种，主要是清宫糕点小吃及风味菜肴，特色菜是“满汉全席”和宫廷小吃。“满汉全席”由满点和汉菜所组成，也是清朝最高级的国宴。满菜多烧、烤、煮，汉菜多炖、焖、炸、羹、汤，两者各具千秋。满汉菜肴水乳交融地结合在一起，不仅相得益彰，还派生出新的美味。完整的满汉全席有 134 道热菜、48 道冷荤及各种点心、果品，分四至六餐食完，汇满汉南北口味之精粹，精美异常。

“四抓、四酱、四酥”是仿膳饭庄的绝活。“四抓”是抓炒腰花、抓炒里脊、抓炒鱼片、抓炒大虾。“四酱”则是炒黄瓜酱、炒胡萝卜酱、炒榛子酱、炒豌豆酱。“四酥”指的是酥鱼、酥肉、酥鸡、酥海带。

小吃名点有慈禧太后御点的豌豆黄、芸豆卷、栗子面小窝头，而用炭火烤制的肉末烧饼更有特色。这些小吃用料考究，制作精细讲究，工艺与众不同，口味十分独特。

3. 专营是京城老字号的独占之基

老字号企业以独特的专营方式闯出市场，又以精湛的专业经营技能发展壮大自己，成为百年不衰的专业名店，成功的关键就在于“专”。选择的经营业态“专”，独一无二；选择的经营方式“专”，非我莫属。商品经营的细分以及相关商品的精细化经营，为企业在市场竞争中独占鳌头奠定扎实基础，赢得一类商品专业经营在市场的控制地位。

专营是老字号创业之初的基础，特别是经济环境萧条的情形下进入门槛较低的行业，尤其需要以一个突出的经营项目立业，采取小规模、少资金，前店后厂式的经营方式。集中财力、精力，逐步拓展创业，逐步形成以一种品类及相关商品的系列经营。这样既能发挥专业特长，把生意做全做精，成为这一领域的引领；又能突出业态特色，成为消费者定向消费的引领。

（1）专营图书走市场。创办于清道光年间的宝文堂书店，原是一家印刷作坊和经营账本的账簿铺，是目前中国历史最悠久的书店之一。由于印制的账簿价钱便宜、质量好，还可以赊账进货，年节清账，赢得不少顾客。但是到了清道光二十年（1840 年），由于中英鸦片战争后中国社会经济的不断衰落，宝文堂卖出去的账簿，钱收不回来，造成年年的亏损，苦苦煎熬。

清同治四年（1865 年），新店主刘永和将经营项目由账簿改为图书，并逐步将其发展为一个图书印刷、出版、发行和销售的书屋，取名为“宝文堂书铺”。最初的宝文堂书铺很简陋，编辑、印刷、装订、出版、发行，只有三四个员工。书店以出版古典通俗文艺读物为主，主要以城市、农村百姓为服务对象。因此图书多是文字通俗的小册子，采用说唱形式，故事性强，篇幅短小，售价低廉。比如将明末小说家冯梦龙的《警世通言》《醒世恒言》《喻世明言》中的故事改编为一本本多则百页、少则十几页的小书，很受读者欢迎。

1911年以后，文化专制有所放松。宝文堂适时编辑出版《姜太公钓鱼》《汉高祖斩蛇起义》《桃园三结义》《薛仁贵征东》《薛丁山征西》《五鼠闹东京》等大量人民群众喜闻乐见的古代历史故事图书。

我国的古法木版印刷，落后于西方的铅字脚踏印刷机。于是宝文堂在1931年托人在上海买了两台东洋脚踏印刷机及所需铅字，印刷业务得到很大发展。民国时期，宝文堂从天文台取得编好的《历书》版样印制，发行量极大，深受人们喜爱，成为当年宝文堂最为红火的业务。

（3）“一艺足供天下用”的一得阁。进京赶考需要使用毛笔书写应试，研墨就成了最占考生宝贵时间的事。清朝同治年间，来自湖南的谢松岱产生把墨块变墨汁的创意。经过反复摸索和试验，终于研制出用油烟和松烟制作墨汁的方法。

清同治四年（1865年），谢松岱在当时文人荟萃的琉璃厂44号开设一家前店后厂生产经营墨汁的店铺。谢崧岱认为：店铺东边靠东北园胡同，西边是“双鱼胡同”，形如两根轿杆抬起店铺。制作墨汁离不开水，借助双鱼就能水里求财。他亲自书写了一副藏头联赞美墨汁，以表心迹：上联是“一艺足供天下用”，下联是“得法多自古人书”。店名就以两联首字取名为“一得阁”。

一得阁生产出的墨汁，有油烟、松烟两大类品种。油烟墨汁是绘画用佳品，松烟墨汁则是书写小楷字和工笔绘画的佳品。一得阁的墨汁质量上乘，具有书写流利、墨迹光亮、易乾易裱、耐水耐晒、不褪色不洇纸的特点，很受考生和书画界欢迎。

以后，“一得阁”声誉日臻，在天津、上海、西安、郑州等大城市先后开设分号，买卖更加兴旺。

一得阁生产的八宝印泥是历史传统产品，也是一得阁之一绝。所谓“八宝”，即以红宝石、红珊瑚、珍珠、金箔、朱砂、麝香、冰片为原料，用贮存百年以上的蓖麻油调制，颜色纯正、印鉴清晰、不怕日晒、不怕火烤、不怕水浸、久存不干、气味清香。用这八种原料制成的印泥，其贵如金，一盒几十克重的八宝印泥，都要在百元以上。有中国的书画，就必有一得阁的墨汁、一得阁的八宝印泥。

4. 绝技是京城老字号的生存之渊

京城老字号是中华绝活的载体，是绝技人才的渊薮。戴月轩开创京城南派制笔的先河；马聚源、盛锡福的制帽绝活，至今令人难忘；鸿宾楼、厚德福、晋阳饭庄的镇店名菜脍炙人口；汲古阁把中国的青铜文化、碑帖艺术及其他传统文化艺术，以精湛的技艺和独特的理念融合在一起，为今人再现古文化的精髓；全聚德传承精湛的烤鸭技艺，使感叹“不到长城非好汉，不到全聚德真遗憾”；还有张一元的茉莉花茶窨制技艺、肆雅堂的古籍修复技艺、荣宝斋的木版水印技艺及装裱修复技艺、瑞蚨祥的中式服装手工制作技艺、一得阁的墨汁制作技艺……所有这些源于家庭作坊的娴熟绝技绝活，是各家老字号手工操作的祖传秘方，成为老字号生存发展的本钱。

（1）湖笔名家戴月轩。浙江省吴兴县善琏镇湖笔之乡人士戴斌、字月轩，自幼学会湖笔制作技术，年轻时来到北京贺连青笔庄制作毛笔。1916年，戴斌与徒弟王魁刚等19人联手，以自己的名字命名，创办“戴月轩湖笔店”，成为琉璃厂街唯一一家以创办人的姓名命名的老字号。

戴月轩经营羊毫、狼毫、兼毫，书画界名人赞誉戴月轩的毛笔“提而不散，铺下不软，笔锋尖锐，刚柔兼备”。羊毫毛纯颖长，如执润玉。狼毫毛颖如锥，锋毫如月。兼毫各有特色，鸡毫兔毫，更较功力。在形式上，则有抓笔、提笔、对笔、大楷、中楷、小楷、长锋、短锋等。

戴月轩采用江西嘉兴路山羊毛制作的羊毫笔，羊毫与兔毫或羊毫与狼毫制的兼毫笔，有“尖、齐、圆、健”四大特点。“尖”就是笔头有尖；“齐”就是笔松散后毛要齐；“圆”就是笔体要圆；“健”就是笔有软、有硬、有弹性。四者合之，被称为笔之“四德”。

戴月轩毛笔制作工艺，采用的方法是披柱法。制作毛笔的生产工人称为“笔工”，分笔杆工和笔头工两大工种。笔杆工主要是选直、圆、上下粗细均匀的竹管。做笔头又分水盆工和干活工。水盆工是工匠面前放一水盆，把原料在水盆中蘸湿，做成笔头坯型，交给干活工。干活工把杂乱的笔坯修制成既齐、圆而又尖的笔头，最后再把笔头装到笔杆上，完成最后的工序。

戴月轩特别注意在笔杆上下功夫，乌木镶头，玉杆或玉顶，镶嵌上象牙、牛角等高级材料，刻上各种优美的字体，再配上锦盒包装，更是古色古香，使湖笔显得古雅秀美，既是书写工具，也是一件精美的艺术品。

（2）拓片绝技汲古阁。位于琉璃厂的汲古阁，沿用明代常熟文人毛晋创办的藏书楼名。汲古阁从五千年华夏悠久历史文明中汲取养分，在青铜复制、古文物修复、碑帖拓片、古陶瓷仿制、生肖纪念品制作等方面达到极高的造诣。汲古阁拓片的制作和青铜复制是一门独特的传统技艺。制作拓片，要先在石板上雕刻出图形文字，再覆上宣纸，经过数十道工序的手工操作才能完成。拓片的题材，源于秦砖汉瓦、敦煌壁画及名碑讲述的历史文化，涉及耕种、种棉、采棉、纺线、丰收、织布、礼仪、运动、杂技等丰富的经典故事，展示出中华五千年的悠远灿烂文化。

中国的青铜器起源于黄河流域。经历夏、商、西周至春秋，在商周达到鼎盛，并形成中国的青铜器文化。制造的青铜器包括生产工具、兵器、礼器、铭文、乐器等。中国青铜文化以容器为代表，青铜器皿古朴典雅，线条畅达，浑厚凝重。

青铜复制是汲古阁的传统优势主营项目，复制的四羊方尊被称为“臻于极致的青铜典范”，复制的秦铜马车一二号车、兵马俑被视为伟大创举，而人面方鼎、长信宫灯、青铜犀牛尊、铜辟邪、兔觥等复制品也都成为博物馆收藏的顶级复制文物和展品。

当人们在欣赏拓片和青铜器作品时，一定会情不自禁地由衷赞叹其精湛的制作工艺、完全靠手工精湛的操作和传承几代的精湛绝活。

（4）善用能人的全聚德。全聚德的经营经典，在于善于用人，善用能人。全聚德的创始人杨全仁，初到北京时在前门外肉市街做生鸡鸭买卖，每天都要经过一间名叫“德聚全”的干果铺，到肉市上摆摊售卖鸡鸭。清同治三年（1864 年），杨全仁拿出他多年的积蓄，买下了这间铺面。

从此杨全仁开始实施自己用人的谋略。第一步，便是采用一位风水先生的建议，把原来“德聚全”的旧字号倒过来，把新店的名号定为“全聚德”。

杨全仁深知要想生意兴隆，就得靠好掌柜、好厨师、好堂头。他经常出没在各类烤鸭铺子，转悠打探，体验烤鸭的诀窍，寻访烤鸭的高手，以求为己所用。后来他得知专门为宫廷做御膳挂炉烤鸭的金华馆内有一位孙老师傅，烤鸭技术十分高超，是京城小有名气的烤鸭高手。精明的杨全仁就千方百计接近他，一起聚会下棋饮酒，终于在重金礼聘下，孙师傅来到全聚德。孙老师傅为全聚德带来清宫挂炉烤鸭的全部技术，原来的烤炉改为炉身高大、炉膛深广、一炉可烤十几只鸭的挂炉，还可以一面烤、一面向里面续鸭。经他烤出的鸭子，外形美观，丰盈饱满，颜色鲜艳，色呈枣红，皮脆肉嫩，鲜美酥香，肥而不腻，瘦而不柴，为全聚德烤鸭赢得“京师美馔，莫妙于鸭”的美誉。

北京烤鸭分为焖炉（暗火）与挂炉（明火）两种。便宜坊以传统的焖炉烤鸭著称，全聚德则以挂炉烤鸭闻名。烤鸭使用北京填鸭烤制，其鸭体肥肉嫩。烤制时，脂肪溢出体外，将鸭皮炸脆；流入腹腔的脂肪将鸭肉烹熟。其燃料为枣、桃、梨等果木，烤出的鸭子有着清醇的果香味。果木燃尽，不扬灰，不会污染烤鸭。

烤鸭不能用冷冻鸭，要用当天屠宰的活鸭。去净体毛和内脏后，在皮和肉之间压进空气，在鸭外涂满麦芽糖稀浆，晾干。进炉之前还要在鸭膛内灌入滚滚的开水。烤鸭的关键在把握火候。烤的时候，烤鸭师傅手持长长的烤杆，挑起鸭子在炉膛中有规律地不停转动。烤出的鸭子，像枣红色的绸缎一样光洁闪亮，吃起来口感细腻香酥脆嫩。

烤鸭制作的巧妙之处，一半在烤，一半在片。技艺娴熟的师傅会将一只熟鸭均匀地片成 108 片薄厚相近的鸭片，且每片有皮有肉，有肥有瘦，肥不腻瘦不柴。在全聚德，一般是人等鸭子，客人入座后，如果需要烤鸭，服务员马上通知鸭班，鸭班开始烤鸭，等上 50 分钟，客人就可吃到热喷喷的烤鸭了。

5. 集聚是京城老字号的商气之势

特色街最鲜明的特点，是商业业态相近、专业或主题业态突出店铺的集聚。大栅栏、烟袋斜街、琉璃厂就是特色商业街的代表，描绘出京城特色商业街历史发展的轨迹。对消费者而言，由于商业街内相关配套行业的聚集，不仅有了更多的选择空间，而且节约了购物成本。对商家而言，则是走专业化、精细化商业发展道路，寻找更多的生意机会，即所谓“扎堆效应”，促进行业共同繁荣。

（1）京师精华大栅栏。明正统元年（1436 年），开始修建京城的九座城门。四年之后建成，原来的“丽正门”改名为“正阳门”，俗称“前门”。城门外的那条南北大道就叫“正阳门大街”或“前门大街”，一直叫到现在。

人们把位于前门大街西侧的廊房四条周围的廊坊头、二、三条，煤市街、粮市店街以及门框胡同、观音寺街等统称为大栅栏。“廊房”是过去的一种经商贸易点，在盖起的长廊似的屋子里堆货、居住、做生意，古时叫“房廊”，后来称“廊房”。“栅栏”之称渊源于明代。至乾隆时期，京师内外城已建有栅栏达 2400 多座。

有人考证，现在的大栅栏地区依然保存着明末清初“三纵九横”的古老格局。“三纵”指的是珠宝市街、煤市街和粮食店街；“九横”指的是除大栅栏街外的施家胡同、大齐家胡同等众多胡同。因廊坊四条是商业中心，买卖多，街内的商铺出资也多，其在东西街口修建的栅栏比其它胡同高大牢固且美观，故有人称之为“大栅栏”（见《乾隆京城全图》）。

在大栅栏地区，有明代即已开业的六必居酱园，清代康熙年间开业的国药店同仁堂，嘉庆年间开业的马聚元帽店、内联升鞋店，以及瑞蚨祥绸缎皮货庄等。吃喝有长盛魁干果店、张一元文记茶庄、厚德福饭庄、全聚德等；娱乐则有庆乐园、三庆园、广德楼……民国二十八年（1939 年）商会的商号登记册记载，大栅栏有 92 个行业、782 家店铺。当时北京主要的商号大都集中在这里，商铺阵容壮大、业态齐全。

从清代中后期直至民国时期，大栅栏商业店铺走向专业集聚，成为极具影响力的特色商品街和老北京名副其实的商业中心。“头顶马聚源，身穿瑞蚨祥，脚蹬内联升”成为当时京城消费的时尚与热点。与宫廷和官场有着千丝万缕联系的大商号、银炉、钱庄，也是这一历史时期的产物。大栅栏的珠宝市曾集中了 26 家银炉，并经官方批准成立“公议局”，26 家轮流值班。实际上它们承担着将各省上缴的关税银熔铸为银锭上交户部的任务，还定期公布银锭与碎银兑换的比价。大栅栏的银炉再加上 87 家钱庄、26 家银号、40 家金店，以及以正乙祠（银钱业集资所建）为代表的工商会馆的修建，构成北京金融市场的萌芽。

（2）大运河“泊来”的商业街。烟袋斜街是古都北京又一个商业集聚的范例。烟袋斜街位于地安门外大街鼓楼前，元代京杭大运河北端码头海子的东北岸。与大都城原规划的棋盘式街巷不同，因街巷是沿着海子岸边逐步建成的，街道的走向变成了斜街。

在明清文献中，对烟袋斜街的来源和沿革多有记载。张爵称，在明嘉靖形成街道后，曾以管理海子的官厅命名[①]。沈榜也在书中多次提到，明初在地安门外、海子桥西、打鱼厅斜街及鼓楼西侧等处建有廊房，以供商用[②]。清乾隆十五年（1750 年）的《京师全图》称当时的斜街为“鼓楼斜街”。吴长垣在《宸垣识略》中，引用《日下旧闻》的说法，称在鼓楼西侧有斜街[③]。综上所述，说明烟袋斜街应形成于明代中叶以后。

从清末至 20 世纪二三十年代，烟袋斜街以经营旱烟袋、水烟袋、古玩、书画、裱画、文具及风味小吃、服务行业等为主，其铺面建筑风格雅致朴素，具有古都北城特点，是北京北城较有名气的商业文化街。

清兵入关后，满、蒙、汉军三旗，官员、兵民大多有吸烟的嗜好，烟铺也兴盛起来。鼓楼前即有北豫丰烟铺。地安门外路东有南豫丰烟铺。烟具另有山西人开的烟袋铺专卖。烟袋铺开在鼓楼斜街东口内，门外立有巨大的烟袋招幌。北京曾有“鼓楼前的大烟袋——一窍不通”的歇后语，说的就是这家店的招幌。路北是一连两家烟袋铺，都是山西人开设的，一家为恒泰号，另一家为双盛泰。

为了与鼓楼西大街区分开，清道光、咸丰（1821–1861 年）前后，官方将鼓楼斜街改作烟袋斜街，作为正式街名。紧靠烟袋铺的是一间专修钟表的钟表铺，南侧是公和魁清真饽饽铺，烟袋斜街东口路南是这家店的制作间。烟袋斜街东口北侧把角为洪吉南纸店。

大石碑胡同南口西侧路北为鑫园澡堂，澡堂门外西侧为一座小龙王庙，庙前有一口井。现在庙与井均已无存。庙西侧为一间专卖毛笔的店面。笔店再向西为始建于明天顺三年（1459 年）的广福观原址。观外有义信厚裱画店、黎光阁裱画铺。黎光阁裱画铺是一家很有名气的裱画店，开业于清光绪三十年（1904 年），溥心畬、齐白石等一些名画家、收藏家常来光顾。有着精湛技艺的王殿俊技师，

① [明]嘉靖三十九年（1560年）张爵：《京师五城坊巷胡同集》。

② [明]万历二十一年（1542年）沈榜：《宛署杂记 · 街道》、《宛署杂记 · 廊头》。

③ [清]乾隆五十三年（1788年）吴长垣编著：《宸垣识略》。

专门仿制清宫如意馆臣字款的画及手卷，被当时的鉴定家称为“后门造”。面对广福观，有同和假发店。其东邻为振兴理发馆，两侧挂木制红白蓝的理发馆标志。旁边是中和当铺，挂有老式带红布幌穗的钱串标记。

据徐文玉先生所作《忆烟袋斜街》一文，计有东顺包子铺、义和轩酒馆、王金波早点铺、何记杈子火烧及温姓、丁姓、震阳春烧饼铺、李二炸虾等。在这一趟小吃店之间，斜街西口路北有一较大的油盐粮店，在西把口原为青菜店，后改为杂货铺，其北侧是小石碑胡同南口。斜街西口路南有一个两间门面的豆腐房。其东边一排多为什刹海东沿铺户的后门，至斜街南侧通义溜河沿北口西侧，有山东福山庆云楼饭庄。义溜河沿北口东侧为温记染坊，往东有双龙盛弹棉花店。

古董店的集聚，也是烟袋斜街的一个特色。辛亥革命之后，清朝贵族、官员、太监等人把宫中字画、古董偷出宫，来此贩卖。北京政府新贵、军阀卖古玩装点门面，洋人大肆搜罗攫取我国古物，皆视烟袋斜街为淘宝之地。烟袋斜街中部南侧一带，先后开设太古斋、抱璞斋、松云斋、宝文斋等店铺。吕姓的蕴宝斋古玩店是街上较大的古董店，店外悬有英文招牌。

（2）文渊荟萃琉璃厂。琉璃厂是集中体现辽、金、元、明，清五朝古都风采的代表性地域。在这里，荟萃了100多家书店、字画店和古玩店等老字号。

辽金之时，这里是城外东郊的海王村所在地。元代建都之初，这里是烧制琉璃瓦件的窑厂，琉璃厂始得其名。明代规模扩大，为工部五大窑厂之一。清代循明旧制。康熙末年，为了消除窑厂黑烟对京城的污染，窑厂迁至门头沟琉璃渠。

清雍乾年间，为接待各省进京会试的举子，居京的外籍官绅纷纷在宣武门外建立会馆，汉族京官的宅邸也不断增多。琉璃厂地近内城，遂成为人文荟萃之地。

为适应文人读书及应试的需要，书肆业迅速兴盛起来，明朝时期红火的前门、灯市口和城隍庙书市都逐渐转移到琉璃厂。到清乾隆中叶，各地的书商纷纷在这里设摊、建室，街道两旁书肆林立。清乾隆三十八年（1773 年），琉璃厂的有名书肆已达三四十家。恰值四库开馆，当时书市规模之大、典籍之浩繁已相当可观，助力《四库全书》编制。琉璃厂的名声越来越大。

琉璃厂逐渐发展成为京城最大的、人文荟萃的文化街市，与文化相关的集笔墨纸砚，古玩书画业，也随之发展起来。书肆、古玩店鳞次栉比：松筠阁、二酉堂、文光楼、萃文斋、槐荫山房、博古斋……至清光绪初年，琉璃厂的书肆多达 220 余家，古玩、字画店 50 余户。

古玩业是琉璃厂的又一个支柱行业，经营范围包括金石碑帖、字画文物以及玉石瓷器、珠宝木器等众多古董。宾主在品茗闲谈之中，做成一桩桩买卖，也使古玩字画店成为文人墨客鉴赏文物、交流心得的场所。

琉璃厂地区每年厂甸的新春庙会闻名遐迩。清康熙后期，朝廷为了皇宫的安全，把内城的灯会移入位于琉璃厂的厂甸。来自四面八方的男女老少，扶老携幼，结伴而行，尽情享受浓郁的地方韵味和民族风情，品尝各种各样的北京小吃和花样翻新的糖葫芦，观赏形形色色的杂耍玩艺。由此，逛厂甸成了京城繁华的象征，琉璃厂成为老北京民俗文化、市井文化和宗教文化的荟萃之地①。

综上所述，正因为老字号经营者的诚信专营精细绝技以及经营的集聚策略，才赢得消费者的倾心信赖，才确保它的经久不衰，经受住历史沧桑的考验。

## 二、传承和发展老字号的实践

诸多发生在西城的经典案例，为我们揭示了老字号商贾生存发展的轨迹、老字号经营的秘诀与谋略、传承发展老字号的实践根基。

① [清]吴长元辑：《宸垣识略》，北京古籍出版社1983年版，第186页。

时代变革，商业经营方式手段也发生着巨大的变化，而不变的应该是老字号的精神与商德，不变的应该是商人的诚信与谦和，不变的应该是精湛的商品销售特色与风格。

笔者认为，研究老字号的发展史，最重要的，是要从发展轨迹中找到规律和特质，传承和发展老字号企业的精髓，使老字号永远立于不败之地，使新兴企业实践老字号发展的经验，永远蓬勃兴旺。

1．传承发展老店的诚信为人经营美德

商业企业传承中华老字号的诚信谋略，一是要强化诚信美德教育，夯实老字号永续发展的根基。要提高员工的诚信意识，自觉践行社会主义道德的诚信原则和公正原则，真正做到诚实守信、货真价实、公平买卖、童叟无欺，用优质的商品和服务满足社会需要。

二是要建立健全诚信自律机制与他律机制，奠定制度保障。切实把握好道德自律与信用他律的对立统一关系，制定商业信用标准，建立商业诚信档案数据库，建立商业信用评级制度，公布经营者商业诚信状况。建立健全监督约束机制，发动社会各方共同实行对商业企业、经营者、消费者和员工的信用监督。

三是要创新服务手段、服务内容和服务方式，为消费者营造放心安全的消费环境。要强化服务意识，增加服务内容，创新服务方式，提升服务质量。逐步提高现代化服务水平，切实为消费者提供舒适、便利、安全、卫生的环境；要大力实施技能服务、品牌服务，提供热情、周到、规范、真诚的服务；要严格履行商品“三包”和其他售后服务，兑现各项服务承诺，用服务吸引顾客、占领市场。

四是要以商品质量为重点，坚决杜绝假冒伪劣商品。加强商品质量管理，建立商品的质量管理、质量监督和质量保证体系，严格把好商品进货关、检验关和销售关等各个关键环节。发展连锁经营、物流配送、电子商务等新型流通组织形式和营销方式，提高商业企业的组织化和规模化程度，实现经营行为的规范化和经营方式的标准化，从根本上净化流通环境，规范流通秩序。

2. 传承发展老店的高尚谦和淡定人格

京城商人在做人、待物、经营上的礼仪谦和，正是“以顾客为王”这种中华民族传统美德的体现，值得新时期的每一家老字号自觉传承和大力发展。

一是要永远把顾客放在第一位，展示企业的核心价值。西方管理学家把“服务”的英文单词SERVICE作为企业服务七个原则的缩写：Smile——微笑，Excellent——出色，Ready——准备好，Viewing——观察，Inviting——邀请，Creating——创造，Eye——目光。要像张一元等众多老字号那样，始终不渝坚守谦和之道，坚持谦和礼让为先，先做朋友再做生意，自觉奉行“买卖不成情义在”，以真诚融洽和谐人际关系，创造美好心境，建立起良好的沟通基础，在赢得众多朋友的基础上赢得丰厚的利润。

二是要学会尊重消费者，增强企业的亲和力。心存谦和，人自相敬。以诚感人者，人亦以诚而应。谦和的背后，蕴涵的是做人的真诚，展示的是人格的魅力。谦和是人脉的资源，谦和是无形的力量，给人以亲和力、感染力、凝聚力，能为商业经营提供不可替代的人文优势。

任何商业企业经营，都离不开商品、环境、消费者三个要素，而商品和环境都是围着消费者这个中心转的。尊重消费者，竭全力毫无怨言地为消费者着想，满足消费者的各种需求，是商业人对消费者最大的尊重。敬人者人恒敬之，让人者人恒让之。谦和不会伤害他人，却能使消费者认准你的为人，认准你的生意，光顾你的生意，甚至是一生的光顾。

三是要学会反省自己，提升企业的感染力。谦和能使经营者保持清醒。孔子说：“君子有九思：视思明，听思聪，色思温，貌思恭，言思忠，事思敬，疑思问，忿思难，风得思义”。“思”，是总结、是反省，既总结自己的得失，又汲取他人经验，看成败，明是非，知对错。只有这样，才能有高境界、高情操、高素质。

从商如做人，一定要学会知不足，在市场竞争的磨砺中提升自己。要勤修内涵，平静处变，不骄不傲。要善于反省，一日三省吾身。要善于总结经营的偏差过失，对照发展目标和定位，寻找不足，做出调整的决策。“反者道之动，弱者道之用”，要虚怀若谷，不耻下问，听得进意见建议，获得别人的支持与帮助，少走弯路，少碰障碍，少遇陷阱。

四是要学会淡定的经营风格，发挥企业的影响力。谦和是内敛的态度，谦和是坚强。谦和不是怯弱而是坚韧，不是自满而是奋进。身处顺境时，得意而不忘形，常怀清醒之心，常思忧患之事；身居平境，修身而不轻浮，积累而不懈怠，力求有所为、有所成；身在逆境，坦然而不自弃，乐观而不悲观，正视现实，理性面对，积极奋起，开拓创新。这才是企业的谦和。尤其是当消费者众口赞誉时、企业销售收入丰厚时，格外需要淡定，多想未来的崎岖和目标，多想企业在商海之中的位置，多想如何以谦和赢得更多消费者的青睐。

3．传承发展老店的创新追求绝活技艺

老字号企业的绝活绝技，主要是依靠“师傅授艺，徒弟拜师”实现的。人才的培养使用，是绝活绝技传承的关键。受行业发展环境变化的影响，老字号绝活绝技也在发生着变化。在这种背景下，人力资源不仅决定着传统的继承，更深刻地影响着老字号的发展之路。

一是认识人才，夯实技艺传承的思想基础。商业特殊技艺人力资源具有一定的时效性、能动性、两重性、智力性、再生性、连续性、时代性、社会性和消耗性等九大特征。商业绝技传承的核心是高素质的人力资源，依靠的是科学的人力资源管理。不仅要对与一定物力相结合的人力进行合理的培训、组织和调配，使人力、物力保持最佳状态，更要对人的思想、心理、技能、行为进行强化诱导、控制和协调，充分发挥人的主观能动性，使人尽其才，事得其人。

二是获取人才，奠定传承技艺绝活的基础。根据企业目标确定特殊岗位员工需求，通过招聘考试、测评选拔等措施，得到理想的专业素质高的员工。要建立健全商业人才教育培训机制，突出培训重点，按照国际规范和企业传统工艺培训人才。鼓励师傅带徒弟，培养掌握专业绝活的好苗子。加大投入力度，加快培养熟练操作传统工艺的技工等急需人才。大力拓宽渠道，加强与科研机构、高等院校的合作，支持商科院校专业设置调整，采取工学结合的培训模式，发展和完善商业教育培训体系，培养出懂营销、会经营、懂管理、善竞争的新一代商人。

三是保持人才，创造传承技艺绝活的环境。不断完善商业人才激励机制，激励员工自觉开发符合社会与企业需要的潜能。抓住加大物质激励力度和商业人才保障制度两个重点，减少特殊人才的流失，确保企业的核心能力。要在提高经济效益的基础上，遵循市场规则，使人才的待遇在企业外部始终高于同行业的平均水平；在企业内部拉开分配差距。建立特殊技艺人员认定制度、业绩薪酬奖励制度，实行年薪制、期股期权、融资持股等多种分配形式，提高薪酬、补贴、考核，晋升、医疗、保险、住房以及学习、研发等方面的保障，必要时采取一些特殊政策，切实解决商业特殊技艺人才的后顾之忧。

四是评价人才，建立传承技艺绝活的平台。坚持对员工特别是特殊技艺人员的工作成果、劳动态度、技能水平以及其他方面作出全面考核、鉴定和评价。开展绝活绝技竞赛评比等活动，树立技术标兵，宣传绝技经典，大力营造钻研、实践、展示绝技绝活的良好氛围。

五是发展人才，促进传承技艺绝活的创新。注重创新能力的培养，通过专业技能研究、交流展示、深度开发等措施，发扬光大传统工艺，创新传统技艺。以创新的绝技绝活适应当代市场多层次、多元化的消费需求。

4．传承发展老店的特色专营集聚策略

独特的地域环境和文化背景，造就了一个地区商业业态、商品的品种、经营方式等鲜明特征。特色经营是商业发展的动力，也是商业保持朝气不衰的基础，是变被动为主动的积极经营谋略。

随着时间的推移，京城商业格局发生了新的变化，集购物、娱乐、餐饮特色为一体的商业中心区形成，一批地方特色突出、商品特色突出、服务特色突出的商业企业在消费者心中铭记，正在发展成为耳熟能详的字号品牌。

积极借鉴老字号延续百年的特色，大力培育适宜城市发展产业特色和带动经济提升的品牌产业，加强特色商业街建设，是今天西城区商业发展的战略选择。

一是要推进工作联动机制。加强商业主管部门与城市规划、交通管理部门的协调，将商业规划纳入城市发展总体规划。定期发布规划建设信息，完善商业规划开发建设用地预保留制度。明确发展重点，加强分类指导，结合招商引资，对不同类别商业区域内的网点设置提出具体指导意见。及时公布鼓励发展、引导规划，控（限）制开办的业态业种。推动商业与房地产发展联动，在旧区改造、历史风貌保护区利用、大型住宅建设中，按照市政府规划文件标准，完善商业设施建设，实现功能配套。

二是要积极营造促进特色品牌企业发展的环境。依据政府规章、地方法规，规范保障市场秩序，保障特色知名老字号企业加快发展。实施大项目带动战略，推进商业街区、商业重点项目建设。强化对各类专业市场、大型商场、大型超市和外资零售企业等业态布局、投资的指导和协调，促进资源有效合理利用。推进行业协会改革发展，强化协会服务、自律、代表、协调的职能，扩大行业协会覆盖面。建立健全商业发展联席会议制度，营造良好的商业发展氛围。

三是要拓展商业利用外资领域。在商业、批发、电子商务、第三方物流、中介服务等领域，发展合资合作项目。提高招商引资水平和质量，注重功能提升和综合竞争力提高。引进国际先进的商业业态、汇集世界知名企业及著名品牌特色商品，提高国际化水平。鼓励各类商业企业扩大对外合作，支持先期进入市场的外资商业，有序扩大投资规模。支持优势商业企业到国内外开办公司和分店，扩大市场辐射力和影响力。

四是要推进商业结构现代化。鼓励商业企业发挥网络、品牌、信息、配送、管理等比较优势，通过多种合作方式，开展重组扩张。推进内外贸一体化发展。鼓励中小企业改造成便利店、专卖店等现代业态，以“精”“专”“新”“特”适应不同消费群体的需求。对综合百货店的数量进行宏观调控，调整经营战略，增强组织化程度，向其他业态渗透转移。推动超市向次商业区、居住区拓展，扩大连锁规模，实现规模效益。鼓励发展、规范提高便利店。推进网上销售及供应链体系，逐步提高网上订单交易比重。对经营特色不突出的传统专业店与专卖店，加强引导改造，以适应现代消费时尚化、个性化的趋势。适度推进百货店扩展为购物中心，实现业态的转移提升。

五是要推动品牌战略，做好品牌文章。要体现北京商业独特的商业氛围和地位，体现知名商业特色，体现特色商业的辐射作用。提升层次、增强功能，积极打造城市中心城区 SHOPPINGMALL、商品交易市场、特色商圈、商业街精品。

六是要提高商业集聚程度，推进行业布局战略调整。按照集时尚文化、轻松购物、休闲娱乐、观光旅游、商务交际为一体的要求，借助商圈人流集聚、市场活力强劲、人文内容丰富、地铁交通贯通等优势，继续提升地区商业设施品位，提高新型业态比重，完善细化服务功能，增强现代时尚气息，形成各区域大型单体商业各具区位特色、又能发挥连动互促效应的商业中心。

七是要完善金融商务服务功能。促进金融业和为金融机构开展商业活动服务的餐饮、娱乐、会展和物业管理等业态。利用地铁、城铁站口、影剧院、会展中心、博物馆发展交通商业，建设和完善品牌专营的文化、餐饮诸多业态搭配、组合的中高档商业中心。开拓新兴产业门类，拓展发展空间。

八是要创新发展餐饮，繁荣餐饮市场。加强餐饮文化研究，挖掘菜系历史文化内涵，提升西城餐饮的竞争力和扩张力。培育名厨、名菜、名店，增强发展后劲。发扬餐饮经营特色，保护和发展老字号及清真名店。引导餐饮企业增强个性服务，提高服务管理水平。推进餐饮文化交流，引进国内外知名菜点风味，满足游客需求。抓住重大节日和活动，打响餐饮品牌，促进餐饮业持续繁荣。

九是要大力发展旅游与商业融合的优势行业。发挥西城旅游资源优势，增加完善商业服务配套设施，开发综合性娱乐休闲项目，推动茶楼业、酒吧业、咖啡馆等休闲服务业的发展，推进吃、住、行、游、购、娱同步协调发展，使风景区商业服务设施在层面布局、行业设置、业态结构等方面与现代旅游业发展相适应，打造融自然景观与人文景观为一体的商旅休闲区，提升地区发展的品质。

**作者简介**

王新，北京市西城区商务委员会原主任；论文有《西城商业文化》《西单形象浅述》《国内知名商业中心区的标志》《特色——西城商业主攻方向》《西城区商业结构的研究》等。

# 关于西城区老字号发展情况的调研及建议

许宁春　王　立　刘爱中

【内容提要】老字号是具有中国特色的经济组织，同时也是中华传统文化的重要载体，在当代社会生活中发挥着不可替代的重要作用。北京市西城区辖区内的近百家老字号，构成京城老字号的重要组成部分，在推动地区经济社会发展中不断提升着自己的价值。为了进一步推动老字号的发展，在政府层面，应该注重完善老字号的发展环境，激发老字号的成长机制；在行业协会层面，应该积极搭建平台，整合资源，推动电商；在企业层面，应该严保产品质量，提升服务水平，完善营销模式，提升无形资产价值，积极“走出去”。

【关键词】老字号　传统文化　创新发展

老字号是北京历史文化的重要组成部分，是北京的城市名片。大力振兴老字号，更好地发挥老字号在保护民族文化遗产、展示城市独特魅力、提升发展软实力等方面的作用，是推动北京走向世界的重要手段之一。西城是北京老字号高度集聚的中心城区，十分有必要加强调研，摸清“家底”，面向未来，努力探索老字号的传承创新之路。

## 一、调研活动的背景

### （一）政策背景

中共中央《关于深化文化体制改革推动社会主义文化大发展大

繁荣若干重大问题的决定》指出，要开展多渠道多形式多层次的对外文化交流。党的十八次大会要求，要建立中国文化市场机制，鼓励文化产业改革，向世界宣传中国文化。具有中国特色老字号企业，是传承中华民族传统文化的重要载体，也是国家转变经济发展方式的创新驱动力。研究和发展老字号，对于保护非物质文化遗产、增强文化软实力、促进经济社会科学发展都具有重要意义。

就北京而言，作为全国的政治、文化、科技创新和对外交往中心，老字号是北京历史文化的重要组成部分，是这座城市的名片。为了推动独具魅力的北京走向世界，振兴老字号是重要手段之一。

近年来，依据国家商务部等 14 部委《关于保护和促进老字号发展的若干意见》、商务部《“中华老字号”认定规范（试行）》等文件精神，北京市先后出台多项扶持政策及管理办法，如《促进北京市商业服务业老字号发展专项资金使用管理办法》等。在“十二五”伊始，西城区人民政府率先出台《西城区保护和促进老字号发展若干意见》，从指导思想、工作重点、保障措施三大方面对老字号的保护以及发展做出重要定位。《意见》提出，在“十二五”期间，坚持保护与发展并重、继承与创新并举、经济与文化并行、政府引导与市场化运作相结合，建立老字号保护体系和多方面综合立体发展体系，设立老字号发展专项资金，推进老字号聚集发展，力求实现“做精做强一批、提升发展一批、恢复改造一批”目标，提升老字号整体发展水平。

**（二）现实背景**

中华老字号有着悠久的历史，也曾经有过自己的黄金时期。但是，由于企业自身故步自封以及外界的巨大冲击等原因，致使今天的老字号面对巨大的挑战。尽管一些老字号已经通过经营理念的改变而抓住了发展机遇，但仍有许多企业在体制边缘苦苦挣扎，面临着种种现实困境。

1．发展数量

根据《2013 中国品牌发展报告》，老字号的数量呈现锐减状态。新中国成立初期，国内约有 1.6 万个老字号品牌，而目前这一数字已缩减为 1600 家，其中近七成左右的老字号经营困难。中国人民大学教授卢惠玲接受采访时指出：“如今，中国的市场格局发生了变化，随着市场的扩大，大的国际品牌的进驻，还有国内新兴品牌的产生和成长，都对老字号产生了很严峻的挑战。”

2．涉及行业、品种

中华老字号几乎涉及国民经济和百姓生活的各行各业，包括：饮食、茶酒、中医药、服装服饰、文化、休闲娱乐等。但是，除了酒类、中医药、食品（含部分餐饮）等大型的、发展规模良好的企业外，大多数中小型老字号企业普遍研发能力欠缺，创新意识淡薄，产品种类单一、缺少变通。

3．企业模式

中华老字号的企业模式呈现多样发展。其中最为常见的是子承父业家族式，这种企业的核心技术一般是保密性极强的“祖传秘方”，需要家族内部依靠血缘关系加以维护。这种企业模式的优点，是严厉的家训可以对企业保持长盛不衰起到很好的作用，而缺点则是家族企业的派系争斗往往导致内部矛盾激烈。

现代经营管理方式为企业提供了更多的经营模式，如股份制、合伙制、混合制、委托经营制等。旧有体制的束缚已严重羁绊了企业品牌的发展，“老字号要振兴必须先改制”得到政府、专家和企业的普遍认同。但同时也要认识到，改制并不是万能的。中国社会科学院经济研究所杨春学指出：“改制是老字号必须迈出的一步，但在转制程序上，对不同类型的老字号，要运用不同的处置方式。那种简单的拉郎配、资金注入或者一刀切是无法从根本上解决问题的。”

4．产品、服务及消费环境

老字号能具有长久生命力的根本原因，是其产品带给客户的独特体验和享受。但是近年来，很多消费者感到，一些老字号倚老卖老，“店大欺客”；部分产品质量急剧下滑，没有达到消费者心目中的标准；经营理念滞后，服务意识淡薄；有些老字号商店的消费环境甚至未能做到起码的干净、整洁。这些现状，一方面没有显示出老字号的品牌气势，另一方面也降低了老字号在人们心中的信赖度。

5. 企业员工

老字号普遍存在员工年龄偏大、服务观念陈旧、效率不高等问题，已退休和即将退休的员工给企业带来沉重的包袱。新来的年轻员工对企业文化理解不深，没有真正吸收老字号企业的文化精髓。总体来看，存在企业文化的传承与创新不够等问题，导致企业发展面临青黄不接的人才瓶颈。

6. 知识产权

商标是企业的无形资产，老字号商标的意义及其增值功能是不可估量的。然而有些企业为了提高自己的利润，不惜侵权老字号企业或者抢注老字号商标。在维护知识产权的法律制度建设方面，还存在很多不完善之处。一度中国出现老字号企业不愿维权的现象，因为消费者在分不清真假的情况下，很可能否定整个品牌，造成企业更大的损失，所以只有遇到严重危害企业声誉或者面临生存危机时，老字号才会向法院提起诉讼。

## 二、西城区老字号调研情况

### （一）西城区功能区发展的基本目标及老字号管理基本情况

北京老字号的发展历史贯穿了北京商业发展史的脉络长河，老字号企业以其深厚的历史底蕴秉承了优秀的传统文化精髓，并以独领风骚的精湛技艺、以人为本的经营策略，成为北京传统文化的代表品牌。①

中共中央要求充分发挥北京作为全国文化中心的示范作用。作

① 摘自首都博物馆老字号展览介绍。

为首都功能核心区，西城区立足悠久的历史传统和深厚的文化积淀，致力于优化完善城市功能和产业空间布局，打造推动产业要素集聚、服务平台建设及政策措施落地的空间载体，引导企业特色发展和错位发展，使西城区成为带动产业转型的示范基地、服务首都居民的窗口、展示人文北京的舞台、建设宜居城市的样板城区。

2010 年 7 月以来，西城区进一步加大扶持发展老字号的工作力度，相继出台许多可行的措施。在政策方面，引导老字号企业通过产品和营销创新，向主题化、多元化、体验化方向发展，鼓励企业走出去，开展国际化经营，把企业做大做强。在资金方面，筹措专项资金加大对老字号的支持，对一些濒危老字号，通过商标注册保护、专利保护等措施重新恢复发展起来。通过承办或举办中华老字号博览会、大栅栏旅游购物节、老字号创意文化展示周、琉璃厂免费鉴宝等活动，提升西城区老字号的社会影响力，营造良好的发展环境。

目前，西城区已形成一批集团化运营的老字号企业，有些企业已成为所在行业的龙头企业，像菜百、全聚德等。老字号也通过连锁经营得到长足发展，部分有实力的企业尝试外埠、境外开店。张一元、内联升、同仁堂等老字号初步实现北京地区连锁网络的全覆盖；张一元在外省市开店并初步形成规模。

据不完全统计，近三年来，西城区老字号企业的销售收入均值年增长 30.6%，高于同期北京社会消费品零售总额增幅 14 个百分点，为区域经济发展、拉动就业、上缴税金做出较大的贡献。

**（二）西城区旅游文化产业基本情况及对老字号企业的影响**

西城区是北京市的中心城区之一，拥有丰厚的历史文化资源和较为完善的商业、旅游服务设施。现有各级文物保护单位 108 处，主要包括历史悠久、积淀深厚的皇家经典文化（如历代帝王庙），园林水系文化（如北海、景山、什刹海），王府文化（如恭王府、醇亲王府）、会馆文化（如湖广会馆）、胡同四合院文化等，发展旅游业的条件得天独厚。

2009年，国务院发布《关于加快发展旅游业的意见》，首次提出“把旅游业培育成国民经济的战略性支柱产业和人民群众更加满意的现代服务业”。中共北京市委第十一次代表大会提出“建设国际一流旅游城市，使旅游业成为重要支柱产业”。北京的旅游业正进入快速发展的转型期。

2014年4月，西城区开展“品读西城，感悟北京”专家评审活动，评选出“必吃、必住、必看、必购、必赏”各十家企业。这其中“必购”推荐的十家企业几乎被老字号垄断，包括荣宝斋、瑞蚨祥、张一元等知名老字号品牌。由此可以看出，旅游文化的发展繁荣会给老字号企业创造更多的收入与价值，而老字号的独特魅力也会对旅游业起到推动作用。

**（三）西城区老字号企业调研基本情况统计**[①]

1．西城区老字号发展基本情况

据统计，西城区89家老字号企业主要分布于商业、餐饮、食品加工三大行业，其中餐饮业46家，约占51.7%；商业28家，约占31.5%；食品加工12家，约占13.5%。

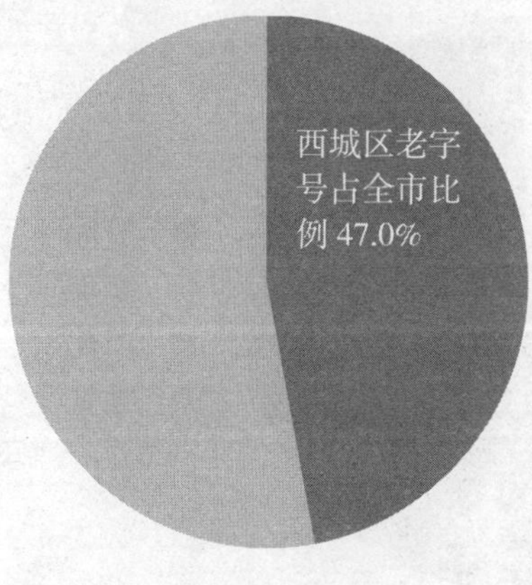


**西城区老字号占全市比例**

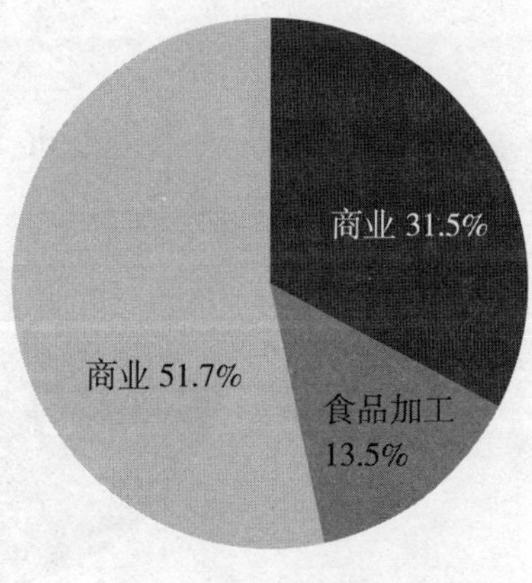


**老字号各类型企业比例**

对66家西城老字号的统计分析显示，其平均年龄148岁；百年以上历史的38家，平均年龄208岁。其中，六必居创始于明嘉靖九

① 本节数据根据西城区统计局提供资料整理，各项统计内容中的老字号企业基础数据不尽相同。

年（1530 年），柳泉居创始于明隆庆年间（1567–1572 年），鹤年堂创始于明永乐三年（1405 年），均属于北京品牌历史最为悠久的老字号。

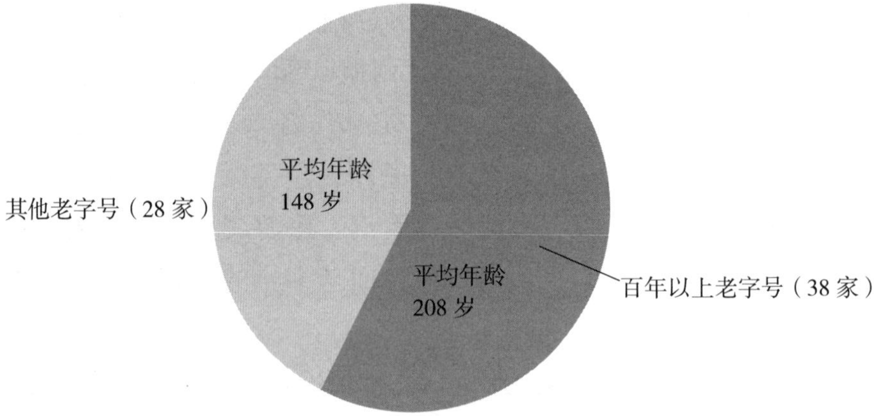


根据对 62 家老字号企业的统计显示，其中有股份制企业 29 家，国有企业 14 家，私营企业 10 家，其他 9 家。股份制企业成为西城老字号发展的重要形态。

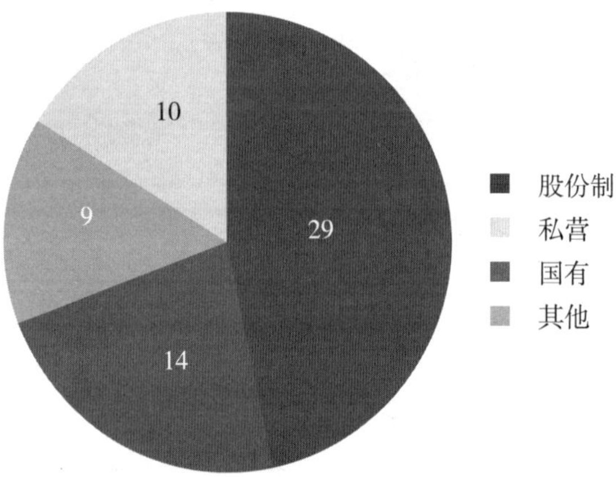


66 家企业员工总人数达到 18，690 人，企业平均人数达到 283 人。

有统计显示，西城老字号中改制企业的比例约占 68%；改制企业中近一半企业的国有股比例低于 50%。西单商场在 1993 年率先完成改制。

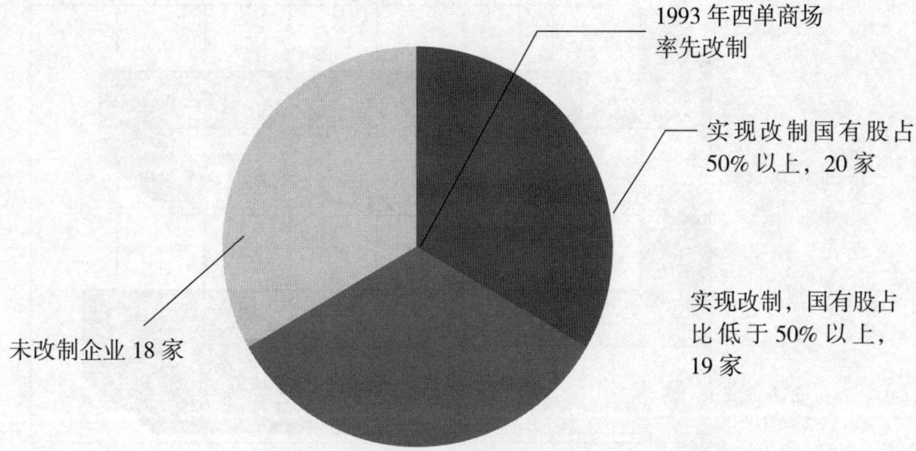


对 55 家老字号企业的统计显示，注册资本总额达到 193691.4 万元，平均注册资本额度为 3521.7 万元。老字号总资产达到 601420.1 万元，其中西单商场以 195625.5 万元位居榜首。总纳税额达到 51107.6 万元。

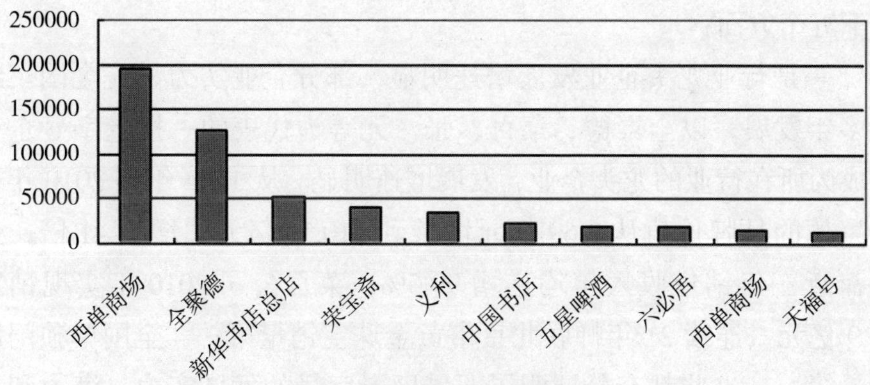


2010 年资产前 10 位的企业

对 63 家企业的统计显示，西城老字号中有连锁企业 32 家、非连锁企业 31 家。其中店铺数量超过 10 家以上共有 9 家企业。天福号以 477 家连锁店铺（专柜）高居榜首。

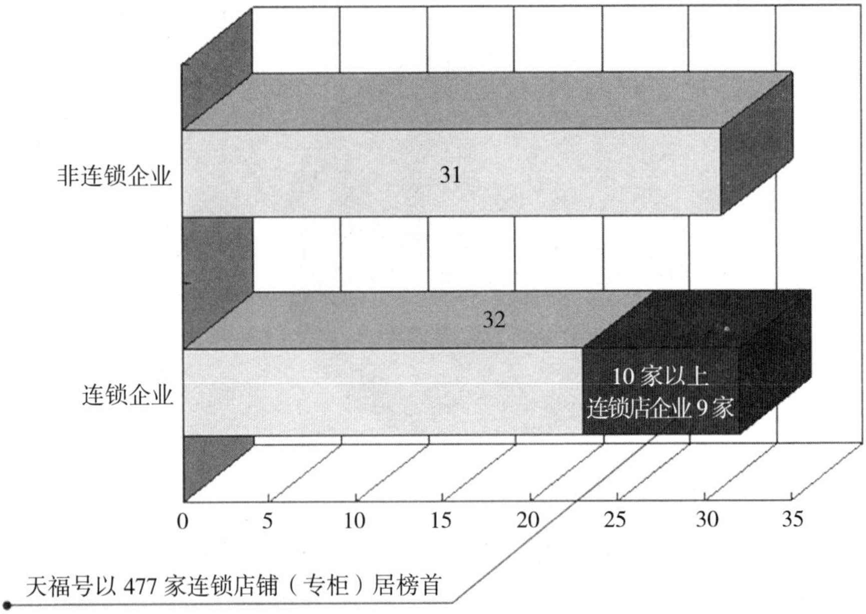


2. 西城区老字号发展处于全市领先水平

统计显示，西城区老字号发展处于全市领先水平。主要表现在以下五个方面：

一是行业龙头企业发展增速明显，部分企业实力领先全国。经过多年发展，以全聚德、菜百、张一元等为代表的一批老字号企业已成为所在行业的龙头企业，发展增速明显。从1994年到2010年，全聚德的品牌价值从2.69亿元增长到110.19亿元，增长41倍；荣宝斋近三年销售收入年均递增99.5%；菜百公司2010年实现销售72.9亿元，连续21年蝉联北京市黄金珠宝销量第一，全国单独门店销量第一。这些都充分证明了西城区老字号的发展实力、潜力和品牌价值。

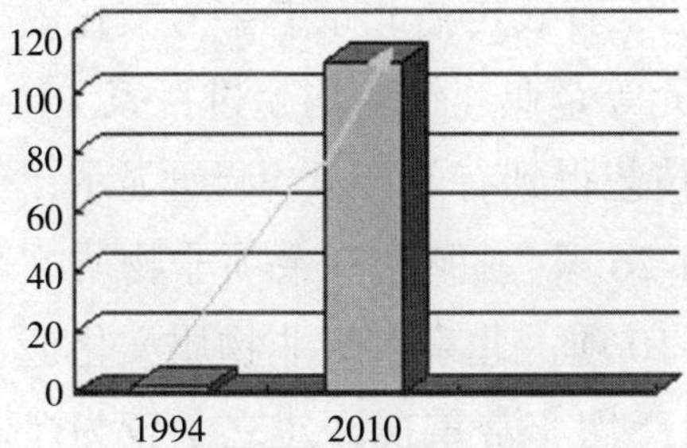


全聚德品牌价值 16 年成长 41 倍

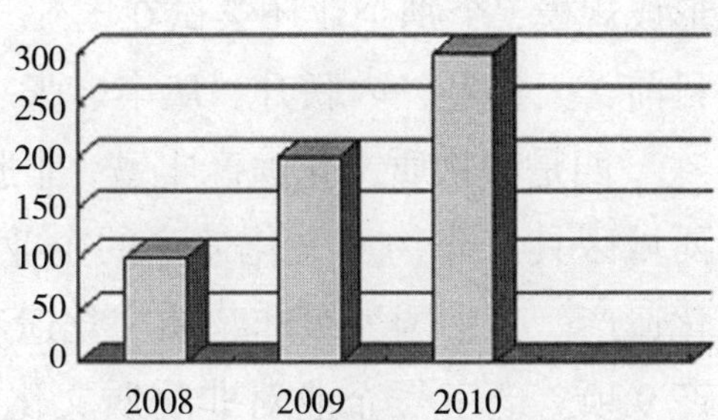


荣宝斋近三年销售收入年均递增 99.5%

二是销售规模逐年递增，资本运营效益明显。统计显示，近三年有 69 家老字号企业的销售收入均值逐年递增，2010 年达到 11076.47 万元，年均增长 23.5%，高于同期北京社会消费品零售总额增幅 7 个百分点，显示了良好的增长势头。一批老字号企业通过股份制改造，实现股权多元化、资本多元化，发展活力倍增。西城老字号企业中现有西单商场、全聚德两家上市公司，并有 17 家企业明确提出未来 5 年有上市计划。

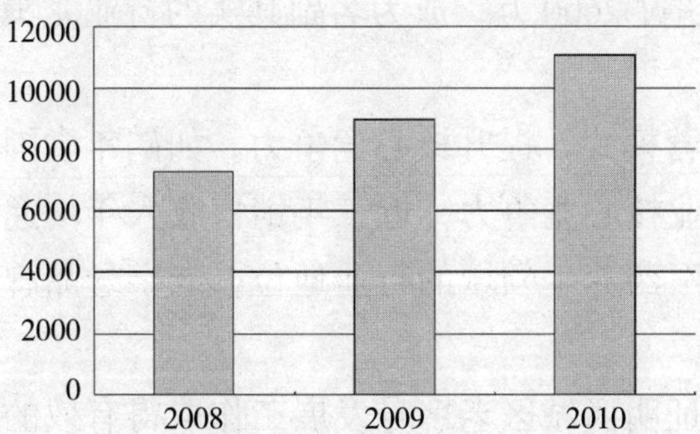


69 家老字号销售收入年均增长 23.5%

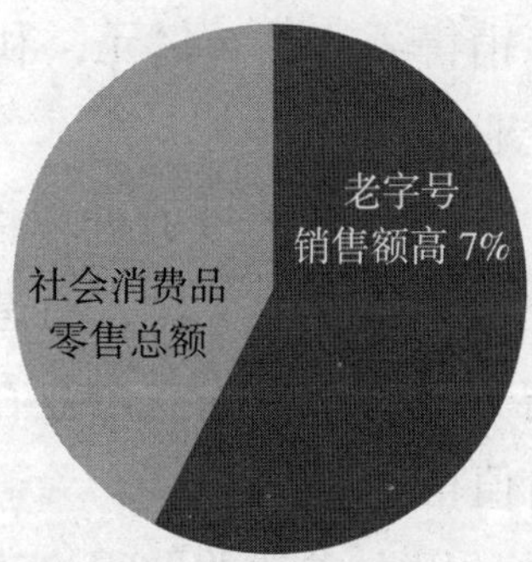


老字号销售额高于社会消费品零售总额 7%

三是连锁经营不断发展，部分企业尝试外埠、国外开店。实践证明，连锁经营已成为西城老字号发展的重要模式，特别是餐饮、商业类老字号规模扩张更快。近年来，一批老字号通过连锁经营，初步实现北京地区连锁网络的全覆盖，部分企业在外埠开店并初步形成规模，个别企业还尝试在国外开店，有效传播北京老字号文化。目前，天福号、内联升、庆丰、张一元等企业连锁店均超过百家。

四是非物质文化遗产丰富，非遗技艺得到有效传承。调研显示，西城区具有非物质文化遗产的企业有 26 家，拥有 30 余项非物质文化遗产。其中国家级非物质文化遗产 10 项，北京市级非物质文化遗产 9 项。老字号企业对非物质文化遗产均非常重视，建立了较为严格的保护和传承制度。以全聚德、荣宝斋为代表的一批企业，还组建了传承人团队，确保非遗技艺得到有效传承。

保护、发掘老字号非物质文化遗产技艺和文化，评定非物质文化遗产技艺大师，培训非遗技艺传承人才，出版老字号画册，不断传播老字号文化，有力地推进西城区老字号文化的保护和传承。

五是企业改制取得明显进展。通过采取降低国有股比例等改革措施，一批老字号企业实现跨越式发展。如张一元在股份制改造中，政府主动将国有股降到 20%，职工股份达到 65%，完善治理结构，使企业获得更大的发展空间，迅速建立起从产区到门店的产业链条，年销售额超过 5 亿元，利润超过 2600 万，成为名副其实的行业龙头企业。

鼓励老字号引进现代运营模式，提升核心竞争力。如鹤年堂围绕中医药养生文化，再造企业核心竞争力，近三年销售收入年均递增 36%，初步确立企业在中医药养生领域的行业地位，老字号品牌价值得到提升。

以上成就的取得，充分证明西城区老字号发展工作取得有效的成果。

### （四）西城区老字号发展中的问题

1．宏观环境：相关政策落实不到位

近年来，各级政府陆续出台多项政策扶持老字号发展，但是具体落实和执行起来，还存在时滞、效率、力度等问题。根据调研，一些企业面临发展环境受限的问题，包括税负沉重、经营成本过高等。菜百反映，虽然近年来通过与电商的合作，销售额稳步增长，但是消费税过重。他们认为，饰品早已作为日常商品受到消费大众喜爱，消费税应该有所减少。数据显示，餐饮业成为2013年首都旅游六大板块中消费最低的版块，正逐渐成为消费市场中的弱势行业。问题主要集中在租赁成本、材料成本过大，工作辛苦，工作人员感觉社会地位较低等方面。

2．体制机制：企业创新动力不足

一些老字号发展历史较长，传统的前店后场、手工作坊为主的生产经营方式占据主导地位。在产品开发上，很多老字号长期停留在老款式、老品种上，不注重在保持传统特色基础上推出适合现代需求的精品，其产品功能、类型、附加值、外观造型等都大大落后于新的名牌产品，与现代消费需求的差距日趋扩大，逐渐失去市场竞争优势。

3．维权保护：意识和能力亟待提高

一些老字号企业知识产权保护意识淡薄，没有及时对自己的品牌进行注册，造成商标屡次被抢注，要么失去品牌，要么须花巨额转让费买回品牌。也有一些老字号商标注册后屡屡出现被假牌冒牌仿牌现象，再加上市面上选择渠道增多，消费者尚未形成品牌消费观，造成消费者慢慢流失。庆丰包子铺经过多年运作经营，网点遍布京城及河北燕郊等地，成为规模最大的包子快餐连锁企业。但近年出现很多名称相似或雷同的山寨版竞争者，这难免会引导消费者落进消费误区，致使庆丰的销量受到影响。瑞蚨祥、内联升在商标侵权维护方面也付出了较大的成本，尤其是到外地维权时，受地方保护主义影响，法律手段基本没有作用，有时反而使企业损失更大。

4．经营管理：人才匮乏，形象老化

一般来说，老字号企业职工的文化水平相对较低，由于缺少激励机制，技术骨干大量流失，高学历、精专业、懂管理的新型复合人才难以引进，造成老字号技术、管理人才青黄不接、后继无人。

1959年开业的四川饭店员工普遍感到自己学历低、资金待遇低、社会地位低，没有新人愿意从事服务工作，原有的老员工也缺乏动力。丰泽园饭庄、戴月轩等企业也存在类似现象，严重影响老字号企业今后的发展。

老字号的整体形象存在老化问题。如内联升、瑞蚨祥等在年轻一代眼里已经过时。为了保证收入稳定，瑞蚨祥等企业还将前门等位置优势的经营面积租给其他店户。主要原因在于一些老字号企业观念没有跟上，缺乏创新的勇气和魄力，导致消费者的关注度日益下降，失去在市场上的竞争力和在社会中的影响力。

5．诚信责任：面临严峻环境挑战

随着中国逐渐融入世界经济，企业社会责任正日益成为中国企业必须面对的问题。西城区的一些老字号小吃店担心食品质量差，没有统一标准，对消费者尤其是全国各地消费者来北京旅游造成负面影响，迫切希望政府牵头帮助解决场地、标准等实际困难，为老字号在京外乃至境外开办连锁店，提供必要的保障。

## 三、关于老字号发展的对策建议

西城区一贯高度重视扶持和发展老字号企业，多次召开专题会议，研究制定相关措施，在政策宣传、产业聚集、拆迁调解、法律维权、举办展览、资金补贴、课题研究、对外宣传、人才扶持等方面做了很多具体实际的工作。为了促进西城区老字号企业更好发展，根据调研中发现的问题，从操作层面提出如下对策建议。

### （一）政府层面：优化环境；激发动力

1．完善老字号的生存环境

建立健全老字号品牌保护的法律环境。吸取企业维权的成功经验和失败教训，将较为成熟的部分用法律或制度的形式确定下来，引导企业依法依规维权；加强对侵犯老字号商标和假冒老字号产品行为的打击力度，坚决克服地方保护主义。针对老字号商标注册问题，应分不同情况管理：对于发展好的商标，要注册相近商标，形成保护圈；对过期未续或尚未注册的商标，要督促加紧注册。要通过招标、企业重组等方式，清理闲置、长期亏损的老字号品牌。引导和支持老字号企业加快在境外商标注册和商标延展，为老字号企业境外维权提供保障。

创建合理的税赋环境。在国家宏观政策下尽量合理布控，对于营改增宏观政策下税负不降反升的企业、由于没有增值税发票可抵税负较高的个体经营者，给予一定的财政补贴；对于易出现非法交易、走私等问题的行业，加强政策引导和日常管理，加大监督、查处力度，防止税收流失，遏制不法行为；对于一些普通首饰品消费税率的问题，可以由政府组织有关方面研究提出解决办法，形成可行性建议上报国家税务总局。

构建“十三五”规划下的宏观环境。在《国家发展和改革委员会“十三五”规划前期研究重大课题遴选公告》的25个重大课题中，服务业发展重点与机制研究、健康保障发展问题研究、国有企业改革和非公有制经济发展研究、我国企业“走出去”发展战略研究等课题，都能为老字号的发展提供战略指导。

老字号要想“走出去”，除了需要企业的核心竞争力足够强大，国家的扶持政策也必不可少。西城区政府应该将老字号的相关指导、扶持政策明确纳入“十三五”规划，抓紧制定推动观念转变、体制转换、资源整合、宣传文化、人才培养建设等方面的相关政策，为老字号企业创造良好的竞争发展环境。

政府可以将一些问题交给平台中介、社会力量去解决，鼓励他们发挥专业的特长和积极性。净化舆论环境，禁止媒体为了吸引眼球播报不实消息，对于不加核实、随意撰写的不实新闻追加法律责任。通过电视台媒体、互联网媒体，传播老字号发展的故事文化。鼓励老字号积极利用电子商务发展壮大。将老字号故事写进中小学课本，以培养新一代的荣誉感。为老字号优选地理位置，营造核心聚集区。

严格把控老字号的质量诚信问题。引导、协助一批发展势头强劲、实力雄厚的老字号率先“走出去”。

2．激活老字号的发展机制

推出系列扶持政策。针对老字号的发展规模、经营方向等不同情况，建立分层、分类支持体系。通过建立品牌联盟形成共享平台，优化资源配置，提升品牌的整体运作能力，巩固发展良好企业的地位，带动小微企业的发展。加大政府采购对老字号品牌的倾斜力度，给予老字号更多优先选购、选址的倾斜政策。鼓励老字号优秀品牌走出国门，进行海外兼并收购。对于传承优秀文化的人才给予荣誉称号、贡献奖励，提高年轻人传承学习的积极性和参与经营的动力。

创新投融资机制。西城区应充分发挥其金融服务优势，畅通投融资渠道，打造多元投融资环境，支持贸易信贷、消费信贷、信用担保、P2P 网贷等服务及行业的发展。鼓励金融机构更多地参与到老字号的产业供应链、产业集群及商业圈中，为老字号发展保驾护航。

建立健全遴选、培训机制及第三方咨询机制。引导老字号在挑选接班人时注重文化传承，支持职业经理人参与老字号企业经营管理，鼓励优秀的老字号经营者和传承人积极参选西城区“百名英才”活动。通过建立擂台竞聘等方式，实现择优录取。通过政府购买专业培训服务等方式，建立定向培训机制，对企业的需求进行分类，由行业协会牵头，联手高校、培训机构进行联合招生，定向培训；建立相应的人才储备库，为老字号企业储备实用性人才。政府优先购买老字号服务，让第三方管理咨询机构为企业提供性价比合理、优质、有效的财务、税务、管理、营销咨询服务和培训服务。

**（二）行业协会层面：强化自身；搭建平台；整合资源；推进电商**

1．加强建设，壮大协会自身力量

加强行业协会自身建设，使政府、企业、协会三者形成刚性制衡，发挥最大功效。完善协会的各项制度，规范协会运作，把协会建设成学习型的、市场化的新型民间组织。宣传扩大协会的影响力，注重与媒体的交流联系，加强与全国各地老字号协会的沟通，加大对老字号的宣传力度。

2．搭建平台，协助政府开展工作

定期开展调研，掌握老字号企业的发展情况，向政府反馈企业诉求及存在的问题，当好政府和企业的参谋。开动脑筋，创新活动形式，通过精品展览会、媒体宣传、高峰论坛、寻访活动等形式，集中展示西城区老字号的产品、品牌和文化。积极参与制定老字号振兴政策、立法保护方案等工作。

3．资源整合，协调文、商、旅的关系，发挥老字号优势

按照西城区“打造老字号集聚区”的总体思路，积极协助有关部门引入全国各地老字号企业入驻，引导特色产品和服务聚集，强化人文景观和商业功能，完善旅游服务功能，实现合理布局；对区域内商业用房采用回购或回租等方式，加快符合集聚区特点的业态聚集和融合；探索建立老字号集聚区业态准入标准和业态调整申报制度。

协助老字号发挥自身优势，积极推介老字号商店建筑、生产工艺流程、老照片、工艺道具、老艺人的故事情节等优质历史文化资源，实现消费与旅游同步，使顾客更加直观、更加深刻地感受北京老字号的历史传统和文化魅力，吸引更多的顾客和游客购买老字号的产品。支持和推进老字号刊物、网站、丛书、报纸、电视专题纪录片及微电影等衍生品的开办、拍摄、制作，发行老字号消费指南、手册和地图等，扩大特色消费。

4．依托电子商务，扩大市场份额

西城老字号企业有品牌，有产品，有口碑，但是大部分限于小众群体，不为互联网所熟知。协会应该积极组织协调电子商务的营销平台，统一宣传，在互联网上形成具有西城特色的老字号形象，提升自己的整体影响力。

帮助企业根据互联网消费的特点和形式，在坚持产品品质原汁原味不变的前提下，改变包装等表现形式。由行业协会牵头，组织企业和网上消费者意见领袖进行互动，参与到线下活动中来，进行深刻又活泼的体验分享，根据他们的意见，对产品形式进行不断优化和改进。把老字号凝成团，形成西城老字号平台，借助专注平台投资的互联网公司，解决老字号互联网技术不足的短板和互联网人才及思路不足的问题。借助老字号品牌地面小众群体的口碑，增强网上消费者的信心和网络营销的信誉。通过传统铁杆小众粉丝与互联网广大消费者的互动体验和交流，依靠专家发声和领袖体验的交相辉映，吸引更多的消费者参与进来，推动西城老字号企业的整体快速发展。

**（三）企业层面：质量为王；提升服务；优化营销；完善形象；走出国门**

1. 保证产品质量，丰富产品品种

老字号企业应该始终注重严格把控质量。尤其是食品行业，要为消费者提供良好的食品安全环境，在对企业自身负责的同时履行应尽的社会责任。要善于把握时代脉搏，紧跟时尚潮流，不断推出新产品，丰富产品种类和包装，将老字号故事植入到产品中，通过不断创新来求得企业的进一步发展。

2. 提升企业服务水平，创造良好消费环境

参照马斯洛的需求等级理论，客户对店面服务的需求可以分为：准确（最低级）、及时、个性化（定制服务）、咨询帮助。企业应不断提升自身的服务水平，使其成为企业的无形资产，给企业带来更好的回报。对内提升员工素质，加强定期培训，提高自觉性与主动性；对外设立会员管理系统，分析顾客成分、监控顾客忠诚度，关照快要流失的客户，不断优化自己擅长的领域，注重研究新产品，为客户提供更为贴心周到的服务。消费环境要以整洁、舒适为基础，以北京风味为基调，以自身形象为特色，明确环境装饰的格调，充分显示老字

号品牌和北京性格。

3．采用先进营销模式，注重市场细分

面对未来的市场风景，老字号应该注重进行市场细分，实施差异化战略，逐渐将目标市场主体转变为有强大发展潜力的年青一代，增强市场营销战略的有效性，提高市场渗透率、扩大市场份额。

老字号应形成同行业间整体的大营销策略。可由行业内实力雄厚的企业牵头，推出“吃在西城老字号路线图”“穿在西城老字号路线图”等品牌活动，以强带弱，形成策略联盟，使概念集中，既谋求整体又谋求个性。

4．重视无形资产投入，建立良好品牌形象

老字号的无形资产包括企业商标、专利以及良好的口碑。企业应树立起先行保护的意识，积极主动拿起法律的武器维权。有实力的企业应该聘请专门的法律顾问，中小型企业可以向政府、行业协会申请援助，不要在出现问题时被动应对。同行业之间可以定期交流经验，及时向相关部门反馈意见。

良好的口碑是时间给予老字号的无形资产。建立深入人心、具有文化内涵的品牌形象，是一项长期工程。老字号要坚持以信誉取胜，以文化内涵育人，坚持物质文化和精神文化一起抓，不断提升企业形象，将企业做精做强。

5．加强与国内外主流媒体的联系，实现“走出去”战略

西城区的老字号应该发挥自己得天独厚的优势，选择文化互通的角度，积极与海内外媒体合作，加大宣传力度。要把目光投向北京以外甚至国外市场，通过合资、合作、区域授权等多种形式，筹划北京企业在市外（海外）开店，积极拓展国外市场，让更多外国人认识北京、认识老字号、认识中国的文化。

## 四、结语

老字号的精髓是中国传统经商之道，经商的灵魂是“诚信”两个字，其实立人之本、齐家之道、交友之基、为证之法以至慰藉人们心灵的良药皆在于此。“诚信”是维系和谐社会的重要支柱，更是中华民族传统的美德。我们应该大力提倡这种精神，使其成为实现梦想的基石。①

老字号是一座城市文明的见证，是浓缩的商业发展史。北京的老字号，在激烈的商业竞争中，以不同形式展示着自己的文化内涵和风雨征程。在发展的道路上，只有紧跟时代步伐，不断革新，才能把企业做大做强。在关注以及支持老字号的发展问题上，需要多方面的合作，面对问题迎头而上，齐心协力让老字号再续辉煌！

本次调研工作得到了北京市委统战部、北京市西城区委统战部、北京市西城区商务委员会、北京市西城区统计局、北京市西城区科学技术委员会、北京市西城区社会科学界联合会等单位的大力支持，在此特别鸣谢！

**作者简介**

许宁春，中鼎财务咨询有限责任公司总经理。

王　立，中鼎财务咨询有限责任公司。

刘爱中，北京市西城区统计局。

① 摘自首都博物馆老字号展览结束语。

# 第二部分

# 『责任』与『形象』

传承与转型：老字号发展之路
——北京西城老字号谱系研究文集

# 西城区老字号企业品牌竞争力提升研究

朱永杰

【内容提要】借助管理学的SWOT分析法，以老字号品牌竞争力相关理论为工具，分析西城区老字号目前发展的优势（Strength）、劣势困境（Weakness and Threat）以及机遇（Opportunity），提出西城区老字号企业品牌竞争力的提升路径：确立有效的品牌战略，打造特色品牌产品，确立合理品牌定位，加强品牌文化建设，深入开展品牌保护工作，积极创新和运作品牌，深化企业体制改革、优化老字号发展环境、学习国外先进经验，推动老字号的进一步发展。

【关键词】西城区；老字号；品牌竞争力；提升

作为具有中国特色的经济组织形态，老字号的品牌竞争力呈现出与国外著名企业不同的特点。科学把握中国老字号品牌竞争力发展、演化的内在规律，研究制定切实有效的具体措施，对于推动新时期北京西城老字号企业的进一步发展，具有十分重要的意义。

## 一、品牌竞争力内涵及其影响因素

### 1. 品牌竞争力内涵

品牌竞争力是指品牌在竞争性市场中，为了企业的利润和长远发展，通过有效整合企业战略、管理模式、技术路线、企业文化及信息化等重要因素，在产品和服务方面所形成的优于竞争对手的独特能力，是企业整体竞争能力的综合体现[①]。

品牌竞争力主要分为三类：企业层次的品牌竞争力、产业层次的品牌竞争力、国家层次的品牌竞争力。企业层次的品牌竞争力，是指在同一产业领域不同企业的品牌之间产生的竞争差异。产业层次的品牌竞争力，是指不同国家或同一国家不同地区之间在同一产业领域的品牌竞争差异。国家层次的品牌竞争力，是指以国家作为一个整体与它国之间的品牌竞争差异，它涉及的是一国产品和劳务的整体形象和实力。比如人们通常对美国品牌、日本品牌、中国品牌等都会有一个整体印象和评价，体现出彼此之间的差异。

本文重点探讨企业层次的品牌竞争力。企业是品牌竞争的核心主体，是品牌的培育者、所有者、受益者和竞争风险的承担者。企业层次品牌竞争力的主要竞争对象是产品，企业品牌的影响力主要源于其产品拥有一定的市场占有率，具有持续的竞争优势。

品牌竞争力具有持续动态性、利益竞争性、系统整合性等特征。研究发现，品牌竞争力呈现出一定的持续动态性，会随着经济环境、市场竞争行为和竞争对手的变化而变化。因此企业为了长期经营和长远发展，需要制定和调整品牌战略定位和规划，在市场竞争中持续创新和运作品牌。品牌竞争力具有利益竞争性，追求的是在产品竞争的过程中实现品牌价值和资产的提高、企业利润的最大化和社会知名度的提升。品牌竞争力具有系统整合性，是企业优化资源配置的结果，也是企业运作系统和品牌管理系统整合的产物。

2．品牌竞争力影响因素

影响品牌竞争力发展和提升的因素很多，概括起来，大致包括准确品牌定位、优化品牌文化和推动品牌创新等三个方面。

（1）品牌产品与定位：提升品牌竞争力的基本载体和导向。产品是影响品牌竞争力的基本要素和载体，具有吸引顾客的核心价值，

① 吴舒丹：《 提高北京商业老字号的品牌实力》，《北京联合大学学报》. 2003（1）：118–122。

外在表现为款式、质量、规格、包装等方面，同时和产品相关的服务、保证、荣誉等附加产品也很重要。为顾客提供差异化、个性化的产品内容，是提升品牌竞争力的重要因素。品牌定位是指企业为了更好满足消费者的需求，为自己的品牌树立明确的形象，以凸显品牌的个性化特征。将企业产品更好地展示给消费者，是寻求实现品牌形象和目标市场两者最佳结合的过程，是提升品牌竞争力的重要导向。

（2）品牌文化与保护：提升品牌竞争力的基本依托和保障。品牌文化是提升品牌竞争力的基本依托，是指品牌在发展过程中形成的获得消费者认同的文化特质，能给消费者带来情感利益，提升消费者的忠诚度，更好地实现品牌的差异化，提升品牌的知名度。品牌保护是提升品牌竞争力的保障，是指企业为了更好地保持市场有利地位而采取的保护品牌机密和产权的行为或活动，主要包括法律保护（包括商标和域名注册等形式）和社会保护（主要来自政府、媒体和消费者）两个方面。

（3）品牌创新与运作：提升品牌竞争力的源泉和途径。品牌创新是指为了适应市场的变化，品牌在内涵和形式上发生的变化，主要体现在技术、管理以及组织方面的创新。品牌创新有利于拓展品牌的发展空间，延续品牌的生命力，是提升品牌竞争力的源泉。品牌运作是提升品牌竞争力的重要途径，是通过品牌传播以及品牌连锁、品牌购并或战略联盟等手段优化资源、提升品牌竞争力的行为。通过品牌传播，有助于宣传品牌内含的文化特质，提升品牌的价值，提高品牌市场占有率和品牌忠诚度。

上述影响品牌竞争力的因素十分重要，缺一不可，而且彼此之间联系紧密。其中品牌产品和定位是提升品牌竞争力的基础，品牌文化和保护是提升品牌竞争力的凭借和保障，品牌创新与运作则是提升品牌竞争力的动力和路径。

## 二、西城区老字号企业品牌竞争力现状

1. 西城区老字号概况

西城区是北京老字号品牌的主要集聚区。据初步统计，目前西城区拥有近百家老字号资源，占全市老字号数量的50%以上，其中中华老字号54家，约占北京全市的47%[①]。这些老字号历史悠久，可清晰追溯的老字号平均年龄144岁，百年以上历史的有41家。这些老字号主要分布在吃、穿、用等与百姓生活息息相关的行业中，有着深厚的文化底蕴。

经过多年发展，西城区形成一批集团化运营的老字号企业，有些企业已成为所在行业的龙头企业。近年来，西城老字号通过连锁经营不断发展，部分企业尝试外埠、境外开店。如张一元、内联升等老字号初步实现北京地区连锁网络的全覆盖，张一元在外省市开店并初步形成规模。据统计，截至2012年，西城区老字号企业的销售收入连续三年实现年增长30.6%，高于同期北京社会消费品零售总额增幅14个百分点，对于区域经济发展、拉动就业贡献很大[②]。

西城区的老字号在一些区域的分布比较集中。全国首个“中华老字号集聚区”大栅栏街，是北京最古老、最著名且又别具一格的商业街，两侧店铺、商号鳞次栉比。自明永乐十八年（1420年）以来，经过近600年的演变，一大批别具特色的百年老店遍布其中，如经营中药的同仁堂，经营布匹绸缎的瑞蚨祥，经营帽子的马聚源，经营布鞋的内联升，经营茶叶的张一元，经营酱菜的六必居等。目前，这条街上分布着餐饮、娱乐、购物等多个行业的64家门店，其中老字号门店就有10多家。

“中国文房四宝第一街”琉璃厂，东西全长700米，有商户二百余家，目前主要经营字画、文房四宝、古玩、仿古艺术品、古书籍、

① 北京市西城区商务部委员会.北京西城老字号：弘扬传统商业文化·发展中国生活方式[EB/OL].北京市西城区商务委员会网。

② 我区出台新政策，着力保护促进老字号[EB/OL].北京市西城区人民政府网站。[2012-2-27]. http://www.bjxch.gov.cn//XICzxss/XICzxssxq.ycs?GUID=12322&MAINKEY=着力保护促进老字号发展。

古钱币、乐器和传统工艺品，总建筑面积3.4万平方米。有老字号54家，中国书店、北京文物商店、荣宝斋是主要骨干企业。

西城区的老字号类型多样，主要分为餐饮小吃、医药烟酒茶、文化休闲等三类。餐饮小吃类老字号数量众多，约有57家（表1）。从经营内容来说，大多数餐饮类老字号以经营特色菜品或小吃而闻名，例如鸿宾楼以经营天津清真风味菜为特色；北京玉华台以经营淮扬风味菜肴而著称；小肠陈、爆肚冯等是以经营小吃为主的老字号。另外有一些老字号以零售食品、粮食等为主，例如义利创建于1906年，是以巧克力、糖果、面包为主导产品的食品公司；大和恒粮行以销售粮食为主，其招牌产品"小米面""三条腿玉米面"百年来深受百姓的欢迎。文化休闲类老字号中，有些以销售文化用品为主，有些经营日常百货，有些以经营鞋帽、布料、服装、金饰为主；另有一些以经营其他娱乐服务项目为主，例如大观楼、清华池、鑫园浴池等。

**表1　西城区主要老字号统计表**[①]

| 类型 | 老字号名称 |
|---|---|
| 餐饮小吃类 | 柳泉居；烤肉宛；桂馨斋；天福号；砂锅居；同和居；烤肉季；鸿宾楼；天源；桂香村；北京玉华台；同春园；华天延吉；又一顺；峨嵋；六必居；王致和；全聚德；义利；丰泽园；龙门；金狮；仿膳；曲园酒楼；老西安；西来顺；新路春；护国寺小吃；大地餐厅；南来顺；小肠陈；远东；爆肚冯；庆丰包子；金生隆；爆肚张；四川饭店；御膳饭庄；莫斯科餐厅；豳风堂；李记白水羊头；晋阳饭庄；美味斋饭庄；致美斋饭庄；奶酪魏；门框羊头马；门框豆腐脑白；爆肚满；月盛斋；泰丰楼饭庄；年糕钱；瑞宾楼饭庄；茶汤李；俊王德顺斋；大和恒粮行；马凯餐厅；聚宝源 |
| 医药烟酒茶类 | 白塔寺药店；元长厚；张一元；北京盐业；北京茶叶（TP）；鹤年堂；德寿堂；馥郁；北京茶叶（京华）；博古斋；五星啤酒；正兴德；同仁堂药店；鹤鸣堂；天蕙斋 |
| 文化休闲类 | 西单商场；成文厚；内联升；一得阁；步瀛斋；瑞蚨祥；荣宝斋；戴月轩；菜百；北京市地毯五厂；新华书店；谦祥益；马聚源；大观楼；清秘阁；清华池；汲古阁；中国书店；鑫园浴池；大栅栏百货；造寸 |

① 本表主要依据西城区社科联提供的数据进行统计，笔者在分类上进行了少量调整。

2. 西城区老字号企业品牌竞争力优势和面临的提升机遇

（1）西城区老字号企业品牌竞争力优势。主要表现在三个方面：一是品牌文化内涵丰富。西城区老字号品牌文化历史悠久，丰富多彩。很多老字号在明清时期创立。例如六必居酱园成立于明朝末年，距今已有400多年历史；马聚源帽店创办于清嘉庆二十二年（1817年），距今近200年。西城区老字号品牌的文化丰富多彩，物质文化遗产方面除了受人青睐的特色产品外，古色古香的建筑也很有特色。很多老字号拥有极具特色的匾额、不拘一格的装修样式以及前店后厂的建筑格局，处处体现出“京味”文化特色。老字号的非物质文化内涵更是十分丰富，拥有传统的技艺绝活和人性化的经营理念。例如马聚源重视“工精料实”，其独特的帽品制作技艺极负盛名，做帽胎的工艺十分精巧；大栅栏第一百货商场在经营上曾以自身特色闻名京城，商品种类上注重突出“专、精、全”，童叟无欺。

二是品牌产品特色突出。老字号的特色产品是企业发展的重要基石，是提高品牌知名度、美誉度的重要凭借。西城区的老字号品牌，一般都有自身的核心技术和产品，特色十分突出。如南来顺的特色小吃宴、马聚源的缨帽（官帽）和瓜皮小帽、天蕙斋的鼻烟和鼻烟壶等，都极具特色。南来顺吸收传统北京小吃制作工艺之精华，形成风味正宗的小吃体系，在北京小吃制作领域独领风骚，在漫长的发展过程中积累了沉甸甸的民俗文化，传承至今而不衰。马聚源帽店的缨帽、瓜皮小帽、将军盔等产品也很出名，钉帽疙瘩也同别家不一样，既简单又结实，像缺个点的“六”字，顾客称其为“马三针”。常戴帽子的人，一看这三针就知道是马聚源的帽子。天蕙斋制作的鼻烟，具有清脑、醒目、避瘟、祛痒、消除疲劳和正气等功能。自制的鼻烟共分10个档次；而且鼻烟壶多种多样，有多角形的扁平料壶，有各种素壶和彩绘壶。

三是品牌忠诚度高。西城区的老字号一贯重视产品的质量、经营的规范、服务的提升，在消费者中形成良好的心理认同、习俗认同和审美认同，获得很好的信誉，品牌忠诚度较高。老字号和顾客之间往往形成一定的情感维系关系，老字号所传达的品牌情感和文化能触动消费者的内心世界，而消费者对于这些老字号比较熟悉，在情感上比较认同，在精神上形成依托。马聚源从一个小帽店发展成为有名的规模较大的帽店，主要就是和品牌的忠诚度高有关。从流传京城百年的歌谣“头戴马聚源，脚踩内联升，身穿八大祥，腰缠四大恒”，即可看出马聚源的帽子在当时消费者中的影响之大。天蕙斋的鼻烟也深受顾客的喜爱，品牌忠诚度较高。在老字号兴盛之时，梨园界的很多名角都是天蕙斋鼻烟铺的老主顾，如谭鑫培、杨月楼、俞振庭、杨小楼、余叔岩、高庆奎、马连良等，和鼻烟铺关系密切，他们与天蕙斋的交往，成为无形中的企业广告。张一元拥有悠久的历史文化内涵。茶庄自建立至今已有一百多年的历史，逐渐在京城获得良好的口碑，深受老百姓的青睐，虽然后来曾经屡经波折，但是已经形成的品牌形象深入人心，老字号的魅力依旧存在（图 1）。

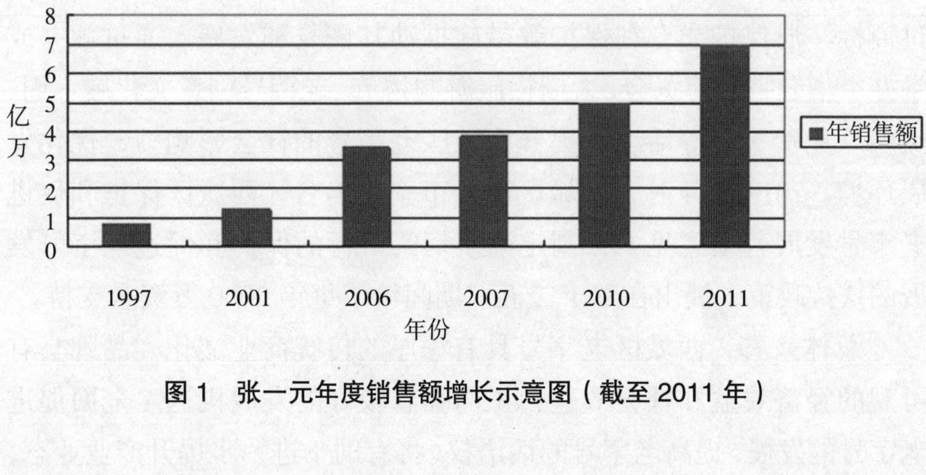


**图 1　张一元年度销售额增长示意图（截至 2011 年）**

（2）西城区老字号企业提升品牌竞争力面临的机遇。这种机遇，主要体现在如下几个方面。首先，从国家层面而言，为改变我国老字号企业经营艰难的状况，国家商务部从2006年开始在全国实施“振兴老字号工程”，制定《“中华老字号”认定规范》，陆续出台一系列保护和促进老字号发展的政策措施。2008年，商务部、发展改革委、财政部等十四部委出台《关于保护和促进老字号发展的若干意见》。2014年，商务部对老字号发展情况开展全面调查。这些都是西城区进一步做好保护和发展老字号工作的重要根据。

其次，从北京市而言，从2006年开始，北京市商务委设立老字号发展专项资金，用于支持北京老字号企业振兴，一些老字号恢复项目最高有望获得300万项目资金支持以及贴息贷款等资助。《北京市“十二五”时期中小企业发展促进规划》提出以品牌塑造为重点，振兴发展老字号和特色商贸企业的重点任务。这些都为西城区老字号的发展提供了重要的资金保障和明确的发展方向。

第三，从西城区而言，区委、区政府一贯注重引导和支持老字号企业通过产品创新和营销创新，向主题化、多元化、体验化方向发展，鼓励企业积极“走出去”，开展国际化经营，把企业做大做强。通过筹措专项资金，加大对老字号的支持。对一些濒危老字号，通过商标注册保护、专利保护等措施推动其恢复和发展。通过承办或举办中华老字号博览会、大栅栏旅游购物节、老字号创意文化展示周、琉璃厂免费鉴宝等活动，提升西城区老字号的社会影响力，优化发展环境。2013年4月，西城区在全市率先出台《西城区保护和促进老字号发展若干意见》，制定诸多切实可行的保护和促进老字号发展的扶持政策，提出在“十二五”期间给予每年2000万资金支持。

总体来看，西城区老字号具有深厚的传统商业文化，品牌具有可观的经济效益和社会效益，正面临着较好的发展机遇。全面促进老字号的发展，提高老字号的话语权，将有助于进一步提升产业业态，激发企业内在动力，优化发展环境，更好实现建设“传统风貌与现代文明融合发展的文化中心”和“国内外知名的商业中心和旅游中心”的发展目标。

3. 西城区老字号企业提升品牌竞争力面临的困境

调查发现，西城老字号在提升企业品牌竞争力方面，主要存在定位不准、挖掘不够、创新乏力以及体制机制和城市改造带来的一些问题，亟待采取有效措施，尽快加以解决。

（1）品牌定位不确切。目前，西城区许多老字号的品牌定位不够清晰，时代色彩不够鲜明。一方面，许多老字号无论在历史上还是当前，品牌的定位都比较笼统，不够确切，一些品牌甚至缺乏必要的定位。老字号往往有一些人性化的经营理念，例如瑞蚨祥的百年宗旨“至诚至上、货真价实、言无二价、童叟无欺”、张一元的茶道“人品如茶品、做茶先做人”，但这些理念并非针对特定市场需求制定的品牌定位，对于品牌在新时期的发展，缺乏更加有针对性的理念引领和形象支持。

有些老字号因为缺乏必要的定位，导致有实力的品牌产品十分匮乏。例如天蕙斋过去的品牌定位较为清晰，生产的鼻烟产品齐全，深受消费者喜爱，鼻烟壶的种类也是多种多样。但是目前经营的鼻烟十分单一，鼻烟壶的样式也很有限，面临着很大的发展难题。

一些老字号的定位不能适应时代的需求。例如马聚源在过去的品牌定位，主要是生产清政府官员所需的缨帽（官帽）和贵族富户所需的瓜皮小帽。后来随着消费市场的变化，开始生产各式帽品，产品定位逐渐模糊，缺乏自觉适应时代需求的意识，导致市场影响力大大下降。瑞蚨祥也存在这样的问题，目前品牌影响力较为有限，经营状况也不太理想。这些都反映出，一些老字号的品牌定位亟须根据市场需求进行有效的调整。

（2）品牌文化挖掘不足，品牌保护力度有待加强。西城区老字号的品牌文化内涵丰富，是老字号获得大众称赞的重要凭借，然而目前一些老字号文化内涵的挖掘力度比较有限。例如大观楼作为“中国电影诞生地”和“中国电影第一厅”，是世界上电影放映业持续经营时间最长的影院，历史文化积淀深厚。但是当前影院的经营水平和其他现代化的大影院相比，差距较大，品牌文化的挖掘和宣传工作亟须深入开展。

天蕙斋的品牌文化挖掘和利用相对滞后。过去，一提起鼻烟品牌，北京人往往就会想起天蕙斋。但是当前再不采取有效措施，抓紧对这家百年老号的文化进行整理和深度挖掘，就很可能会使这家企业彻底消失。

西城区许多老字号的品牌保护意识淡薄，品牌的法律保护不足，一些老字号至今没有注册商标或者进行域名注册，以至于在相关法律保护缺位的情况下，假冒伪劣产品众多，给老字号的发展造成很多负面影响。

（3）品牌创新乏力，品牌运作力度亟须加大。西城区许多老字号在发展过程中缺乏创新，不仅产品和工艺方面创新不足，而且在管理上也比较守旧。很多老字号的产品形象比较陈旧，仅仅依靠历史留下的声誉苦苦支撑，在琳琅满目的商品世界中显得老态龙钟。

有些老字号的工艺虽然属于独门绝技，但是由于缺乏创新，仅靠传统的手艺已无法生产足够多的商品满足市场的需求。如内联升的师傅做一双鞋需要 3 天左右的时间，工序繁杂，生产效率较低，如果不借助现代工艺手段，企业的全面发展势必受到制约。

一些老字号在管理方面因循守旧，缺乏实施现代企业管理的意识和相关制度。麦当劳、肯德基等洋快餐并非一流的美食，但是在世界上的发展速度却很惊人，这和它们的科学化经营管理关系紧密。

一些西城老字号在品牌传播以及品牌连锁、品牌购并或战略联盟等方式的运作上比较乏力，品牌市场占有率和品牌忠诚度很难大幅提升。目前除了全聚德、同仁堂等少量老字号通过连锁经营实现一定程度的规模扩张外，许多老字号无法突破原有的商业圈，无法突破小家族的有限运作模式，从而影响了自己的更大发展。

（4）体制机制僵化和城市拆迁带来的问题。除了上述面临的困境，西城区老字号的发展，还存在着管理体制运行机制僵化、发展环境遭到挤压等问题。长期以来，在计划经济体制下，老字号政企不分，行政主管部门管理权限过大，制约了老字号企业的发展活力，限制了老字号企业的发展空间，导致许多老字号的发展优势逐渐丧失。改革开放之后，许多老字号企业改制获得很大成效，但是仍有不少老字号企业没有进行合理改制，企业竞争力不足。目前有些老字号仍未形成良性发展机制，缺少自我创新的理念和能力，产品功能、类型、附加值、外观造型等都大大落后于新的名牌产品，与消费需求的差距日趋扩大。

在旧城改造过程中，西城区老字号的发展环境一定程度上遭到挤压。由于思想重视不够和利益的驱使，许多老字号在城市改造的浪潮中面临拆迁、搬迁甚至是倒闭的威胁[①]。西单大街改造，使原有的 19 家老字号从繁华闹市中消失。目前，大栅栏地区的改造，也导致一些老字号的门店转移，经营受到影响。这些应该引起有关方面的重视。

## 三、西城区老字号企业品牌竞争力的提升路径

针对上述这些问题，应该深入挖掘老字号自身的品牌优势，研究制定有效措施，以推动企业转型为目标，进一步提升西城老字号的品牌竞争力，实现百年老号的“华丽转身”。

1. 依托老字号资源优势，实施品牌发展战略

（1）确立有效的品牌战略。所谓“品牌战略”就是将品牌作为核心竞争力，以获取差别利润与价值的企业经营战略。近年来，一些意识超前的企业纷纷运用品牌战略的利器，取得竞争优势并逐渐发展壮大。例如从 2005 年开始，全聚德采取“品牌组合战略”，重组“仿膳”“丰泽园”“四川饭店”三个品牌，取得比较明显的成效，

① 张佳宁：《北京老字号竞争力 SWOT 分析》，《商场现代化》.2008（6）：202。

在市场中确立了新的竞争优势。

西城区的老字号应该进一步强化品牌意识，确立自己的品牌战略。如一些餐饮业老字号目前经营的特色小吃中，有很多在其他非老字号餐饮企业也能见到，并没有形成类似全聚德那样“独此一家，别无分号”的真正优势。这样，就无法形成自己的核心竞争力，也无法确保自己独占的市场份额。为了品牌的长远发展，亟须制定有效的品牌战略，通过多种途径提升品牌竞争力。应该在充分调研的基础上根据老字号自身优势和当前以及未来的市场需要，通过重组或者其他方式，打造独具特色的产品，对品牌进行合理定位，在做好品牌文化建设和品牌保护的基础上，通过多种途径创新和运作老字号品牌，优化老字号企业发展环境，充分展示老字号品牌的核心价值。应该重视深入研究消费者内心世界，了解购买此类产品时的主要驱动力，根据行业特征、竞争品牌的品牌联想，定位以核心价值为中心的品牌识别系统，统领企业的品牌定位和市场营销活动。

（2）以市场为导向，打造特色品牌产品。在科技高度发达、信息快速传播的今天，老字号只有通过特色产品和服务项目，在不同层次上给予消费者不同的体验，才能在市场中防止在同质化竞争中被对手模仿，保持自己的有利地位。如传统产品的制作过程，可以使消费者体味传统的社会生活；传统的服务方式，可以使消费者感受地道的京味文化；具有地方文化特点的传统工艺，对于消费者而言就更是高层次的精神之旅。

例如，百货商场已经走出以价格竞争为主要手段的低水平竞争阶段，进入以特有商品和特色服务为主要内容的市场竞争阶段，不同形式的错位竞争成为当前一个重要的竞争策略[①]。目前，大栅栏一百商场着力打造“祥益福”民族中式服装品牌，取得一定的成功。下一步，应该根据市场的需求，尝试经营新的商品，加大错位经营力度，突出自身特色，以满足更多人的消费需求。

① 洪涛：《论我国百货店业态调整、创新与发展》，《河北经贸大学学报》.2002（4）：64。

再如，马聚源也可以当资本积累到一定程度的时候，在保持原有品牌产品市场份额的情况下，经营一些新的相关产品，例如制作老少皆宜的新潮时尚帽品。再下一步，按照马聚源的规划，还可以尝试制作民族服装，逐步形成系列产品，不断拓展新的市场。

（3）确立合理品牌定位。西城区的老字号应该根据自身产品和服务的特点，以市场需求为导向，针对不同的消费者，深度开发自身资源，形成独具特色的体验营销模式，确立合理的品牌定位，有效提升品牌竞争力。

例如，马聚源就亟须在传承和发扬传统品牌文化的基础上，努力求新图变，吸引新兴消费群体，实施新的品牌定位战略，保持和发展品牌的生命力。目前，马聚源帽子的购买人群主要是老年顾客，对于年轻消费者市场的拓展不足，商品的种类不够丰富。针对这种情况，时尚商品应该逐渐成为马聚源当前发展的主要方向之一。为此，马聚源应该在挖掘老字号传统内涵的同时，根据年青人以及其他群体的消费需求特点，依靠最新科技手段，结合现代制帽工艺，将帽品、服饰、文化等元素进行整合运作，加大新工艺研发力度，不断推出新的产品，吸引更多的消费群体。

2. 以品牌文化建设促进品牌保护

（1）挖掘优质资源，加强品牌文化建设。西城区老字号历史积淀深厚，积累了丰富的文化内涵。例如六必居、马聚源这些百年老号的发展史，实际上就是它们的“文化史”。大栅栏一百的发展有起有伏，但是其承载的传统文化也从没有断绝。

当前应该深入挖掘老字号传统文化价值，一方面对老字号的资料进行搜集和整理，通过合理分类汇总企业的基础信息，深入研究老字号的历史价值、商业文化价值和审美价值，以今天的眼光给以新的“观照”；另一方面借助多种方式宣传品牌文化，如设立展览馆或者博物馆，展示老字号的历史文化、品牌特色，使更多的人“零距离”了解老字号。

在老字号品牌文化建设过程中，经营信条和行为以及传统工艺是最值得关注的方面。西城区老字号往往遵循一些成功的经营信条，养成一些良好的企业经营行为，这些都是品牌文化的重要组成部分。以“诚信”为例，它不仅是我国优秀传统文化的精华，而且是商家必不可缺的道德准则。老字号的经营信条和行为是企业文化的核心内容，在文化建设中应该得到彰显。如大栅栏一百商场应该继承并发扬自己的优良传统，以诚信作为立店之本，切实做到货真价实、童叟无欺。马聚源也应该继续传承“工精料实”的信条，讲究制帽的细节。

老字号的制作工艺是非物质文化遗产，是老字号品牌影响力的重要凭借。为了更好地促进老字号的文化建设，亟须抢救和发掘老字号优秀传统工艺技术，培养老字号传统技艺传承人才。例如张一元当前亟须做好非物质文化遗产的保护传承工作。2008 年“张一元茉莉花茶窨制工艺”被列入国家级非物质文化遗产保护名录，传统技艺类的非遗最主要的特征是“口传心授”，在发展的过程中特色技艺容易消失，而且往往具有不可再生的特点。因此，张一元应该全力保护和传承好这项非物质文化遗产，不仅要深刻理解这项配制技艺的历史、审美以及科学价值，而且要深谙其价值的珍贵。在传承人问题上，必须打破当前力量薄弱的状况，多培养一些对遗产真正关注的传承人才，以实际行动切实做好茉莉花茶窨制工艺的可持续发展工作，提升“中华老字号”的文化品牌影响力。

（2）强化法制意识，完善品牌的保护机制。国内外经验表明，法律保护是品牌保护的重要途径。目前我国还没有对字号权进行保护的专门法律，对字号的保护规定只是零散地分散在一些法律法规中。由于字号是企业名称的核心组成部分，我国对字号权的保护，更多是体现在对企业名称权的保护中。应该从立法上明确字号权的知识产权地位，使字号权得到更有力的法律保护。从国家层面而言，应当将商号权纳入知识产权法律保护体系，以《商标法》为主，结合《反不正当竞争法》《民法》《商法》以及《企业名称登记管理规定》等相关法律，形成较为全面的法律保护体系，为老字号提供全面的法律保护[①]。

由于老字号比一般商号更易被他人抢注，老字号企业必须加快进行商标、域名的注册和专利申请工作。与此同时，为了更好地保护老字号的合法权益，更有力地参与国际竞争，一些老字号应该主动与国际市场接轨，加快在国外注册的步伐。例如马聚源应该利用当前商标已在台湾和香港注册的大好机遇，借助政府与行业协会等组织的各种对外交流活动，大胆“走出去”，在欧美等国家进行注册，进一步拓展市场，扩大企业的影响力。

3. 大力推动西城区老字号企业品牌的创新和运作

（1）从多个层面推动品牌创新。品牌的创新，主要包括产品创新、管理创新等。就产品创新而言，西城区的老字号应该适时推出具有新功能、新结构、新外观的产品，以更好地满足不同顾客的需求。

产品细微的变动，就可能给消费者带来很大便捷，加深消费者对产品的好印象。例如南来顺的很多菜品，虽然在历史上具有较强的影响力，但是随着市场竞争加剧和人们在饮食方面口味的变化，食客对菜品特色和品质的要求越来越高。不仅希望“与众不同”，而且希望“能尝到上次的味道”。对以特色菜品为主打的南来顺来说，尤其需要做好核心菜品的标准化工作，严控原材料质量，定量化加工过程。不同的原材料和复杂的工艺流程会影响到南来顺小吃或者菜品的味道。尤其是不同的厨师做的菜味道往往有所不同，不同的火候制作的小吃味道也会有变化。因此南来顺应该深入研究菜品的独特之处，通过科学定量的方式确定原材料、加工过程以及最终产品，确保特色小吃或者菜品的色香味稳定，这样才能在保持产品特色的基础上提升老字号的影响力和竞争力。

再如，鼻烟作为一种闻品，在过去很有市场，但是目前已经很

① 陈小蓉：《我国“老字号”法律保护制度研究》. 华侨大学硕士学位论文.2006.40。

少人喜欢了。目前的古玩市场较火，而且人们往往喜欢直观的精美商品，鼻烟壶在一定程度上能够满足这方面的需要。因此，天蕙斋应该以鼻烟壶为核心，精心设计各式样式的相关产品。除了推出具有收藏价值的产品外，还可以借鉴台北故宫的鼻烟壶旅游产品设计成功经验，设计出时尚、新颖、个性化十足的鼻烟壶产品，注重在形状、颜色以及质地上做好文章，以吸引更广、更多的爱好者。鼻烟壶本身的使用价值有限，但是相关产品的观赏价值却不容忽视。总之，天蕙斋应该结合大栅栏历史街区的旅游优势，根据旅游产品视觉和意觉方面的设计特点，推出具有观赏性和老字号文化内涵的鼻烟壶新产品

老字号产品创新的一个重要途径，是实施标准化策略。为此，一方面需要做好产品品质标准化，重点控制两个环节：一是原材料质量关。要坚持从质量、技术、财务、可靠性、沟通等方面对供应商进行评估，从源头上控制产品质量。二是工艺规格关。科学研究产品制作的特色工艺，提高标准化程度，借助现代化设备进行生产，有利于提高产品的吸引力和产量，提升品牌的竞争力。例如南来顺的很多小吃，具有自身的特色工艺，如果能够进一步标准化，确定一定的规格，将有助于提高特色菜品的知名度和企业的影响力。

对于茶类老字号而言，标准化建设同样是一项非常重要的任务。以张一元老字号为例，其以质量取胜的传统在行业影响很大。为了更好地坚守“货真价实”的企业理念，企业亟须进一步完善标准，把茶叶的产前、产中、产后纳入标准生产和管理的轨道，确保茶产品的质量。张一元可以在国家和行业标准的基础上，以人为本，制定企业自身的较为完善的产品标准。除了重视茶叶的产地外，还应该配备标准较高的制作、包装以及冷藏等产品加工设备，尤其要切实做好茶叶的检测工作。微量农药和重金属残留检测目前在茶叶检测领域是一项非常困难的工作，欧盟和日本有一些值得借鉴的做法。如欧盟关于茶叶残留二臻磷、滴丁酸等农药的最高限量（MRL）标

准不断加严，日本关于茶叶残留农药的限制种类不断增加，这些都有利于提高茶叶的质量。张一元如果能够借鉴这些做法，通过人才引进、仪器更新等方式，全面克服微量农药和重金属残留这个难题，势必可以更好提升老字号的品牌知名度，在茶叶标准化领域做出真正的表率。

另一方面需要做好服务质量的标准化。要进一步认识企业产品与企业服务内在的联系，强化相关制度建设，提高员工综合素质，自觉把服务作为产品质量的延伸，时刻让顾客感受到服务员的热情礼貌和周到服务，充分体验到被尊重的感觉。

在创新企业管理方面，老字号应该积极吸取国际知名企业的发展经验，统一经营理念，增强团队聚合力，寻求适应企业发展的员工，不断强化教育与培训，建立完善的考核体系。就当前而言，老字号应根据企业的实际情况，制定合理的奖励和处罚制度、公平的考核制度和晋升机制，形成良性公平竞争态势，增强员工的忠诚度和向心力。建立健全激励措施，改善工作环境，有效制止企业员工的流失问题。企业的管理者应提高自身素质，建立健全民主决策机制，在调查研究和科学评估的基础上合理决策，避免因管理者个人素质等因素影响企业的形象。应该经常举办多种形式的宣讲活动，由高层管理人士或企业内部人员担任讲师，宣讲取得的工作成绩，传达未来的工作目标，以此鼓舞士气，强化群策群力意识，增强团队的合作力及凝聚力。

应该积极推进学习型组织建设，建立起崇尚学习的文化，自由充分交流共享信息，提高员工的学习力和创造力，推动老字号赶上经济发展的步伐。

总之，西城区的老字号应该认真总结自身经营管理的成功经验，按照市场经济发展的需要，大力推动企业管理的系列化、规范化和制度化，使企业经营的方方面面都与现代企业制度接轨，以管理水平的提升和营销策略的优化确保企业的长远发展。

（2）借鉴当代经营理念，提高品牌运作成效。长期以来，老字号主要凭借口头传播建立声誉。面对当今快速的信息流和广阔的商业圈，这种口头的传播方式限制了品牌传播的速度和广度。许多老字号企业一般都属于地域性品牌，出了自己的“地盘”，就基本上没人知道了，极大地限制了企业的发展。因此，随着市场范围的不断扩大，必须加大品牌运作、传播力度，建立并不断提高品牌的社会知名度。

合理利用大数据。应该注重借助客户、市场以及运营方面的大数据，进行客户分类和产品市场定位，最终保证产品运营的顺畅、高效（图2）。

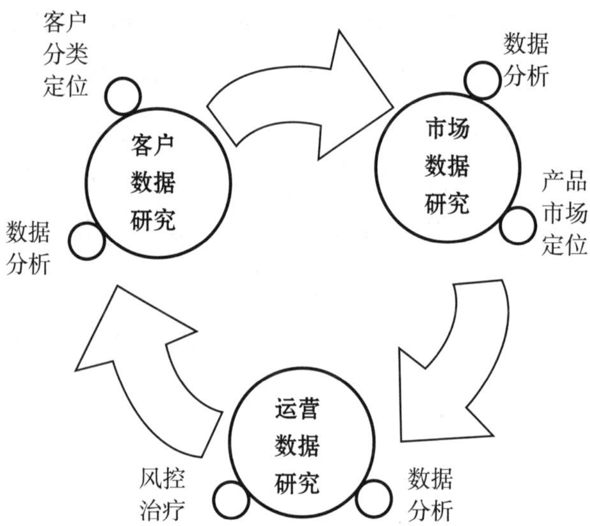


**图2　西城区老字号借助大数据进行品牌产品运营路径示意图**

例如张一元目前一方面需要收集和分析茶产品销售大环境下的客户和市场数据，获取和研究竞争对手的产品和促销信息；另一方面借助张一元店铺的产品畅滞销程度、销售生命周期等方面的数据，分析自身的销售运营状况，并借助店铺之间的合理对比，充分掌握员工的销售能力和顾客的消费特点，为企业产品的市场定位和有效运营夯实信息基础。就张一元销售实体店和网店之间的冲突而言，也需要综合对比分析各项数据，通过研究不同消费群体的消费特点制定不同的发展策略。如年轻人往往热衷网购，张一元可以借助网上的销售数据掌握其消费的特点，加强与网络销售平台之间的全面合作，这将是进一步推动张一元品牌市场运作的重要途径。

大力实施连锁经营。连锁经营是老字号发展的重要途径，有利于拓展品牌的市场空间。无论是国外诸如麦当劳、肯德基等著名企业，还是国内的诸如同仁堂、全聚德等老字号企业，在企业连锁经营方面都有比较成功的经验，取得了显著的经济效益。西城区很多老字号本身具有一定的品牌影响力，但是连锁经营力度不够，企业的规模很难扩大，市场拓展受到限制。

因此，老字号当前亟须在运行规划中做好连锁经营方面的设计，把握连锁经营发展的大趋势，深度开发自身的历史文化优势，利用连锁激励机制，吸取不愿承担大量风险的各方民营企业进行当地投资，拓展品牌的市场空间。通过不断发展连锁店或企业，不断拓展发展规模。适应现代经营方式需要，完善各项内部管理，提升管理层和员工队伍的经营管理能力，逐渐形成良好的连锁经营态势，提高企业的市场竞争能力，进一步发展壮大自己。

积极搭建老字号推介平台，扩大老字号产品市场份额。利用展会、文化活动、互联网、广告等手段，加大宣传推介力度，拓展消费者市场。一是举办形式多样的展示活动。启动“老字号文化巡展”，在社区、郊区等区域举办图片展览、技艺表演、文化交流等活动，扩大老字号的市场影响。二是利用信息技术，开辟销售新渠道。例如大观楼可以开通“大观楼老字号网店”，加大影票和特色纪念品的网上销售力度，借助北京新影联的销售渠道，扩大销售市场。三是成立相关协会，吸引更多的消费者。例如大观楼可以借助影迷协会发行大观楼影迷消费卡，对持卡消费的顾客提供价格折扣优惠，以优质的服务促进老字号企业的进一步发展。四是重视广告的作用，加大宣传的力度。2003 年，马聚源和瑞蚨祥、荣宝斋、同仁堂等京城其他老字号一同到台湾，举办“京味文化之旅”巡展，得到台湾民众的热烈欢迎，就是一次比较成功的宣传。2008 年 11 月份，马聚源到香港参加一年一度的京港贸易洽谈会，同样收获很大。总之，老字号应该借助多种方式，更加积极地融入当代时尚消费潮流，大力宣传民族品牌，传播中华传统文化。

根据老字号自身经营特色，选择合适的运作方式。例如面对激烈的市场竞争，大栅栏一百商场应该调整业态结构模式，采取“三合一”的混合业态创新模式，即百货店、超市、网上商店紧密结合，利用电子商务多渠道扩大营销，提升影响力，拓展市场。要充分发挥现代信息技术对零售业创新的重要作用，全面提升零售企业信息化水平。要主动导入博客、微博客、微信、二维码、掌上商城等新的信息化技术手段，适时建立起网上交易平台，满足现代消费者电子购物的欲望。天蕙斋则可以借助大栅栏的商业文化活动充分展示自己的老字号魅力，一方面销售精美的鼻烟壶产品和优质的鼻烟产品，吸引旅游者的注意力，另一方面通过宣传册、网站或者其他媒体扩大自身的影响。

4．优化老字号企业发展环境

（1）深化老字号企业体制改革。应该加快企业产权制度改革步伐，全面推行股份制，使老字号成为真正的市场主体。西城区的一些老字号产权不太清晰，国有股独大现象普遍，企业的活力有限，产权多元化亟待新的发展。当前亟须鼓励主要经营者的积极性，提高经营者或者原家族传人的股份额，支持有条件的老字号上市，提升企业竞争力。减少国有资本份额，鼓励民间资本参股、控股老字号企业，扩大老字号发展的路径选择。

（2）加大政府引导扶持力度。应该加大政府对老字号的资金支持力度，鼓励企业加盟，加大社会资金的融资力度，建立老字号发展基金。为老字号的发展和改造提供优惠贷款或贷款贴息，用以解决当前老字号在结构调整、产品开发和市场扩张中遇到的资金困难。为老字号的发展提供经营门店或者财政税收等方面的便利条件[①]。由西城区政府相关部门联合私营个体经济协会，成立“西城区老字号发展促进委员会”，借助专家和相关团体的力量，促进老字号的发展。

（3）借用“他山之石”，促进自身发展。西城区老字号应根据新的市场环境和竞争格局，主动学习、借鉴国外先进经验。近年来，国外商业企业加快创新步伐，出现不少成功案例，值得西城的老字号借鉴。如以销售为主的大栅栏一百商场，在服务创新方面，可以学习借鉴美国零售商 Target 的做法，通过会员卡等手段积累大量的用户数据、信息，对顾客进行精细化分层；在战略创新方面，以沃尔玛为借鉴，将品牌战略从“总是低价”调整为“更多省钱、更优生活”；在人力资源创新方面，为能力卓越的管理者提供内部创业机会。

以休闲娱乐为主的老字号，也可以学习国外的经验，不断提升休闲的环境和服务质量，吸引消费者。如美国俄勒冈州波特兰的巴格达老字号电影院，在保留建筑原有风格的同时，增添了一些以神话人物为内容的壁画、闪闪发光的天花板和镶嵌工艺。在这里，顾客可以享受精美的食物，品尝别具风情的“巴格达麦芽酒”，收到很好效果。以中国第一部国产影片首映地和第一部国产立体影片首映地闻名于世的大观楼影院，在装修和餐饮方面，就应该学习国外的经验，结合地区文化特点，增添特色装饰和精美食品。

总之，西城区的老字号，要在商品、服务、价格、沟通、店铺、供应链管理、财务管理、人力资源管理、技术、品牌和战略等方面适度借鉴国外的经验，充实和完善整体发展战略，提升企业的发展品质。

① “北京老字号发展研究”课题组：《北京市老字号的发展现状及对策研究》，《北京行政学院学报》.2004（3）：44。

## 参考文献

1. 吴舒丹 . 提高北京商业老字号的品牌实力 [J]. 北京联合大学学报 .2003（1）：118-122.

2. 北京市西城区商务委员会 . 北京西城老字号：弘扬传统商业文化·发展中国生活方式 [EB/OL]. 北京市西城区商务委员会网站 .[2012-6-5].http：//sww.bjxch.gov.cn/XCSWWxxxsh.ycs？ GUID=521970.

3. 我区出台新政策，着力保护促进老字号 [EB/OL]. 西城区人民政府网站 .[2012-2-27].http：//www.bjxch.gov.cn//XICzxss/XICzxssxq.ycs ？GUID=12322&MAINKEY= 着力保护促进老字号发展 .

4. 张佳宁 . 北京老字号竞争力 SWOT 分析 [J]. 商场现代化 .2008（6）：202.

5. 洪涛 . 论我国百货店业态调整、创新与发展 [J]. 河北经贸大学学报 .2002（4）：64.

6. 陈小蓉 . 我国“老字号”法律保护制度研究 [D]. 华侨大学硕士学位论文 .2006.40.

7. “北京老字号发展研究”课题组 . 北京市老字号的发展现状及对策研究 [J]. 北京行政学院学报 .2004（3）：44.

### 作者简介

课题负责人：朱永杰，北京联合大学副研究员，主要研究方向为北京学。

课题参与人：吴承忠，对外经济贸易大学教授。

王长松，对外经济贸易大学副教授。

林玉军，清华大学副教授。

刘剑刚，北京联合大学讲师。

# 认知度、影响力、发展性：西城区老字号品牌辐射力研究

冯雪利　许赤瑜

【内容摘要】随着经济的快速发展，各种洋品牌、新品牌大量注入，老字号经营面对很大的生存挑战，除了少数几个老字号品牌重焕青春外，很多老字号逐步走向衰退。我们根据调查问卷和现场调查提供的数据，对西城老字号的认知度、影响力进行对比分析，了解老字号的生存现状，探寻提高老字号品牌辐射力的振兴之路。

【关键词】老字号　品牌　辐射力

老字号因其“老”而蕴藏着丰富的文化底蕴，是商业文化的重要载体，具有很高的历史文化价值和经济价值。西城区是老字号的主要集聚区。据西城区有关部门统计，目前西城有 95 家老字号，占北京市老字号总量的 50% 以上。其中，商务部认定的“中华老字号”54 家，约占全市的 46%；百年以上的老字号店铺 41 家，鹤年堂等老字号的历史更是悠久，传承时间长达数百年。

老字号有过辉煌的历史，但近年来随着市场竞争的日趋激烈、人们生活的改变、经营不善等原因，老字号的经营出现分化。有的老字号能够适应市场发展，已经成为北京的名片和文化品牌，如同仁堂、全聚德等，但也有许多老字号面临着生存与发展危机。据西城区商务委 2012 年调查，西城区现存老字号中，20% 的企业经营状况良好；60%–70% 的企业经营状况一般，但能自给自足；10% 至

20% 的企业经营困难，难以为继。此外，还有八九十家历史上曾经一度辉煌的老字号，已经从人们的视野里消失。

调查表明，老字号经营现状不容乐观，如果不及时改善，一些老品牌很可能会在激烈的市场竞争中走向消失。

本文以西城区现存老字号群体为研究对象，使用结构式问卷为研究工具，着重围绕老字号品牌的辐射和影响状况，从老字号的认知状况、购买老字号产品情况、老字号的优势和劣势等不同方面进行调查分析，提出老字号突破发展困境、更好地发挥品牌影响的对策性建议。

## 一、调查范围和调查方式

本文的调查对象，分为北京居民和非北京居民两大部分。非北京居民主要是外来务工人员、来京旅游人员等短期在京人员，另外还有外籍人士，即在京定居的外国人和初来北京及来北京旅游的外国人。对中国籍消费者，主要采取开放式网络问卷为主、现场调查为辅的调查方式，共收到有效问卷 245 份；对外籍人士，主要采取现场调查为主，共收到有效问卷 80 份。两个群体共 325 人，其中，男性占 53%，女性占 47%，性别差异对老字号认知的影响不显著。

参与本次问卷调查的中国籍人士中，20–40 岁的群体最多，占 92%，外籍人士也多集中在这个年龄阶段。调查发现，年龄对老字号的认知存在正相关，即年龄大小对老字号的认知和消费存在正比关系。另外，在京居住时间长短，也是影响其对西城区老字号认知的一个重要因素。

调查发现，北京居民是经常性购买老字号产品的重要消费人群，而非北京居民则是偶然性购买老字号产品的重要人群。北京作为一个包容性很强的国际大都市，流动人口基数大，是老字号消费的一个重要群体，其对老字号的认知，对老字号的影响力有很强的关联性，对老字号的发展具有重要的作用。

调查显示，不同的人群对老字号的认知存在一定的差异。本文围绕不同人群对西城区老字号的认知状况，进行分类调查，力图为老字号做好市场定位、制定发展策略提供借鉴意义。

## 二、认知度和影响力调查

本次调查，主要围绕消费者对老字号的认知状况、老字号的传播途径、消费途径等问题进行，重点探讨西城老字号的认知度和影响力。

1．西城区现存老字号认知情况

本次调查以西城区餐饮小吃、食品加工、茶叶、医药、服装加工、文化、百货等 7 类 50 多家老字号企业作为选择对象，重点调查其在消费者心中的影响力。

调查发现，影响力最大的是餐饮类、医药类和食品加工类。餐饮类影响力最高的是全聚德，尤其在外籍人士中，全聚德的影响力更为显著；而在光顾过的店铺中，则以庆丰包子铺最多，占 61%。

医药类中影响力最大的是同仁堂，在中国籍人士中更为显著，而在外籍人士中的影响力相对较小。

其他如食品加工、茶叶、服装加工、文化、百货等，相对餐饮和医药的影响力要小。

2．老字号认知的首选元素

| 选项 | 商标 | 产品 | 文化 | 包装 | 广告 | 代言人 |
|---|---|---|---|---|---|---|
| 比例 | 61% | 42% | 37% | 27% | 12% | 3% |

人们对老字号的感受，主要体现在老字号的商标、产品本身和产品附带的文化信息。商标最为显著，提到老字号，61% 的人会首先想到其商标（匾额等）。代言人的相关度最低，提到老字号，能联想到代言人的只有 3%（见上表）。

3. 认识老字号的途径

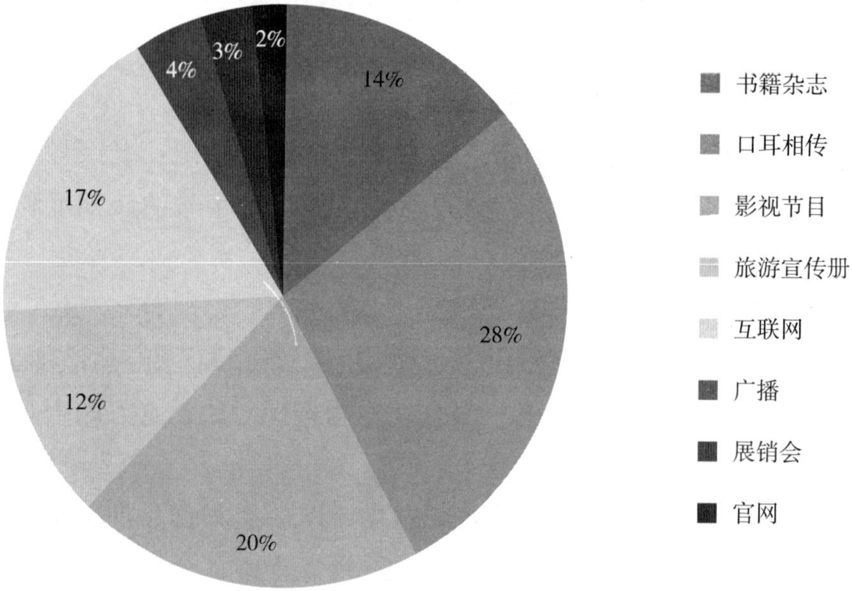


调查显示，中国人士对老字号的主要认知途径是口口相传，占28%；其次是影视节目，占20%；再次是互联网，占17%。总体来看，大部分人是通过电视、杂志、互联网等媒体广告的方式接触老字号的。北京的常住居民更多是口耳相传，但他们也通过媒体接触老字号。外国人的认知途径相对单一，主要是口耳相传、旅游宣传册，口口相传主要是通过老师朋友获得，尤其对留学生来说，最主要的认知途径来自于课堂和身边的朋友们（见上图）。

4. 购买老字号产品的途径

| 购买途径 | 专营店 | 超市 | 旅游景点 | 商场 | 商业街 | 网络 |
|---|---|---|---|---|---|---|
| 比例 | 63% | 39% | 24% | 24% | 23% | 6% |

调查显示，老字号产品的主要购买途径是专营店，占63%；其次为超市，占39%。作为久居北京人的主要选择途径，专营店和超

市是建立老字号品牌忠诚度的主要途径。

商场、旅游景点、商业街也是老字号产品的主要购买途径，尤其是来京旅游或短暂学习者的主要购买途径，而京籍人士基本不在这几个地方购买老字号产品。

尽管只有6%的消费者采用网络购买老字号产品，但是作为新兴的消费方式，网络消费还是不可忽视的，存在巨大的发展空间（见上表）。

5．老字号的认知和消费状况

| 选项 | 了解 | 消费 | 选项 | 了解 | 消费 |
|---|---|---|---|---|---|
| 全聚德 | 94% | 58% | 便宜坊 | 20% | 16% |
| 烤肉季 | 33% | 24% | 鸿宾楼 | 17% | 7% |
| 砂锅居 | 25% | 14% | 庆丰包子 | 64% | 61% |
| 王致和 | 71% | 38% | 六必居 | 58% | 29% |
| 天福号 | 35% | 26% | 张一元茶庄 | 48% | 34% |
| 同仁堂 | 90% | 83% | 鹤年堂 | 20% | 18% |
| 瑞蚨祥 | 34% | 10% | | | |

调查显示，对西城区老字号的认知，存在显著差异。我们在调查问卷中列举了餐饮、食品、医药、茶叶、服饰、文化、百货7种类型50多家老字号品牌，以了解消费者对各类老字号的认知状况。调查发现，消费者更习惯于光顾餐饮类老字号，占60%；其次是食品，占58%；再次是医药用品，占52%；服饰加工类较少，仅占10%。

对老字号的具体认知状况，差距更为悬殊。在餐饮类中，对全聚德的认知度最高，占94%，无论京籍还是非京籍，中国人还是外国人，几乎是每个人都知道全聚德；在医药类中，对同仁堂的认知度最高，占90%，值得注意的是在京外国人对同仁堂的认知相对较低（见上表）。

另一方面，在同类老字号的相关类型对比中发现，同为百年烤鸭老店，便宜坊的认知度明显低于全聚德；同为医药老字号，鹤年堂的认知度明显低于同仁堂。

通过对比老字号的认知度和实际消费情况，我们发现认知度和实际消费购买还存在一定的差距。但是庆丰包子铺的认知和实际购买差异微小，基本上了解庆丰包子的受访者都曾有过购买经历。

就消费者年龄层次而言，对老字号的认知和喜好程度与年龄有关，随着年龄的增长，认知状况和消费情况都会增加，这一点在京籍人士中表现尤为显著。

6．优先选择老字号的原因

| 选择老字号的原因 | 比率 | 选择老字号的原因 | 比率 |
|---|---|---|---|
| 良好的信誉 | 80% | 产品质量上乘 | 78% |
| 传承民族文化 | 65% | 悠久的历史 | 65% |
| 独特的制作工艺 | 52% | 带有地域特色 | 48% |
| 传统的经营方式 | 25% | 其他 | 5% |

调查显示，老字号的优势，主要表现在人们对老字号的信任。这种信任重点表现在良好的信誉、质量上乘、悠久的历史文化等方面，尤其是良好的信誉，是大家首选老字号的原因，这在京籍人士中表现更为显著。另外，老字号表现出的鲜明文化特色和悠久历史传承等因素尤其是文化因素，也是在京外国人和非京籍人士选择老字号的重要原因，他们的选择主要为体验式消费（见上表）。

进一步研究发现，经常光顾老字号、购买老字号产品的消费者，更加重视老字号“良好的信誉”“产品质量上乘”“拥有秘方和绝活”“传统的制作工艺”等方面的特质。而这几方面恰恰也是北京居民的认同率比非北京居民高出较多的部分，表明老字号的使用程度与消费者所在的地域有着非常大的关联。

7．老字号存在的问题

| 选项 | 比例 | 选项 | 比例 |
|---|---|---|---|
| 宣传力度小 | 51% | 品种单一、老旧 | 48% |
| 运营模式老旧 | 46% | 网点太少 | 42% |
| 服务质量有待提高 | 37% | 价格高 | 37% |
| 包装差 | 24% | 生产能力低下 | 11% |

调查显示，品种单一、运营模式陈旧、价格因素和购买地点不方便，是大家不选择老字号的重要原因；同时，服务不周到等也是制约人们选择的重要因素。

8. 冲击老字号发展的因素

在市场化经营的环境之中，老字号受到各种因素的冲击。关于“导致老字号受冲击的最重要因素”，56% 的受访者认为是“国际品牌的进入”，52% 的受访者认为是“假冒伪劣产品充斥市场”，49% 的受访者认为是“老字号自身机制的制约”，33% 的受访者认为是“国内新品牌的崛起”，31% 的受访者认为是“大众消费理念的转变”。

根据上述调查，我们能对老字号认知途径、品牌认知状况、消费老字号产品的途径以及老字号存在的优势、劣势等情况，获得一个客观的认识，并据以对老字号的发展壮大提出思路性意见。

## 三、调查对比分析

调查显示，同种类的老字号在人们的认知和消费状况中存在显著差异，比如同为餐饮业中华老字号的全聚德烤鸭和便宜坊烤鸭，差异就比较显著；都是百年中药老店同仁堂和鹤年堂，它们之间的差异也十分明显。通过对比分析，找出其差异之处，可以为老字号的经营发展提供借鉴。

1. 全聚德和便宜坊

（1）全聚德的成长史

全聚德创建于清同治三年（1864 年），经过不断创新发展，形成以独具特色的全聚德烤鸭为龙头，集“全鸭席”和 400 多道特色菜品于一体的全聚德菜系。周恩来总理曾多次把全聚德“全鸭席”选为国宴。1993 年，中国北京全聚德集团成立；1994 年，由全聚德集团等 6 家企业发起设立北京全聚德烤鸭股份有限公司；2003 年，与北京华天饮食集团共同组建聚德华天控股有限公司；2004 年，与首旅集团、新燕莎集团实现战略重组，仿膳饭庄、丰泽园饭店、四川饭店进入全聚德集团，组建中国全聚德（集团）股份有限公司；2007 年，“全聚德”在深交所挂牌上市。集团公司营业收入从 2007 年的 9.16 亿元增至 2012 年的 19.44 亿元，增长 112.23%；实现利润总额从 2007 年的 1.02 亿元增至 2012 年的 2.16 亿元，增长 111.76%；净利润从 2007 年的 0.63 亿元增至 2012 年的 1.66 亿元，增长 163.49%。全聚德集团成立以来，年销售烤鸭 600 余万只，接待宾客 750 万人次，品牌价值 118.72 亿元。

全聚德集团先后被中央文明办、全国总工会、国家商务部、国家质检总局、中国商业联合会等单位授予“全国文明行业示范点”“全国五一劳动奖状”“全国质量管理先进企业”“国际餐饮名店”“国际质量金星奖、白金奖和钻石奖”“国际美食质量金奖”“全国商业质量管理奖”“中国十大文化品牌”“中国餐饮十佳企业”“中国最具竞争力的大企业集团”“北京十大影响力企业”和“北京城市名片”等荣誉①。通过这些，我们可以看出全聚德不断发展壮大，在众多中华老字号餐饮企业中脱颖而出，成为老字号餐饮的领头羊，甚至成为中国餐饮业的十大龙头品牌，众口皆碑。

（2）全聚德与其他老字号

全聚德建于清同治年间；而便宜坊则建于明朝。同为北京城内中华老字号企业，但人们对全聚德的认知度高达 94%，而对便宜坊的认知度只有 20%。这里，我们着重从产品、品牌、营销模式等方面分析两者之间的差异。

1）产品战略比较。全聚德是挂炉烤鸭的招牌，便宜坊是焖炉烤鸭的代表。二者的区别，主要表现在这样几个方面：首先是燃料不同。挂炉没有炉门，用枣木、梨木等果木为燃料，考好的鸭子有浓浓的果木香；焖炉有炉门，用秫秸为燃料。其次是烤法不同。挂炉烤制是以果木为燃料的明火，鸭子入炉后用挑杆有规律地调换位置，

① 见全聚德官网：http：//www.quanjude.com.cn/firstPage/goaccess.do？firmId=1&pModuleId=cb1ebd493d234057b7983f17a8590dfe。

使鸭子受热均匀；焖炉的特点是不见明火，将烤炉内壁烧一定温度后降火熄灭，然后将鸭子放入烤炉内，全凭炉壁的热力将鸭子烘熟，中间不打开炉门，不转动鸭身。再次是口感不同。因为烤制方法不同，挂炉烤鸭受热均匀，火力强烈，烤成的鸭子皮脆肉嫩；焖炉烤鸭火力文而不烈，空气湿度大，耗油量小，“鸭脯像刚蒸得的馒头一样，很暄腾”。

全聚德与便宜坊都传承了先人留下的制作工艺，两种制法各有特色，经过几百年的传承，形成自己独特的风味。但是，纵观两个中华老字号的发展历程，会发现全聚德在近二百年的发展历史中，不断推陈出新，改进已有菜品，以迎合不同地区的口味，更能得到大众的认可；而便宜坊则固守六百多年的传承，一直沉淀在自身悠久的历史之中，发展变化相对不大。

通过对比调查大众点评网等网站上的点评发现，全聚德的菜品口味评价胜于便宜坊。便宜坊的闷炉烤鸭已被许多网友普遍反映过于油腻，而全聚德则积极改进，采用数字化全自动烤炉，口味变好了，菜品质量也更容易掌控，因而更容易得到大众的认可。尽管便宜坊最近也在尝试推陈出新，研制开发“花香酥”“蔬香酥”和“傲韵烤鸭”等新菜品，但要取得市场的认可，显然还有很长的路要走。

老字号的传统做法虽历史悠久，得到了大家的喜爱，但随着时代的迁移，消费市场也在不断发展变化。如果老字号一味坚持传统工艺，产品改良甚小，甚至“倚老卖老”，将有可能流失新一代的消费者，不利于企业长期发展。

2）品牌战略比较。非北京常住居民消费者来北京，都会去品尝北京烤鸭代表——全聚德烤鸭。全聚德烤鸭已经成为北京烤鸭的代名词，甚至成为北京旅游的代名词，成为北京的文化名片，成为北京老字号的金字招牌，形成了品牌优势。调查显示，51% 的消费者都是慕名而来。足见全聚德品牌战略的成功。

对于“老字号”企业而言，品牌是立身之本。全聚德在塑造品牌上耗费了大量心思，倾注了许多心血。全聚德的品牌战略，主要包括两个方面：一是注重发挥老字号优势。积极注册商标，以全聚德烤鸭为基础，涉及使用全聚德商标的25类近百种商品类商标，形成“防御商标”，使得其品牌价值受到法律保护。二是注重战略宣传。持续在各种传媒上进行广告宣传，使其“国宴”形象日益深入人心；建立自己的网站，与时代接轨，让消费者更直观地了解企业和产品；编排话剧、出版书籍，宣扬百年老店的文化和产品；积极赞助世博会，参与诸多公益活动，自觉履行企业的社会责任，使得全聚德烤鸭美名远播海外，成为中外游客来京必尝的美味。2005年世界品牌实验室评估全聚德品牌价值为106.34亿元人民币，表明全聚德已成为现代社会的金字招牌，有很大的影响力。

相对而言，便宜坊在品牌塑造上虽然也采取了一些措施，但是力度、强度和广度都远远赶不上全聚德，效果也不够明显。

两者对比，我们可以看出，老字号首先要建立起品牌意识。要学会利用法律的手段保护自己的商标专利，以免被伪劣产品损毁自己的品牌，也避免在异地扩张时遭遇商标被抢注等尴尬境地。同时，老字号要加强品牌塑造。老字号有着天然的品牌优势，但很多老字号企业并没有采用多样营销手段来塑造品牌，仍然停留于现有优势，因此在规模和知名度上远远比不上全聚德。很多老字号的影响力只局限于北京地区，甚至是店面周边范围。在现代经营中，老字号还需要采用更多的营销手段，发扬自身传统，塑造特色品牌，加强社会认知。

3）营销战略比较。如今，全聚德旗下汇聚仿膳饭庄、丰泽园饭店、四川饭店等众多老字号。2007年，全聚德得到国家支持，成功上市，进一步探索“老字号”向现代化企业转型的有效路径。此次上市，不仅募集了大量发展资金，更借此改革了管理机制、财务制度，为全聚德持续发展奠定了坚实基础。今天的全聚德，已经形成比较成熟的集团化经营管理模式。

反观便宜坊，在适应市场需要，实行集团化经营、上市管理等方面，还有很长的路要走。如今，便宜坊旗下也拥有便宜坊烤鸭店、都一处烧麦馆、壹条龙饭庄、功德林素菜饭庄、锦芳小吃店等10家老字号餐饮品牌。在经营与管理上，为了加强统筹协调，使各个品牌汇成发展合力，便宜坊集团正在尝试将简单的产品推销逐步发展为品牌营销。2011年初，集团结合所辖各品牌特色及发展态势，确定“4+2”的经营发展模式，争取2015年成功上市。

一家店面的经营能力是有限的，要想发挥老字号无形资产的优势，提高自己接待顾客的能力，实行连锁化经营势在必行。全聚德与不少餐饮老字号也在尝试连锁经营，在这条备受质疑的路上，全聚德走得更早、更稳健。全聚德在开设直营店的同时，凭借品牌优势吸引大批加盟店，走出北京，走出国门。实行标准化管理，公司倾向一体化，各种必备原料都是自己生产、自己配送，确保加盟店的品质如同直营店，真正发挥连锁经营的优势。连锁化并不仅仅是多开分店，更重要的是拓宽市场，如果因为分店品质不佳而败坏了品牌，反而得不偿失。为此，全聚德在连锁化中实施标准化管理，对于餐饮业这种产品差异化明显的行业中的老字号，更有启示意义。

营销战略成功与否，直接关系到企业的生死存亡。全聚德在营销上的成功，是众多老字号的学习典范，也影响着越来越多的老字号企业走上这条道路。

2. 同仁堂和鹤年堂

一般认为，影响企业资源配置和经营业绩的主要有两只手，也是我们常说的两只手：一只是“看不见的手”——“市场”，另一只是“看得见的手”——“政府”。我们从全聚德和便宜坊的发展轨迹中，能清晰地看到“市场”在指导企业发展过程中的重要作用，包括确定和实施企业产品战略、品牌战略和营销战略等。下面，我们以鹤年堂和同仁堂为例，探索“政府”的重要作用。

鹤年堂始建于明永乐三年（1405年）前后，最初由元末明初最著名的回回诗人、养生大家丁鹤年创立，是中国现存年代最久远的、从事中医药养生的药铺之一。同仁堂创办于清康熙年间，确切年代已无法考证，但应该不晚于1669年。经过300余年的发展，目前已发展成为跨国经营的大型国有企业同仁堂集团公司，拥有境内、外两家上市公司，连锁门店、各地分店和遍布各大商场的店中店600余家，海外合资公司、门店20家，遍布21个国家和地区，产品行销40多个国家和地区。

鹤年堂和同仁堂都是延续了几百年的中华老字号医药企业，但在调查中大家对它们的认知却出现了很大的差距。

据研究，在两家中药老字号企业发展中，企业与政府的关系对他们有较大的影响。有人考察了同仁堂和鹤年堂两家企业在20世纪50至70年代（公私合营至“文化大革命”期间）与政府的关系，着重分析了20世纪80年代以来市场转型过程中政企关系对两家企业产生的影响，指出最近30多年来在中国经济社会发生巨大变迁与转型的背景下，由于老字号企业与政府的不同“庇护”关系，老字号企业自身的变化与其所承载的商业传统之间存在着不同状态。在“文化大革命”期间，曾经出现短暂的“断裂”；20世纪80年代以来的市场转型，使两者的关系表面上是“非连续的”，实际上老字号企业自身的变化，是在其所承载的商业传统上出现“市场转型”或者“现代化”，形成“新传统”。由此得出两家企业与政府的不同关系模式：同仁堂是“强关系——强发展”；鹤年堂是“弱关系——弱发展”。由此可以看出，同样是国有老字号企业，由于鹤年堂和同仁堂与政府存在不同的关系模式，政府对其监管方式也有所不同，并因此导致两者发展的不均衡。具体来看，在各种资源和资金的分配、占有和获取中，鹤年堂远不如同仁堂，导致两者的发展出现较大差别。

由此我们看到，全聚德和便宜坊、同仁堂和鹤年堂的经营发展，与政府这只“看得见的手”的关系差异，以及带来的政府扶持力度不同，是影响其发展的一个非常重要的因素。企业得到政府资金、政策以及宣传等方面扶持的差异，是影响企业知名度和能否做大做强的一个重要因素。

## 四、研究结论与对策建议

### （一）老字号的品牌辐射力存在双重性

研究表明，不同的消费人群对老字号的品牌认知和消费，显示出不同的特征，品牌的美誉度、信任度与消费者决策存在正相关。经营好老字号，首先要搞好品牌建设。Aaker 的品牌资产理论认为，品牌资产包括五个要素：品牌忠诚度、知觉质量、品牌联想、知名度、市场行为。忠诚度是指消费者回头再次购买的程度或偏向于品牌的程度；知觉质量是指对产品的主观印象；品牌联想是任何与品牌产生关联的事物，消费者主观认定品牌的属性；知名度是对一个品牌的知晓程度；市场行为是表明品牌的营销能力，如市场份额的大小、分销渠道的多少等。

根据调研，从品牌资产的角度考察，西城区现存老字号呈现以下特征：老字号拥有少量的忠诚顾客，忠诚度趋于老化，但忠诚度相对较为牢固。老字号历经大浪淘沙的历史狂潮，具有较高的品牌认知度和良好的美誉度。如历代同仁堂人始终恪守“炮制虽繁必不敢省人工，品味虽贵必不敢减物力”的古训，树立“修合无人见，存心有天知”的自律意识；全聚德从选鸭、填喂、宰杀到烧烤，始终坚持一丝不苟的烤制工艺。对质量的高度重视，对顾客的认真负责，使顾客对老字号的品质高度认可，这是老字号最具价值的品牌资产。

总体来看，老字号具有深厚的历史文化底蕴，历史品牌联想丰富，但现代品牌关联缺乏。老字号具有区域性特征，在老顾客心中享有知名度，但在新时代顾客中知名度不高。老字号市场份额低，市场影响力小，营销能力薄弱。

大多数的老字号品牌，在现代市场处于弱势品牌的地位。通过调查和对比研究发现：老字号的优势是拥有少量的忠诚顾客，作为品牌发展的基础；拥有较高的美誉度；具有独特的历史品牌故事，为创造品牌差异提供了基础。而老字号品牌也拥有非常明显的劣势：忠诚顾客群体太小，品牌在顾客中影响力较低，现代顾客对老字号缺乏新鲜、直接的品牌联想和体验，这阻碍了老字号产品的使用消费；最根本的问题在于营销能力低下，严重阻碍了老字号的品牌发展。

### （二）西城老字号的品牌发展战略选择

发展老字号品牌，有很长的路要走。就西城而言，可以从下述几个方面入手。

1. 强化法治意识，推进名牌战略。名牌战略是企业根据产品的高知名度、高质量、高信誉、高市场占有率、高效益等“五高”特征，开发、占领市场，开展有效竞争，树立企业形象，以使企业获得良好而持久的经济效益的一种经营策略。为此，一是要做出品牌特色。老字号的存在本身就是一种“名牌”的体现，对于老字号来说。做“名牌”就是要创造独特的品牌，在自己选择的目标消费者群体中做到高知名度、高信誉、高市场占有率等。因此要充分发挥自己的优势和特色，在市场上做大做强自己。二是老字号企业要积极注册商标。政府要出台强有力的保护老字号商标品牌的法律保障，企业要不断强化商标意识，加大商标注册和保护的力度，守好自己的一亩三分地。三是要加大宣传推介力度，重视品牌差异化的塑造，发扬独特的企业文化优势。

2. 完善服务质量，提升消费者的满意度和回头率。为顾客提供优质、完善的服务，是企业接近消费者、打动消费者的基本方法，也是企业品牌树立的快捷途径。世界上知名企业在创品牌时，无不把尽善尽美地为用户服务作为自己成功的标志。同仁堂的服务铭是“为了您的健康与幸福，尽心尽意，尽善尽美”。多年来，同仁堂一直铭记这个宗旨，默默地为顾客提供着费工、费时、不见经济效益的各种便民服务：代客加工，代客邮寄、24 小时送药，服务国际市场……这些便民、利民的服务，胜过千言万语的文字宣传，“德、诚、信”的声誉世世代代流传，日益深入民心。老字号企业一定要树立“品牌就是服务”的意识，树立“全心全意为消费者服务”的意识，讲信用，一诺千金，认真对待和正确处理顾客的批评和挑剔，这样才能真正地“留住人”，使老字号企业长青不衰。

3．引进专业人才，提升老字号品牌运营能力。现代企业的品牌运营，随着市场经济的发展，发生了本质的改变。在一定程度上讲，21 世纪卓越的企业是“符号企业”，它们必须具备精致、准确、生动地加工、派送价值符号的能力，而这却往往是老字号企业最不擅长的。现代信息传播中强调的“频率”“效率”与“强度”原则，往往是老字号所不能驾驭的。为迎合现代品牌运营的需要，老字号企业需要加快培养、引入专业化的品牌管理人员。这些品牌管理人员要有丰富的市场知识，能够把握市场价值取向走势、社会观念变更；要具有一定传媒知识，精于同传媒行业打交道，懂得通过何种方式、在哪些地点、在什么时间将企业信息传递给哪些人。老字号企业需要加强整合营销管理的能力，突破传统的广告促销层面，挖掘更适合老字号品牌推广的营销沟通组合。

4．推动全方位创新，迎合市场需求。传承是继承其优秀的部分实现长远发展，因此更需要适应市场需求，顺应时代潮流，赢得竞争优势。创新是企业的灵魂，也是老字号永葆青春的法宝。作为老字号品牌，企业首要的就是观念创新，努力树立新的发展理念。要在观念创新的基础上推动产品创新、体制创新、服务创新、管理创新、技术创新、市场创新、组织创新、营销创新、形象创新、定位创新。比如，可以利用网络这个新平台推动老字号的发展。

5．政府要出台相应引导和扶持计划，发挥政府的作用。政府作为“看得见的手”，应当着重抓好以下工作：研究制订促进老字号发展的条例，包括明确促进老字号发展的指导思想、政策、思路；各级工商执法部门应当把老字号列入知识产权保护工作内容，对假冒者予以打击，保护老字号的市场信誉和品牌形象；对老字号在土地使用和税收上给予支持，企业在扩大规模或者搬迁需要占用土地时，政府部门应当予以优先考虑；对于老字号的出口贸易，税收部门可以给予一定的税收优惠；合理利用老字号专项发展基金，做好调研，及时给予扶持，包括优惠贷款或贴息贷款；积极发挥老字号协会的桥梁和纽带作用，加强行业自律；建立为老字号服务的信息支持体系，建立老字号企业的专业网站，扩大交流服务，通过信息平台实现企业的信息化管理。

6. 推动多领域合作，实行“强强联合”。全聚德的成功，既应归功于其企业自身经营有方，将传统与现代相结合，同时也是“强强联合”的成功。全聚德与旅行社有着长期合作的关系，这应该成为老字号发展的亮点。北京地区的老字号，以其独特的文化吸引力为旅游等行业提供了潜在客户；而双方的这种合作又促进了北京地区餐饮业老字号的蓬勃发展，形成北京地区经济发展的良性循环，带动了北京地区的经济繁荣。各个行业都应该打破传统的思维定式，以老字号文化深化自身品牌的内涵，同时进一步推动老字号企业本身的发展，真正实现双赢。

**作者简介**

冯雪利，中共北京市委党史研究室，主要研究方向中共北京党史。

许赤瑜，中投国泰（北京）投资管理有限公司。

附：

## 西城区老字号认知度调查问卷

1. 您的籍贯 / 国籍？

A. 北京　　B. 非北京　　C. 外国人（国）

2. 您来北京多长时间了？

A. 一个月以内　　B. 一年　　C. 三年以上

3. 您的年龄？

A. 20 岁以下　　B. 21−30 岁　　C. 31−40 岁

D. 41−50　　E. 50 以上

4. 您去过一下那几个老字号集中区？（多选）

A. 大栅栏　　B. 西单西四　　C. 王府井

D. 前门大街　　E. 琉璃厂　　F. 东单东四

5. （1）您知道下列老字号吗？

A. 0−5 个　　B. 5−10 个　　C. 10−20 个

D. 20 个以上

（2）您觉得影响力最大的是哪几个？（直接在□内打√）

（3）您曾经购买过那些老字号产品？（请直接画圈）

餐饮小吃：全聚德□　砂锅居饭庄□　仿膳□

柳泉居饭庄□　延吉餐厅□　丰泽园饭店□

南来顺□　鸿宾楼□　烤肉季□

四川饭店□　护国寺小吃□　爆肚冯□

庆丰包子□　年糕钱□　李记白水羊头□

莫斯科餐厅□　远东饭店□　美味斋□

食品加工：天福号□　六必居□　桂馨斋□

天源□　义利□

王致和龙门□　户部街马记月盛斋□

双合盛□　聚宝源□

茶　　叶：张一元□　元长厚□　永安茶庄□
正兴德□　京华茶叶□

医　　药：同仁堂□　鹤年堂□　白塔寺药店□
德寿堂□

服装加工：内联升□　瑞蚨祥□　谦祥益□
步瀛斋□　北京市地毯五厂□　马聚源□

文　　化：荣宝斋□　一得阁□　中国书店□
戴月轩□　大观楼□

百　　货：菜百□　大栅栏百货□　清华池□
西单商场□　鑫源浴池□

6. 您购买“老字号”产品的途径：

A. 专营店　B. 超市　C. 商场
D. 旅游景点　E. 商业街　F. 网购
G. 其他

7. 您认识老字号的途径?

A. 家里使用过　B. 经人介绍　C. 广告宣传
D. 人员推销　E. 最拍促销　F. 其他

8. 您通过哪些媒体接触到老字号?

A. 电视广告　B. 报纸　C. 网络
D. 广播　E. 杂志　F. 户外广告招牌
G. 没接触过此类广告　H. 其他

9. 提到老字号您首先想到什么?

A. 商标　B. 包装　C. 广告
D. 产品　E. 代言人　F. 文化
G. 其他

10. 您会选择老字号的原因：

A. 信任老字号品牌　B. 打折促销
C. 品牌推陈出新　D. 广告影响　E. 购买方便

F. 经人推荐　　　　G. 送礼

11. 购买同类产品您会优先选择老字号的原因？

A. 良好的信誉　　　B. 质量上乘　　　C. 有民族文化特色

D. 有悠久的历史文化　　　　　　　　E. 工艺独特

F. 有地域特色　　　G. 其他

12. 知道某些老字号，但您并不会选择老字号的原因：

A. 价格贵　　　　B. 购买的地方不方便　C. 服务不好

D. 样式单调　　　E. 质量差　　　　　F. 包装不好

G. 不熟悉老字号

13. 您认为老字号的不足之处：

A. 体制落后　　　B. 特色流失　　　　C. 质量下降

D. 服务不好　　　E. 缺乏对品牌的保护　F. 购买不方便

G. 产品缺乏创新　H. 其他

14. 您认为什么原因造成老字号影响力减小？

A. 人们需求变化　B. 经营模式落后　C. 生产技术底下

D. 外国品牌竞争　E. 城市拆迁建设　F. 其他

15. 政府是否应该为老字号的发展出台专项保护措施？

A. 是，当务之急　B. 可以考虑

C. 没必要，市场竞争优胜劣汰

16. 您觉得老字号如何增强自己的竞争力？

A. 价格应降低

B. 质量不高，仍需完善

C. 应加大宣传，打造品牌

D. 积极调整产品结构，适应市场需求

# 西城老字号品牌在建设世界城市中的作用

陈丽红

【内容提要】在北京建设世界城市进程中，城市文化软实力建设是一个不可缺少的重要方面。本文从世界城市指标体系解读入手，分析老字号的贡献指数；以西城区众多知名老字号为例，论证老字号品牌建设与塑造北京“世界城市”形象的关系；以问卷调查和统计分析的方法，分析西城老字号品牌认知情况及品牌建设的优势和劣势，提出相应的策略分析。以期充分发挥西城区的老字号资源优势，加强老字号的品牌建设，有效发挥助力北京建设世界城市的重要作用。

【关键词】老字号　品牌　世界城市

世界城市是国际大都市的高端形态，对全球的政治、经济和文化等方面具有重要的影响力[①]。目前公认的世界城市有纽约、伦敦、东京和巴黎。2009年底，北京市委市政府工作务虚会上首次提出建设“世界城市”的概念，并于2010年首次写入政府工作报告。自此，北京建设世界城市的提法引起广泛的关注。

在北京建设世界城市过程中，城市文化软实力建设是一个不可缺少的重要方面。而在城市文化软实力体系中，品牌影响力具有突出的价值。北京的老字号，是一种在历史长河中凝聚而成的商业文化的结晶和记录，是传承中华商业文明的鲜活载体，也是北京品牌

① 对“世界城市”的这一解释，摘自北京市《政府工作报告及计划报告、财政报告名词解释》。

经济的重要组成部分。北京地区的老字号，多集中于中心城区，特别是在西城区，具备深厚的资源禀赋和特有的产业优势。近年来，西城区接连出台政策，多措并举，着力保护促进老字号发展。充分发挥西城区的资源优势，加强老字号品牌建设，对于推进西城区的整体发展、推动北京文化遗产的保护与传承、创新发展首都特色产业、促进经济科学发展、增强北京建设世界城市的城市竞争力等方面，都具有特殊的战略作用。

## 一、世界城市指标体系解读及老字号贡献指数分析

### （一）世界城市指标体系解读

世界城市指标体系建设是一个长期和系统的工程，目前有关世界城市研究的指标大致可分为三类，即反映世界城市一般性特征的识别导向类指标、突出竞争力思想的比较导向类指标、引导世界城市发展方向的规划导向类指标[①]。从构建世界城市的指标体系以及城市远景规划来看，规划导向类指标主要用于指导如何建设世界城市。众多专家学者在这方面做了探索性的构建研究，北京市也组织专家在研究世界城市的目标体系等框架。2010 年 7 月 15 日，北京世界城市研究基地成立大会暨揭牌仪式在北京市社会科学院举行。该基地以北京社科院为依托，为北京建设世界城市提供决策、咨询等方面的服务，是北京市委、市政府的重要“智库”。本文采用的世界城市指标体系，即以北京社科院有关专家的研究成果[②]为参照予以分析解读。

北京世界城市指标体系，共分为 36 项正选指标和 60 项备选指标（见表 1、表 2）。

① 崔萍、杜明翠：《世界城市指标研究对北京建设世界城市监测评价体系的借鉴》，《数据》2010年第12期。

② 齐心、张佰瑞、赵继敏：《北京世界城市指标体系的构建》，《北京规划建设》2010年第4期。

表 1　北京世界城市指标体系（正选指标 36 项）

<table>
<tr><td rowspan="36">世界城市地位</td><td rowspan="10">总体实力</td><td rowspan="4">硬实力</td><td>1</td><td>GDP 总量</td></tr>
<tr><td>2</td><td>生产性服务业占 GDP 比重</td></tr>
<tr><td>3</td><td>金融业增加值</td></tr>
<tr><td>4</td><td>现代制造业增加值</td></tr>
<tr><td rowspan="3">软实力</td><td>5</td><td>专利授权量</td></tr>
<tr><td>6</td><td>世界排名 500 强的大学数量</td></tr>
<tr><td>7</td><td>城市品牌指数</td></tr>
<tr><td rowspan="3">基础设施实力</td><td>8</td><td>轨道交通运营里程</td></tr>
<tr><td>9</td><td>五星级酒店数量</td></tr>
<tr><td>10</td><td>宽带用户比例</td></tr>
<tr><td rowspan="17">网络地位</td><td rowspan="4">综合地位</td><td>11</td><td>大型国际会展数量</td></tr>
<tr><td>12</td><td>国际航空客运吞吐量</td></tr>
<tr><td>13</td><td>姊妹或友好城市数量</td></tr>
<tr><td>14</td><td>出入境人次</td></tr>
<tr><td rowspan="4">经济地位</td><td>15</td><td>全球百强生产者服务业企业机构数</td></tr>
<tr><td>16</td><td>外国金融机构数量</td></tr>
<tr><td>17</td><td>进出口总额</td></tr>
<tr><td>18</td><td>对外投资及吸引外资总额</td></tr>
<tr><td rowspan="3">政治地位</td><td>19</td><td>联合国机构及国际组织总部数</td></tr>
<tr><td>20</td><td>国际性 NGO 组织的数量</td></tr>
<tr><td>21</td><td>使领馆数量</td></tr>
<tr><td rowspan="3">文化地位</td><td>22</td><td>全球传媒集团总部及分支机构数量</td></tr>
<tr><td>23</td><td>出入境旅游人数</td></tr>
<tr><td>24</td><td>版权引进与版权出口数量</td></tr>
<tr><td rowspan="3">信息地位</td><td>25</td><td>互联网国际出口带宽</td></tr>
<tr><td>26</td><td>国际期刊发表的论文数量</td></tr>
<tr><td>27</td><td>留学生数量</td></tr>
<tr><td rowspan="9">支撑条件</td><td rowspan="3">活力之都</td><td>28</td><td>外籍人口占常住人口比重</td></tr>
<tr><td>29</td><td>基尼系数</td></tr>
<tr><td>30</td><td>劳动年龄人口比例</td></tr>
<tr><td rowspan="3">创新之都</td><td>31</td><td>居民平均受教育年限</td></tr>
<tr><td>32</td><td>企业 R&D 投放强度</td></tr>
<tr><td>33</td><td>高新技术产业就业人口比例</td></tr>
<tr><td rowspan="3">宜居之都</td><td>34</td><td>交通事故率</td></tr>
<tr><td>35</td><td>每万人医生数量</td></tr>
<tr><td>36</td><td>一年好天率</td></tr>
</table>

根据对城市世界地位构成的理解，表 1 将北京世界城市指标体系分解为三个评价维度：总体实力、网络地位和支撑条件；细化为 36 项指标。在此基础上，作为补充和出于数据可得性的考虑，进一步提出 60 项备选指标。

**表 2　北京世界城市指标体系（备选指标 60 项）**

| | | | | |
|---|---|---|---|---|
| 世界城市地位 | 总体实力 | 硬实力 | 1 | 社会消费品零售额 |
| | | | 2 | 人口规模 |
| | | | 3 | 建成区面积 |
| | | | 4 | 城市首位度 / 区位商 |
| | | | 5 | 外汇市场交易量 |
| | | | 6 | 股票价值总量 / 上市公司数量 |
| | | | 7 | 证券市场交易量 |
| | | | 8 | 年资金融通总量 |
| | | 软实力 | 9 | R&D 投入总额 |
| | | | 10 | 科学家和工程师数量 |
| | | | 11 | 图书馆、文化馆、博物馆数量 |
| | | | 12 | 报纸、期刊、图书发行总量 |
| | | | 13 | 世界文化遗产数量 |
| | | | 14 | 国际知名度 |
| | | 基础设施实力 | 15 | 公共交通与出租车客运量 |
| | | | 16 | 公路密度 |
| | | | 17 | 移动电话用户数量 |
| | | | 18 | 日综合接待能力 |
| | | | 19 | 千人拥有电话主线（条） |
| | | | 20 | 千人拥有个人计算机（台） |
| | | | 21 | 万人拥有因特网主机（台） |
| | | | 22 | 每万人拥有乘用车数量 |
| | 网络地位 | 综合地位 | 23 | 国际航空货运吞吐量 |
| | | | 24 | 国际航班数 |
| | | | 25 | 在国际主流媒体中出现的频率 |
| | | 经济地位 | 26 | 全球 500 强企业总部数 |
| | | | 27 | 外资银行数量 |

续表

| | | | | |
|---|---|---|---|---|
| 世界城市地位 | 网络地位 | 经济地位 | 28 | 实际利用外资 |
| | | | 29 | 服务贸易出口 |
| | | | 30 | 金融业务交易额 |
| | | | 31 | 国际主要货币通兑率 |
| | | | 32 | 国际零售商数量 |
| | | | 33 | （外商）直接投资数量 / 占本地投资比重 |
| | | | 34 | 外留转口额 |
| | | | 35 | 国际资本流动额 |
| | | | 36 | 国外消费总量 |
| | | | 37 | 拥有世界名牌的数量 |
| | | | 38 | 全球金融中心排名 |
| | | | 39 | 全球商务中枢排名 |
| | | 政治地位 | 40 | 是否首都 |
| | | | 41 | 高级外交访问数 |
| | | | 42 | 外国领导人访问资数 |
| | | 经济地位 | 43 | 世界级文化品牌数量 |
| | | | 44 | 文化出访与来访批次 |
| | | | 45 | 举办大型体育赛事次数 |
| | | | 46 | 涉外婚姻对数 |
| | | | 47 | 旅游外汇收入 |
| | | 信息地位 | 48 | 专利的国际申请数 |
| | | | 49 | 技术国际交易额 |
| | | | 50 | 国际长途电话次数 |
| | 支撑条件 | 活力之都 | 51 | 掌握外语人口比例（外语普及率） |
| | | | 52 | 少数民族人口比例 |
| | | | 53 | 艺术家占全部人口比例 |
| | | 创新之都 | 54 | 就业人口比例 |
| | | | 55 | 每万人专利授权数 |
| | | | 56 | 每万人拥有大学生数 |
| | | | 57 | 高新技术产业增加值占 GDP 的比重 |
| | | 宜居之都 | 58 | 万元 GDP 能耗 |
| | | | 59 | 人均公路面积 / 城市道路面积率 |
| | | | 60 | 人均公共绿地面积 |

### （二）老字号对北京世界城市建设的贡献分析

在北京世界城市指标体系36项正选指标和60项备选指标中，老字号对专利授权、城市品牌指数、入境旅游人数、对外投资及吸引外资数量、社会消费品零售额、世界文化遗产数量、国际知名度、世界品牌数量等指标均能有所贡献。具体分析如下：

专利授权。老字号品牌是一笔无形资产，它蕴藏着巨大的商业价值。2008年，我国启动“老字号商标海外注册保护工程”，截至2010年，支持16家老字号企业的20个老字号商标完成“马德里国际商标注册”[①]。2012年2月16日，西城区出台《北京市西城区保护和促进老字号发展若干意见》，提出西城区将建立老字号保护体系，在老字号经营网点、知识产权、文化遗产和文化技艺等方面加以保护，建立老字号名录。此外，西城区将拨出专款，为老字号的名称申请专利和产权保护。预计到“十二五”末，将有近百家历史上曾经存在但已消失的老字号通过申请专利等方式复名。当然，在政府大力扶持的同时，也要求企业要有强烈的品牌保护意识，及早确立品牌保护战略，形成规范的品牌保护制度。

城市品牌指数（国际知名度、世界品牌数量）。在世界城市指标体系中，城市品牌指数是反映城市全球品牌形象的一个指标。以四大世界城市之一的巴黎为例，无论是高级时装还是香水都是法国名牌中的老字号，DIOR、LANCOME、CHANEL等世界知名奢侈品品牌在巴黎的诞生，是促成巴黎世界时尚之都美称的最重要砝码。而曾几何时，“头顶马聚源，脚蹬内联升，身穿八大祥，腰缠四大恒”也曾是老北京人生活品质的生动写照，是身份地位的象征。基于不断创新的努力，瑞蚨祥与内联升等老字号品牌的影响力正在恢复并不断增长。由“内联升传人+80后设计师”组

① 王报换：《创新老字号品牌文化与提升首都文化软实力的思考》，《建设世界城市提高首都软实力——2010北京文化论坛文集》。

成的团队，寻找传承与创新的平衡点，将经典工艺与时尚艺术结合，于 2013 年 9 月在北京恭王府花园举办 2014 年春夏鞋款发布时尚首秀，展现了百年品牌自我蜕变、超越创新的非凡勇气和魄力。内联升是百年历史的传统品牌影响力扩张的一个缩影，前景值得期待，当然要走的路也还很长。

世界文化遗产数量。2008 年，包括西城老字号“全聚德”“同仁堂”等在内的 22 个北京老字号企业入选国家级非物质文化遗产名录。2007 年开始的第三次全国文物普查，首次将老字号列入物质文化遗产，如北京前门大街的瑞蚨祥大栅栏门店等即属于商贸建筑、店铺作坊类遗产。值得关注的是，泸州大曲老窖池群、剑南春天益老号酒坊遗址等 8 项商业类文化遗产列入国家文物局 2012 年公布的最新《中国世界文化遗产预备名单》。近年来，北京市政府部门加强政策引导，支持老字号文化遗产传承保护；广泛开展调研，掌握老字号文化遗产现状和保护情况；积极支持辅导，提高老字号企业的文化遗产保护水平；加大宣传力度，为老字号文化遗产保护营造良好氛围。北京老字号企业保护自身文化遗产的意识明显提高，一些具备条件的老字号企业，纷纷加大对文化遗产保护的投入。如同仁堂在原作坊基础上，建立起以行业历史、文化为主题的博物馆；聚德华天为妥善保护好旗下老字号的名人字画，投入几十万元进行整理、归类和复制，设立饮食文化展室进行集中展示；六必居计划将大栅栏内的老店按照庚子年烧毁前的原样重建，并展出文物和进行酱菜制作工艺表演①。

入境旅游人数。随着前门大街的重新开街，老字号作为历史文化街区的重要旅游资源，在旅游市场扮演着越来越重要的角色，老字号代表的传统文化和地区特色文化成为吸引外来游客的重要消费点。根据《北京市西城区保护和促进老字号发展若干意见》，西城区以“充分展现和利用本区老字号丰富资源，推进特色商贸、文化、

① 李高超：《商业文化遗产：在历史与现代之间》，《国际商报》2007年12月24日。

旅游的深度融合，促进老字号创造更多的社会、经济和文化价值”为指导思想，进一步挖掘、整合老字号旅游、文化功能，开发老字号旅游文化线路，提升老字号品牌的美誉度和知名度；依托大栅栏、琉璃厂、什刹海等区域，打造老字号集聚区，强化人文景观和商业功能，完善旅游服务功能；加大老字号纪念品、礼品的开发力度，积极推广老字号旅游产品，等等。诸多举措将使老字号成为吸引和拉动旅游的新亮点。据统计数据显示，北京地区2013年旅游外汇收入中购物占比为27.6%[①]。2014年4月14日，在北京市旅游委召开的2014年“北京礼物”旅游商品大赛发布会上，首次设立北京老字号主题分赛区，获奖的老字号产品将正式入选“北京礼物”，这对于西城老字号发挥刺激和拉动旅游的贡献力来说是一个新的重要平台。

社会消费品零售额、出口额及对外投资及吸引外资数量。据统计，近三年来，西城区老字号企业的销售收入均值年均增长30.6%，高于同期北京社会消费品零售总额增幅14个百分点，为区域经济发展、拉动就业贡献很大[②]。近年来，北京同仁堂集团坚持“以现代中药为核心，发展生命健康产业，成为国际知名的现代中医药集团”的发展战略，以“做长、做强、做大”为方针，以创新引领、科技兴企为己任，销售收入、实现利润、出口创汇及海外终端数量均居全国同行业第一。自1997年以来，同仁堂保持持续健康的发展，经济指标连续15年保持两位数增长，实现每五年翻一番。截至2011年，集团资产总额140亿元，销售收入163亿元，实现利润13.16亿元，出口创汇3392万美元，在海外16个国家和地区开办64家药店和1家境外生产研发基地，产品销往海外40多个国家和地区[③]。今天的同仁堂，是老字号实现作为文化载体同时又是经济实体双重功能的

① 本数据来源于北京市旅游委。

② 本资料来源于北京市西城区人民政府网站。

③ 文中有关同仁堂的资料主要来源于中国北京同仁堂（集团）有限责任公司官网：http：//www.tongrentang.com/。

成功代表。

综合以上分析、从社会、文化意义来看，西城老字号承载着传统文化的精髓，是北京商业文化的重要载体；从经济价值来看，西城老字号构成了北京特色产业、特色经济的重要组成部分。在未来的发展中，这些老字号将产生巨大的社会与经济效应，助力推动北京建设世界城市的步伐。

## 二、老字号品牌建设与塑造北京“世界城市”形象的关系

在城市综合竞争力中，人们越来越把目光投向城市形象的软实力。国外学者美国城市规划学家凯文·林奇 1959 年提出城市意象（City Image）概念，认为“城市中最有自己味道的，应该是人自己创造的文化景观和属于历史品牌的消费用品”；“历史品牌的建树中，将建立起人们生活的内容成为人们对城市熟悉的记忆的桥梁”。美国城市史学家刘斯·芒福德从城市历史发展的研究角度提出，“城市是文化的容器，而城市文化之一历史商业品牌恰能体现城市意象（City Image）的连续性”。

老字号作为历史商业品牌的精华，在长期的生产经营活动中沿袭和继承了中华民族优秀的文化传统，是一个城市最具代表性的符号，是城市形象的组成要素之一。而伴随经济发展与城镇化建设步伐的加快，中国城市建设正在出现“千城一面”的现象。在这种背景下，对于北京致力于建成世界城市的目标而言，其丰富的老字号文化资源，正是完善城市形象不可缺位的要素。

### （一）老字号历史悠久、底蕴深厚与北京历史文化名城的形象

北京是中国最具代表性的历史文化名城，有着 3000 多年的建城史和 850 多年的建都史。北京的老字号，历经数百年变迁发展，是一种有着悠久历史积淀和独特物化魅力的文化资源，是能够代表北京历史文化名城形象的一张“名片”。

西城区是北京老字号品牌的主要集聚区。据初步统计，目前西

城区拥有近百家老字号资源，占全市老字号数量的50%以上，其中中华老字号54家，约占北京全市的47%。这些老字号历史悠久，可清晰追溯的老字号平均年龄144岁，百年以上历史的有41家，其中鹤年堂、六必居、柳泉居、同仁堂、荣宝斋、王致和、烤肉宛、天福号等都有几百年的历史。这些老字号主要分布在吃、穿、用等与百姓生活息息相关的行业中，有着深厚的历史渊源和文化底蕴。

每个老字号背后都有一段真实的品牌故事，构成北京城悠久历史中经久不衰的传奇。以鹤年堂为例。据《北京市志稿》载：中药业“其药铺之最久最大者，若西鹤年堂始于明”①。鹤年堂不但历史悠久，养生治病名方医法留传后世，更有严嵩父子、明朝忠良杨继盛、抗倭名将戚继光、变法先驱谭嗣同等历史名人与鹤年堂之间许多历史的典故和传说。相传鹤年堂现存的匾额都来历不凡：悬挂于正堂的“鹤年堂”匾额，是权倾明朝的首辅（宰相）后来成为奸臣的严嵩亲笔手书；在此匾两侧悬挂的“调元气”“养太和”这两句反映鹤年堂养生理念精髓的牌匾，是出自抗倭英雄戚继光亲笔手书，而且戚继光在抗倭得胜还朝时，又专为鹤年堂写下“撷披赤箭青芝品”“制式灵枢玉版篇”，称赞鹤年堂药材品质之精良、药方之经典。明朝名臣杨椒山也极为欣赏鹤年堂吸纳百家的胸怀和显著的养生效果，专门题写楹联“欲求养性延年物，须向兼收并蓄家。”经过历代传承人的发展，鹤年堂养生理论和方法逐步丰富和完善，形成了集食疗、药膳、动调、中医诊疗于一体的中医药养生大家，共同演绎了鹤年堂六百余年历史的传奇。

北京要想建设世界城市，不仅需要具有世界一流的经济力量，更需要打造北京独特的文化软实力。而历经数百年发展，有深厚的历史文化底蕴，是古都北京的宝贵遗产。老字号作为北京城市传统文化中典型的、有强大生命力的内容和形式，在新的发展时期得以

① 吴廷燮等编：《北京市志稿》（三），北京燕山出版社1990年版，第418页。

保存和弘扬，可以使历史文化名城的价值得到升华。

### （二）老字号的工艺传承、经营理念与北京的城市文化内涵

老字号的技艺、品质与服务，将对其他品牌的成长发挥积极与良性的引导，产生广泛而实时的影响：技艺与服务传承的是文化与记忆，积淀了人们对传统与地域的认同，是地方文脉的延续；诚信与品质是老字号的标签，贯穿在营销中是以义取利，以质取胜。在当今社会食品安全问题频发、伪劣商品危害民众生命健康等事件屡屡曝光的形势下，老字号百年如一的精湛技艺及其秉承的诚信经营之道显得尤为珍贵。

全聚德的烤鸭，从选鸭、填喂、宰杀，到烧烤，直至最后的吃法，都是一门艺术。其博采众家之长形成的“挂炉”制法是一大特色工艺。鸭子烤制之前，要经过宰杀、去毛、打气、开膛、炙皮、涂糖、晾皮等多道工序，每一步都需要精湛的技艺和严格的要求。鸭子烤好之后的“片”肉也是一“绝”，五六分钟之内将一只烤鸭片出 100 至 120 片，片片形如丁香叶，皮肉相间，使食者产生绝妙的艺术享受。像这样独特的工艺、传世的“绝活”，在北京诸多老字号中普遍存在，如内联升的千层底布鞋制作技艺、张一元的茉莉花茶制作技艺、王致和的腐乳酿造技艺、六必居的酱菜制作技艺等。这是北京老字号品牌文化的核心内容之一，它独有的地域特征和集各行各业之所长的特性，使北京老字号品牌成为一张多彩而极具个性的“北京名片”，既能代表北京独特的地域特色，又能代表中国文化的精髓。

在北京这一独特环境下，深受地域和传统文化影响，老字号品牌形成了讲究精益求精、诚信为本、永续经营、有序竞争的经营谋略，如同仁堂“炮制虽繁必不敢省人工，品味虽贵必不敢减物力”，张一元的茶道“人品如茶品、做茶先做人”，瑞蚨祥的百年宗旨“至诚至上、货真价实、言无二价、童叟无欺”等。

精湛技艺和经营之道甚至做人之道，是保证老字号在社会急剧的变迁中长期屹立不倒的重要原因。在此基础上历经百年，逐渐形

成独具特色的“京派老字号”的文化风格：儒气——多儒商；字号匾牌带有“德、仁、和、谦、同、信、厚、懋”；和气——讲和气生财，大都与客户保持良好的关系；官气——在建筑风格上多显皇家气派，多请官员书写牌匾，在服务上以为官员服务为荣；贵气——兼容并包、海纳百川，在商品包装、装潢风格、待客礼仪等方面均有所体现；义气——大气、诚信①。这种源自内心的职业道德、对消费者的负责态度以及独特的文化内涵，正是老字号应该继承发扬，现代企业、现代品牌应该学习的经营之道。2011年提出的代表北京城市文化内涵的“北京精神”，彰显了文化特色是城市的魅力和竞争力所在，其中的“包容”“厚德”都能在京派老字号的文化中窥得一二。

**（三）老字号的产品质量、品牌影响与北京的城市品质**

北京老字号身处“都城”，由于宫廷贵族和官府消费具有典型的高端特点——对消费品的品质务求尽善尽美，无形中提升了老字号的层次与品位要求，在品质上多追求精益求精。大多老字号都非常讲究用料的考究、操作的精细化和工艺的独特性，生产出来的产品质量卓著而有特色，形成老字号重要的社会价值。

以清代为例。清朝宫廷饮食讲究慎选料、细加工、精烹制，宫廷的高品质产品对京城高消费人群具有普遍的吸引力和示范效应。为了适应和引导市场需求，北京老字号以宫廷产品标准为最高标准，有的产品和技术直接来自于宫廷，在原料上千挑万选，在技术上精雕细琢，在品质上精益求精，几乎代表了同时代的最高标准。北京同仁堂历数代而不衰，载誉达300年之久，代表了国药的最高标准，成为中国医药史上的一个奇迹。这一成就的取得，主要得益于创始者和经营者始终坚持品质第一，从而为同仁堂树起了一块金字招牌。即使在动乱年代，同仁堂也不放松对质量的监控。同仁堂质量文化可以概括为：“安全有效方剂；地道洁净药材；依法科学工艺；对

① 王成荣：《“京派老字号”的文化特点与魅力》，《商界导刊》2010年第4期。

症合理用药”[①]。

老字号的产品质量和商业信誉具有较大的号召力，赢得了消费者对它的认可，成为北京经济、文化、市民生活以及城市旅游的重要组成，体现了它的市场价值。老字号不仅是商业景观，更是历史传统文化现象与品质生活的载体：北京立春时吃春饼称为“咬春”，立秋时“贴秋膘”都得是“天福号”，传统节日必送“稻香村”糕点等。老字号成为北京地方习俗的重要载体，是区别于其他城市文化的独有和唯一，凸显了独特的地域文化价值和城市品质。

2008年，应香港方面的盛邀，北京的十几家老字号赴港参加商贸洽谈会。香港商界之所以点名邀请北京的老字号参加商贸洽谈，看上的不只是老字号这面金字招牌，更看重老字号的品质与内涵，而这也可以说是北京老字号历久不衰的法宝。中国传统文化的传承，确保了老字号品牌的品质与信誉，品牌质量引导品牌消费，创造品牌价值，才能提高品牌竞争力与影响力。

## 三、西城老字号在北京打造“世界城市”方面的作用和策略的实证分析

### （一）有关西城老字号品牌认知情况的调查分析

笔者以“西城区老字号品牌认知情况”为内容，以在华外国留学生为调查对象，设计了调查问卷（共发放问卷150份，收回144份，有效问卷143份），就相关数据进行了统计分析，以此为基础，对西城老字号品牌的认知度、认可度、影响力、特色与短板及其在推动北京建设世界城市方面的建议，列出了参考性意见，以期能对有关方面工作有所贡献。

1．西城老字号品牌的认知度

（1）品牌识别度。问卷列举15家西城老字号（全聚德、南来顺、护国寺小吃、莫斯科餐厅、烤肉季、王致和、义利、天福号、张一元、

① 张俊杰：《400个百年老店的长赢基因》，中共党史出版社2010年版，第33页。

同仁堂、瑞蚨祥、内联升、新华书店、西单商场、菜百），涉及饮食、医药、鞋服、商超等行业。经统计，其平均识别度为40%，其中全聚德、同仁堂、王致和、新华书店等识别度高达 80% 以上。考虑到调查对象为外国留学生，其对中国传统文化有一定的认知但又不够细致深入，故本次调查列举的是民众普遍认知度稍高一些的西城老字号。据此推断，如果将识别范围扩展至西城区所有的老字号，那么其识别度应有相应回落。

（2）认知渠道。数据显示，外国留学生对西城老字号的了解和认知，主要来源于间接渠道，其中亲友、同学的介绍为主要渠道（37%）；而对老字号购买、亲身体验等直接渠道的认知较少。需要注意的是，政府的宣传推介所占比重较小（12%），说明政府在对老字号的对外宣传上力度还比较薄弱，有待进一步加强（见图 1）。

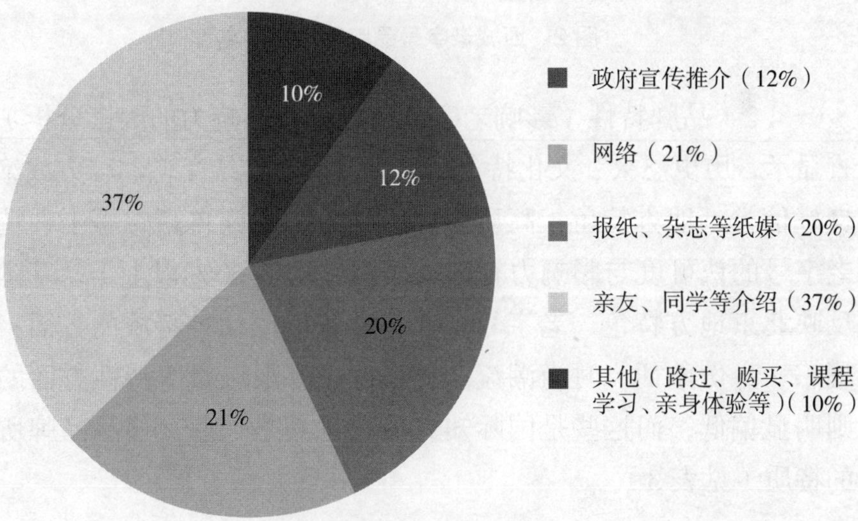


**图 1　西城老字号的认知渠道**

2．西城老字号品牌的认可度

（1）世界知名度。调查显示，认为西城老字号品牌知名度很高的有 8.4%，认为知名度一般的有 52.4%，认为没什么知名度的有 39.2%。据此可以看出，西城老字号品牌的世界知名度在外国留学生中的认可度还不高（见图 2）。

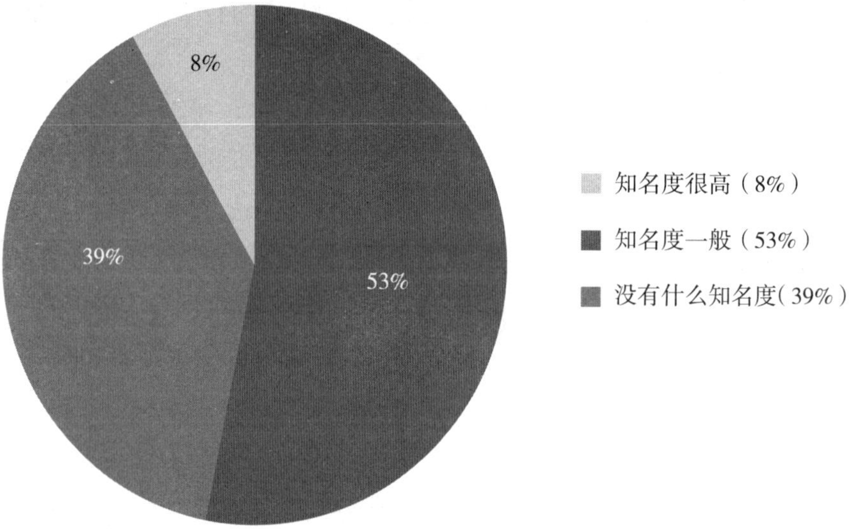


**图 2　西城老字号品牌的世界知名度**

（2）品牌特性（影响老字号认可度与影响力的因素分析）。调查显示，历史悠久、文化特色、良好口碑、传统工艺、秘方或绝活、良好信誉、地方特色、高质量、亲和力、民族自豪感等十种特性对老字号的认可度与影响力有较大作用（均在 60% 以上），基本属于反映北京地方特色、老字号企业特性和民族精神特质的方面；在荣耀感、身份象征、时尚潮流、知名度、有限产量等特性方面的指征则明显偏低，而这些是国际知名品牌尤其是一些奢侈品品牌所具有的特质（见表 3）。

表 3　影响老字号认可度与影响力的因素分析 ①

| 程度 / 特性 | 0—没有（%） | 1—低（%） | 2—中（%） | 3—高（%） |
|---|---|---|---|---|
| 良好的信誉 | 2.8 | 2.1 | 19.6 | 75.7 |
| 悠久的历史 | 2.1 | 0 | 7 | 90.9 |
| 文化特色 | 2.1 | 0.7 | 11.2 | 86 |
| 高质量 | 2.8 | 3.5 | 30.1 | 63.6 |
| 传统工艺 | 2.1 | 2.8 | 16.1 | 79 |
| 秘方或绝活 | 2.8 | 2.1 | 18.9 | 76.2 |
| 独特的经营 | 4.9 | 12.6 | 33.6 | 48.9 |
| 地方特色 | 2.8 | 4.2 | 23.8 | 69.2 |
| 良好的口碑 | 2.8 | 1.4 | 14.7 | 81.1 |
| 价格昂贵 | 7.7 | 19.6 | 35 | 37.8 |
| 具有荣耀感 | 9.1 | 53.1 | 30.1 | 7.7 |
| 身份象征 | 30 | 33.6 | 18.2 | 20.3 |
| 平民化 | 5.6 | 16.8 | 39.9 | 37.8 |
| 过于泛滥 | 30.1 | 35.7 | 21 | 13.3 |
| 名不副实 | 39.2 | 32.9 | 16.1 | 11.9 |
| 时尚潮流 | 18.2 | 39.9 | 25.2 | 16.8 |
| 过时 | 9.1 | 29.4 | 18.2 | 43.4 |
| 民族自豪感 | 4.2 | 9.8 | 25.9 | 60.1 |
| 亲和力 | 2.2 | 6.3 | 30.1 | 60.8 |
| 服务质量好 | 5.6 | 7.7 | 48.3 | 38.5 |
| 知名度高 | 16.8 | 44.8 | 33.6 | 4.9 |
| 材料独特 | 5.6 | 18.9 | 30.8 | 44.8 |
| 一贯的风格 | 2.1 | 14 | 30.1 | 53.9 |
| 有限的产量 | 25.9 | 42 | 23.1 | 9.1 |

（3）中国老字号品牌和国际知名品牌的对比。从共同点、不同点等角度，对两种类型品牌的异同进行分析。

共同点（多选）：认同“文化特色”的有 79%，认同“悠久的历史”的有 74.8%，认同“传统的技艺”的有 65%，认同“上乘的质量”

① 本项调查中所列的因素，是笔者针对中国老字号和国际知名品牌所具有的品牌特性进行的访谈性的收集，经汇总筛选后确定24项作为影响老字号认可度与影响力分析的参照因素，只适用于本次调查。

的有 64.3%，认同“独特的元素”的有 32.2%，认同“其代表身份象征”的有 28%。

不同点或差距（多选）：认为“时尚元素差异”的有 63.6%，认为“品位差异”的占 60.6%，认为“品牌个性差异”的有 48.3%，认为“在保持一贯风格上有差异”的占 35.7%，认为“品质差异”的占 33.6%，认为“在有限的产量上有差异”的占 31.5%，认为“情感诉求差异”的占 30.1%。另有 7% 的调查对象提出，中国老字号品牌与国际知名品牌，在消费群体、技艺、文化内涵、宣传手段、规模、选址、品质及价格等方面有所不同或差距。

结合中国老字号品牌和国际知名品牌的对比与表 3 数据的综合分析，可以得出以下一些结论：1）人们普遍认同老字号品牌所具有的一些传统优秀特性，如良好的信誉、悠久的历史、文化特色、高质量、传统工艺、良好的口碑、地方特色等；同时，对于国际知名品牌尤其是一些国际奢侈品品牌所具有的一些特质如时尚性、荣誉感与身份象征、限量生产等，老字号的拥有程度较低。2）这并不意味着老字号的品位和地位低，因为老字号及其产品所具备的亲和力与平民化特点，是老字号长久的历史文化和经营理念的传承，具有洋品牌不可替代的特性。3）结合老字号发展的现状，确实存在时尚性和创新力不足、产品老化、消费群体单一等问题，这些因素在一定程度上限制了老字号品牌消费指数增长、影响力扩张和走向国际更高端、更广阔的平台。

3. 西城老字号品牌的发展认知与建议

调查显示，关于西城老字号品牌对北京建设世界城市目标的贡献度，认为可以宣传北京悠久历史的占 89.5%，认为能代表北京独特文化内涵的占 88.1%，认为可以拉动旅游的占 58.7%，认为可以提高北京国际影响力的占 50.3%，认为代表北京国际化服务品质的占 46.2%，认为有助树立北京潮流都市形象的占 41.3%，认为可以吸引国内外投资的占 40.6%，认为可以刺消费的占 37.1%。

在调查中，被调查者还提出许多发挥西城老字号推动北京建设世界城市作用的建议，如加强品牌宣传推广，走出国门；在保留传统特色的同时，融入时尚元素，跟上潮流；实行现代企业管理体制；改善服务态度等。

**（二）提升西城老字号在北京建设世界城市方面作用的策略分析**

依据前述调查分析，从西城实际出发，应该着重从加大文化宣传力度、注重形象提升、优化发展环境、加强统筹经营等方面，推动老字号发展，更好地发挥其促进世界城市建设的重要作用。

1. 加大文化宣传力度——挖掘老字号的文化内涵，加强宣传推介，彰显历史文化名城形象

老字号丰厚的文化内涵，是北京城市文化历史的延伸，是展现一个城市风貌最具典型的符号。但实际情况却是，老字号的这一独特风貌“养在深闺人未识”，问题在于对老字号文化内涵的挖掘不深，宣传不力。问卷显示，政府宣传推介在外国留学生认知老字号品牌的间接渠道中所占比重最低（只有12%）。因此，应该运用不同的传播手段和方式，多媒体、多层次、多角度、多形式地加强宣传，提高社会对西城老字号的认知度及对北京城市特色文化的认同感。

在这方面，有一些成功经验可以借鉴。法国美食美名在外，有口皆碑，与法国食品协会不遗余力地推广有很大关系。法国食品协会在全球34个国家设立39个办事处，目标是通过法国美食集中体现法兰西经济政治。可见，法国早就把饮食文化提到软实力的高度，将其与国家利益联系到一起，大张旗鼓地进行推广。

北京老字号企业在这方面也有成功的例子。全聚德集团以优秀传统作为企业的精神支柱，作为提升文化软实力的重要依托，组织专门力量提炼和弘扬自身百年历史文化的精华，编印《全聚德今昔》《品味全聚德》《全聚德楹联集》等多种书籍，拍摄《百年全聚德》《全聚德与国际友人》《老店》《天下第一楼》等影视作品。2005年，

全聚德集团建成自己的博物馆，展示全聚德百年发展历程，并被列入北京市爱国主义教育基地，对引导青少年热爱民族品牌以及传播优秀传统文化产生较大影响。全聚德借助传统资源优势平台，增加经济效益以及无形资产价值，也扩大品牌效应[①]。许多老字号企业开始重视利用新媒体手段进行对外传播，通过企业网站开辟专栏介绍老字号的品牌文化、历史由来和传说故事。

以老字号的文化内涵营造北京的城市形象，除了老字号自身行为之外，更重要的是以政府为主导的老字号历史文化的整体宣传与推介。如：建立老字号博物馆，集中、形象地展示和宣传老字号的历史、文化；举办老字号博览会、展览会、品牌论坛，在“走出去”和“请进来”的过程中，加强老字号品牌文化交流，提升老字号的知名度和影响力等。2007 年 9 月 28 日至 30 日，浙江省在日本东京举办主题为“让中华老字号走向世界”的浙江省中华老字号国际品牌展暨 2007 年中华老字号日本展，收到较好效果。

通过展示，不管是文化的差异还是认同，老字号因其积淀深厚的文化而体现出独特的优势，将为彰显北京历史文化名城形象带来整体的正面效应，也将为中国文化、中国商业文明和中国品牌在全世界的传播做出积极贡献。

在 2010 年第二届投资北京论坛上，英国伦敦市主管经济与商务政策的前副市长 John Ross 为北京世界城市建设“支招”：注重城市品牌营销非常重要，而且需要持续的资金投入。他举例说，伦敦、纽约城市营销的预算均已达每年 4 亿美元的水平。要想持续促进北京的城市品牌影响力，需要有一个持续的资金投入和发展战略才行[②]。当然，对老字号这一城市品牌营销的投入也是其中应有之意。

① 丁青、刘东：《借助北京传统资源优势平台，寻找提升文化软实力新亮点——以北京老字号的发展为例》，《打造先进文化之都培育创新文化文集》，第158-159页。

② John Ross：《从伦敦经验看北京世界城市建设》，《投资北京》2010年第10期。

2．注重形象提升——创新品牌理念与技术，提升老字号品牌价值，塑造世界品牌形象

随着时代发展，人们更重视和珍惜老字号的品牌价值。从某种角度来说，老字号有着和文物同样的价值，或者说它的品牌本身就是一种文物。所以，商家、政府、社会各方都越来越关注老字号的保护和发展。但是，许多老字号的前途依然堪忧，有的惨淡经营，有的甚至逐渐湮没。

其问题并不是出在人们的品牌意识上，而是出在老字号的品牌经营上，即随着时间的推移，老字号品牌价值和消费者价值选择之间产生了距离，而这种距离未能得到及时的弥补。其原因包括：老字号品牌营销策略不当，消费者对品牌的期望值增加，希望得到的是一系列产品和服务的组合，而不是单个产品或服务；外部市场环境发生变化，市场上有多个品牌可以满足消费者的需要，他们已经不再钟情于某一个品牌，而是希望在多个品牌之间进行选择。

在这种情况下，只有实行浴火重生、顺应历史的品牌再造，老字号才能在激烈的竞争中生存下来并成为某行业的龙头和翘楚。这里的品牌再造，不是指重新创立新的品牌，而是通过创新品牌理念与技术对品牌价值进行活化或再造。从消费者的消费心理出发，在关注既有品牌意识和品牌形象的同时，强调置入新的元素，即清晰、独特的基于传统的价值主张，以帮助消费者建立价值与身份认同和归属感。

百威啤酒是一个值得学习的标杆。在20世纪70年代末期，美国经济衰退，总统里根号召美国人回归民族的根本——弘扬拓荒者精神。百威从工人阶级的角度诠释了里根的口号，在其广告词向工人致礼："这是属于你的百威，你的贡献无人可替代，百威献给你，重要的不是你的话语，而是你的行动，你所做的一切，有百威一路为你喝彩"。百威以这样的价值主张作为品牌主张，使其成为80年代最受欢迎的啤酒品牌。百威深知，在啤酒业中"得年轻人者得天下"，

所以始终把目标消费群体定在25至35岁的年轻人身上，并针对其消费心理和需求制定宣传营销策略，使百威啤酒在年轻人心目中占据了非常重要的地位[①]。

百威的成功证明，通过塑造消费者对品牌价值主张的认知，形成准确的品牌定位，使品牌在消费者心目中占领一席之地，企业可以随着社会文化演变的洪流不断地走向成功。而这正是中国老字号在文化冲突、传统回归中要学习的东西。事实上，中国也早有先行者。面对自我觉醒、个性表达、独立成长的文化演变，中国移动“动感地带”的“我的地盘我做主”、联想的“只要你想”、李宁公司的“一切皆有可能”等价值主张营销，都获得了成功。

对于有着先天资源的老字号来说，当下的传统回归、文化演变是一个良好机遇。面对竞争，老字号如果能够从传统文化价值中提取明确的价值和身份定位，在价值主张与身份认同的层面持续地深耕，终将成就伟大品牌的梦想。

3. 优化发展环境——提高老字号服务标准，与国际接轨，优化城市环境窗口形象

长久以来，“独有技术”“特色服务”都是老字号鲜明的经营特色。但近年却常有老字号“产品不差服务差”的报道见诸报端，如一些企业的服务人员倚“老”卖“老”，服务冷淡，态度傲慢；有的老字号不注意环境的改善，让人望而却步。很多国际老字号的优异表现，来自于历史悠久而做法常新，而我们的一些老字号则似乎把“老”作为主要卖点，这很有可能使它们与市场和消费者渐行渐远。

在如今“顾客即上帝”的服务理念占据主导的消费环境下，老字号不应总是依赖金字招牌积累下的固有市场号召力，在保证产品质量的前提下，更应在服务质量上做足功夫。尤其是在北京向国际化大都市迈进的过程中，应着力提高老字号服务标准，与国际接轨，优化“城市窗口”的形象。

① 张中孚：《基业之所以长青——世界老字号的不朽传奇》，凤凰出版社2010年版，第20页。

首先，老字号企业应当在服务方面制定相应的规范，对接触顾客的各个环节应达到的质量标准加以规定，使服务标准化、规范化，在服务内容、服务方式、服务时间、服务范围等方面都有严格的要求，以适应现代市场竞争的要求。

其次，优化经营与服务环境。老字号悠久的历史并不等于店面经营环境的陈旧老化。从店堂设置到各项服务，都需要自觉按照世界城市的标准不断提高，使每一位消费者都能在老字号找到“家”的感觉。

再次，老字号要过语言关。2006年7月11日，曲园酒楼、鸿宾楼、砂锅居、又一顺、延吉餐厅、柳泉居等京城数十家餐饮老字号，齐聚淮扬风味名店同春园，举办“华天老字号迎奥运外语服务表演”，现场餐厅服务员所提供的外语服务包括迎宾、领位、开票、斟茶和老字号经营特色、菜肴典故介绍以及征询宾客意见等餐饮服务全过程，为中外宾客服务的语言有英语、日语、韩语、阿拉伯语、马来语，还有手语等。外语服务在老字号的启动，是老字号迎接城市国际化挑战中的一项入门服务。

最后，老字号的服务应突出自身特色。北京老字号历史上的服务对象多为宫廷显贵，在服务上注重尊重奉迎等礼节，周到细致。鞋业老字号内联升对来店做鞋的文武官员的靴鞋尺寸、式样等都逐一登记在册，如再次买鞋，只要派人告知，便可根据资料按要求迅速做好送去。同时，也为下级官员晋见朝官送礼提供了方便。一本详录京城王公贵族制鞋尺寸、爱好式样的《履中备载》由此而生。《履中备载》是中国最早的“客户关系管理档案”，已被编入北大光华管理学院MBA课程案例库①。如今，内联升保留了这项特色服务，针对VIP顾客建立档案，详细记录他们的鞋样和尺寸，为他们免去每次量脚做鞋的麻烦。

餐饮业老字号丰泽园以主打“亲情服务”、推出“现场服务”

① 文中有关内联升的资料主要来源于北京内联升鞋业有限公司官网：http：//www.nls1853.com/。

等创新服务举措来吸引消费者。在丰泽园从业30余年的餐厅部经理王艳霞，是中国餐饮服务大师、北京特级服务大师，是丰泽园亲情服务特色的创立者。凡是王艳霞服务过的重要客人，对方的口味喜好、饮食禁忌、就餐习惯等，她都会一一记在心里，有针对性地推荐适合他们的菜品，让客人感觉像在家里一样舒服、自然。在她的言传身教下，丰泽园热情、周到的亲情式服务，在顾客中树立良好的口碑，培养一大批忠实消费群。此外，针对镇店名菜“葱烧海参”的营销，丰泽园饭店近年来推出“海参公主”现场服务，专门设立海参明档，顾客可以根据需求自由选择。“海参公主”由经过专门培训的服务员担任，除了提供现场“烹制”服务外，还负责讲解海参故事、介绍海参营养、价位等。特色的服务为丰泽园带来可观的收益，这一道菜一年累计销售额即高达上千万元[①]。

在保持的优良品质和好的传统基础上，老字号一定要勇于适应新形势新群体新要求，改掉一些不好的老做派，以优质服务开拓新的天地。

4. 加强统筹经营——统筹老字号经营管理体系，梯队经营与优势推广结合，提升产业整体业绩形象

面对当今以规模发展为主要经营战略的现代企业模式，传统老字号纷纷改变过去“独此一家，别无分号”的经营方式。经过多年发展，西城区形成一批集团化运营的老字号企业，有些企业已成为所在行业的龙头企业。一些老字号通过连锁经营不断发展，部分企业尝试外埠、境外开店。近年来，如张一元、内联升等老字号初步实现北京地区连锁网络的全覆盖，张一元在外省市开店并初步形成规模。

老字号企业应该正确解读规模发展与品牌拓展间的关系。为适应市场多元需求、快速流通、规模发展的形势，许多老字号以扩大

① 徐慧：《亲情服务彰显老字号特色——访中国服务大师、丰泽园饭店餐厅部经理王艳霞》，《北京商报》2011年4月12日。

市场占有率为目的，希望以量取胜来提高企业竞争力。结果是消费者对老字号猛然出现的新店貌、商品结构等经营讯息一时间难以接受。这种消费者对品牌的感性认知与企业定位之间的矛盾，反映出顾客对老字号发展的较高期望值，也提醒企业在发展连锁经营初期重视市场调研，关注市场、顾客需求及市场反应（包括情感等感性认知）的重要性。老字号也到了整合自身资源创新经营的时刻。

全聚德是西城老字号中规模经营与品牌拓展相结合的经典代表。全聚德自创业至今已有几百年的历史，它久远的历史、深厚的文化底蕴、独特的技艺传承有口皆碑。更重要的是，它勇于开拓，积极创新，用现代的经营方式为自己的产品注入新的生命力和活力。

1993年，随着中国北京全聚德集团有限公司的成立，全聚德开始从传统老字号向现代企业发展的转型之路。公司成立后，发挥老字号品牌优势，不断强化精品意识，实施一系列精品战略，推陈出新，研制新的菜肴。在求新、求变的过程中，用新的经营方式，把连锁经营、品牌扩张等新的理念融入市场管理策略中，逐步形成拥有50余家连锁店、资产总量超过7亿元、无形资产价值100多亿元的全国最大的餐饮集团之一。

然而，它并没有止步于此。2003年，全聚德与华天饮食集团联合，成立聚德华天控股有限公司；2004年，他们再次与首都旅游集团、新燕莎集团实行战略重组；同年11月，中国全聚德（集团）股份有限公司成立；2005年1月，他们吸纳仿膳饭庄、丰泽园饭店、四川饭店三家知名的京城老字号。经过历次重组，全聚德初步搭建起现代企业制度的基本框架，形成品牌化、专业化经营的餐饮板块；将企业文化和传统融合在一起，丰富了这块百年历史品牌的内涵[①]。

全聚德的发展经验，照亮了开拓中华民族老字号品牌新生命的

① 张中孚：《基业之所以长青——世界老字号的不朽传奇》，凤凰出版社2010年版，第12–13页。

道路。以此为范例，可以发挥老字号龙头企业的示范效应，通过确立在旅游商圈、车站机场发展“传统风格百年老店”，在商业区、社区发展“创新经营店”，在黄金段、代表性商圈发展“旗舰店”为主的拓展策略，形成适应不同区域功能与消费需要的经营梯队。同时，由政府部门、相关组织搭建平台，创造多元化的商机。由北京老字号协会主办，北京商业信息咨询中心承办的“老字号网店”于 2009 年 5 月正式开通，成为全国首家集老字号企业品牌和产品于一身的特色网上销售平台。

将梯队经营与优势推广结合，线上与线下相结合，政府、社会与企业相结合，辅以适应这种发展定位的连锁企业管理模式，是在老字号作为整体产业协同发展方面值得尝试的路径。

总之，在北京建设世界城市之路上，通过加强品牌建设，从继承中创新，实施品牌战略，充分挖掘与发挥老字号的文化、社会和经济价值，以保护传承、宣传推广、挖掘内涵、开拓创新等为手段，老字号将成为传承文化脉络、带动城市商业发展、丰富市民生活、服务旅游开发、塑造城市形象的重要力量。

## 参考文献

1. 张中孚：《基业之所以常青——世界老字号的不朽传奇》，凤凰出版社 2010 年版。

2. 张俊杰：《400 个百年老店的长赢基因》，中共党史出版社 2010 年版。

3. 宋联可、吴应泉：《百年老店是怎样炼成的》，东方出版社 2004 年版。

4. 徐城北：《转型艰难老字号》，新世界出版社 2007 年版。

5. 孔清溪、陈宗楠、朱斌杰:《品牌重塑: 老字号品牌突围路径与传播策略》，中国市场出版社 2012 年版。

6. 侯式亨主编：《北京老字号》，中国对外经济贸易出版社 1998 年版。

7. 张培玉、孙璠：《北京同仁堂史》，人民日报出版社 1993 年版。

8. 北京市西城区商务委员会编印：《北京西城老字号》，2012 年 1 月。

**作者简介**

陈丽红，中共北京市委党史研究室主任科员，主要研究方向为北京党史。

附：

# 西城区老字号品牌认知情况调查问卷

1. 请在相应□内划√，如选项未包含请在横线上补充

（5）下列老字号您知道哪些？（多选）

□全聚德 □南来顺 □护国寺小吃 □莫斯科餐厅 □烤肉季

□王致和 □义利 □天福号 □张一元 □同仁堂

□瑞蚨祥 □内联升 □新华书店 □西单商场 □菜百

其他 ____________________________________________

2. 您是通过何种渠道了解老字号的？（多选）

□政府宣传推介□网络(购物网站、新闻报道、社交网站、博客等)

□报纸、杂志等纸质广告 □亲友、同学、同事等介绍

□其他 _____

3. 您认为中国老字号品牌在世界上的知名度如何？

□知名度很高 □知名度一般 □没什么知名度

4. 请您标明中国老字号通常拥有下列特性的程度（0 代表没有，1 代表低，2 代表中，3 代表高）

| | 0 | 1 | 2 | 3 |
|---|---|---|---|---|
| 良好的信誉 | □ | □ | □ | □ |
| 悠久的历史 | □ | □ | □ | □ |
| 文化特色 | □ | □ | □ | □ |
| 高质量 | □ | □ | □ | □ |
| 传统工艺 | □ | □ | □ | □ |
| 秘方或绝活 | □ | □ | □ | □ |
| 独特的经营方式 | □ | □ | □ | □ |
| 地方特色 | □ | □ | □ | □ |
| 良好的口碑 | □ | □ | □ | □ |

| | | | | |
|---|---|---|---|---|
| 价格昂贵 | □ | □ | □ | □ |
| 具有荣耀感 | □ | □ | □ | □ |
| 显示消费者的身份地位 | □ | □ | □ | □ |
| 平民化 | □ | □ | □ | □ |
| 过于泛滥 | □ | □ | □ | □ |
| 名不副实 | □ | □ | □ | □ |
| 时尚潮流 | □ | □ | □ | □ |
| 过时 | □ | □ | □ | □ |
| 民族自豪感 | □ | □ | □ | □ |
| 具有亲和力 | □ | □ | □ | □ |
| 服务质量好 | □ | □ | □ | □ |
| 知名度高情感诉求 | □ | □ | □ | □ |
| 材料独特 | □ | □ | □ | □ |
| 一贯的风格 | □ | □ | □ | □ |
| 有限的产量 | □ | □ | □ | □ |

5. 您认为中国老字号品牌和知名国际品牌的共同点是什么？（多选）

□上乘的质量　□传统的技艺　□文化特色　□独特的元素

□悠久的历史　□身份的象征　□其他＿＿＿＿＿＿＿＿

6. 您认为中国老字号品牌和知名国际品牌的区别（或差距）是什么？（多选）

□高品质　□品牌个性　□时尚因素　□一贯的风格

□限量的产量　□情感诉求

□品位　□其他＿＿＿＿＿＿＿＿

7. 北京提出建设世界城市的目标，您认为老字号在哪方面有所贡献？（多选）

□宣传北京悠久的历史　□传递北京独特的文化内涵

□树立北京潮流都市的形象　□代表北京国际化服务品质

□刺激消费　□吸引国内外投资

□拉动旅游　　　　　　　　　　□提高北京国际影响力

□其他 ____________________

8. 对于中国老字号推动北京建设世界城市方面，您有何建议？

# 北京西城老字号餐厅的品牌建设

刘　琪

【内容提要】在长期的历史发展中，北京西城的老字号餐厅逐渐形成了独特的品牌，成为北京餐饮文化的承载者，成为具有鲜明特色的“北京地标”。本文重点从西城老字号餐厅的品牌价值分析、品牌文化建设、品牌维护、品牌推广与价值提升等方面阐述推动西城老字号餐厅品牌建设的思路，力图为西城老字号餐厅品牌的可持续发展寻找切实可行的路径。

【关键词】北京　西城　老字号　品牌　建设

品牌是用于识别产品或劳务的名称、术语、象征、记号、设计及其组合，是区别于其他产品或劳务的标志。品牌意味着信任和保障，消费者一旦选择了某个品牌，就意味着对这个产品品质和服务质量的信任和认同。品牌的形成和发展，需要经历几代人甚至十几代人的艰辛努力和精心呵护。

在长期的历史发展中，北京西城的老字号餐厅逐渐形成了独特的品牌，成为北京传统文化的承载者，成为具有鲜明特色的“北京地标”。在新的发展时期，加强北京西城老字号餐厅的品牌建设，具有十分重要的意义。

## 一、西城老字号餐厅的品牌价值

北京市西城区历史悠久，自古以来就与北京城的发展紧密相联，成为北京建城、建都的肇始之地。西城区是北京市第三产业最发达的城区之一，可谓万商云集之地。就餐饮业而言，既有砂锅居、烤肉季、鸿宾楼等百年老号，又有晋阳饭庄、马凯餐厅这些后起之秀，还有莫斯科餐厅、大地餐厅等西式餐饮经典。

1. 西城老字号餐厅品牌纵览

（1）西城老字号餐厅品牌分类。西城的老字号餐厅品牌，如果按中餐、西餐划分，可分成两类。

中餐厅包括柳泉居；烤肉宛；砂锅居；同和居；烤肉季；鸿宾楼；北京玉华台；同春园；华天延吉；又一顺；峨嵋；全聚德；丰泽园；仿膳；曲园酒楼；老西安；西来顺；新路春；南来顺；小肠陈；金生隆；四川饭店；御膳饭庄；豳风堂；晋阳饭庄；美味斋饭庄；致美斋饭庄；泰丰楼饭庄；瑞宾楼饭庄；马凯餐厅等。

西餐厅包括大地餐厅；莫斯科餐厅等。

（2）西城老字号餐厅品牌溯源。在西城老字号餐厅中，有一部分属于国家正式确认的中华老字号。所谓“中华老字号”，是指在长期的生产经营活动中，继承和发扬中华民族优秀文化传统，具有鲜明地域文化特征和历史痕迹、具有独特工艺和经营特色，拥有商标所有权或使用权，创立于1956年以前，经营状况良好且具有较强的可持续发展能力，取得社会广泛认同和良好商业信誉经过国家主管部门审核确认的企业名称和产品品牌。这些中华老字号餐厅包括柳泉居、烤肉宛、砂锅居、烤肉季、鸿宾楼、玉华台、同春园、延吉餐厅、又一顺、峨嵋酒家、全聚德、丰泽园、仿膳饭庄、老西安饭庄、新路春饭庄、大地餐厅、西来顺饭庄、曲园酒楼、小肠陈饭庄。

西城老字号餐厅品牌众多，如果从时间上划分，在明代创业的有柳泉居（1561年）；在清代创业的有烤肉宛（1686年）、砂锅居（1741年）、致美斋饭庄（1808年）、同和居（1822年）、烤肉季（1848年）、鸿宾楼（1853年）、全聚德（1864年）、泰丰楼（光绪初年）、曲园酒楼（1890年）、豳风堂餐厅（1908年）；在民国时期创业的有玉华台饭庄（1921年）、仿膳饭庄（1925年）、同春园饭庄（1930年）、新路春饭庄（1930年）、西来顺（1930年）、丰泽园饭店（1930年）、南来顺（1937年）、延吉餐厅（1943年）、又一顺（1948年）；在新中国成立后创业的有峨眉酒家（1950年）、马凯餐厅（1953年）、老西安饭庄（1954年）、莫斯科餐厅（1954年）、晋阳饭庄（1959年）等。

从菜系的角度考察，西城老字号餐厅几乎囊括了东西南北各地风味。经营鲁菜的有丰泽园、同和居等；经营川菜的有峨嵋酒家、四川饭店等；经营淮扬菜的有玉华台饭庄等；经营江苏菜的有同春园饭店等；经营上海菜的有美味斋饭庄等；经营湖南菜的有曲园酒楼、马凯餐厅等；经营山西菜的有晋阳饭庄等；经营西北菜的有老西安饭庄等；经营京味菜的有柳泉居。另外，经营宫廷菜的有仿膳饭庄、御膳饭庄等；主打小吃的有小肠陈饭庄、瑞宾楼、金生隆等；主营烤鸭的有全聚德；经营烤肉的有烤肉宛、烤肉季等；主打砂锅菜的有砂锅居；经营清真菜的有鸿宾楼、西来顺、又一顺等；西餐的代表有莫斯科餐厅、大地餐厅。

从空间分布的角度考察，在传统商业区开店更容易汇聚人气，吸引消费者，所以这些老字号主要分布于大栅栏（如：全聚德、丰泽园、晋阳饭庄、美味斋、瑞宾楼）、西单（如：同和居、鸿宾楼、峨嵋酒家、曲园酒楼、烤肉宛、又一顺）、西四（如：砂锅居、大地餐厅）、新街口（如：柳泉居、老西安饭庄）、北海（如：仿膳）、什刹海（如：烤肉季、新路春）、鼓楼（如：马凯餐厅）等商业街区。

从经营特色考察，每一家西城老字号餐厅都有一段不平凡的经历，都有自己拿手的绝活菜品和独到的经营特色，拥有世代传承的产品、技艺或服务，具有鲜明的中华民族传统文化背景和深厚的文化底蕴，形成良好信誉。像始建于清同治三年（1864年）的全聚德，经过创新发展，形成以独具特色的全聚德烤鸭为龙头，集“全鸭席”和400多道特色菜品于一体的全聚德菜系，被誉为“中华第一吃”。

而主打宫廷御膳的仿膳饭庄，则是经营宫廷风味菜肴的中华老字号，以具有浓郁江南风味、兼容鲜明宫廷特色的“满汉全席”等特色菜肴闻名海内外。

2. 西城老字号餐厅是京城餐饮文化的精华和缩影

西城区是人口稠密的首都中心城区，区内有丰富的历史文化遗产和人文景观。西城的老字号餐厅，就如珍珠般散落在西城的大街小巷中。仿膳饭庄坐落在北海这座皇家园林中，将博大精深的中华餐饮文化与世界文化遗产完美结合；晋阳饭庄坐落于纪晓岚故居，美味飘香伴随着文墨雅韵；豳风堂餐厅坐落于北京动物园，古老的餐厅与孩子们的喧闹融为一体。美食与美景相映，饮食与文化共生，成为京城餐饮文化的精华和美丽缩影。

（1）西城老字号餐厅涵盖了京城餐饮文化的内容和特质。兼容并蓄、海纳百川，是北京的精神和气度。作为中国的首都，北京以其宽广的胸怀，将来自东西南北的中外餐饮品牌汇聚一堂。而“博采众家之长，独具自身特色”这一京城餐饮文化的内容和特质，在西城老字号餐厅身上体现得尤为突出。

在西城老字号餐厅中有许多“第一”，如号称“京城清真餐饮第一楼”的鸿宾楼，首创“挂炉烤鸭”技艺的全聚德，承办过开国第一宴的玉华台饭庄，最早在京经营湖南菜的曲园酒楼，最早一家经营山西风味菜肴的晋阳饭庄，天津狗不理在北京开设的第一家分号，北京第一家经营朝鲜冷面的延吉餐厅，北京第一家对外开放的特级俄式西餐厅莫斯科餐厅等。

京城是人文荟萃之地，许多西城老字号餐厅都和文化界人士有密切的关系，借助他们的笔墨口舌将自己的品牌美名远扬。如著名书法大师启功先生为鸿宾楼题写牌匾；著名作家老舍先生的力作《四世同堂》《正红旗下》，均以柳泉居饭庄作为素材和背景，老舍的夫人胡絜青女士在1980年2月14日专为《人民日报》撰写文章介绍“柳泉居”；北京人艺上演的话剧《天下第一楼》，以全聚德为原型，生动诠释老字号的坎坷命运和经营理念；寓居京城多年著名画家齐白石，和黄苗子、董寿平、娄师白、郭沫若等各界名流都曾欣然为曲园留下墨宝；京剧大师梅兰芳钟情峨眉酒家，曾赋诗相赠；玉华台饭庄有许多珍贵墨宝，包括齐白石的字、张大千的山水、马晋的翠竹洋狗、慕凌飞的山水、溥松聪的马、颜伯龙的山鸡菊花等，其悬挂的字匾是清末代皇帝溥仪之胞弟溥杰先生为其题写；人民艺术家老舍先生生前多次光顾晋阳饭庄，品晋风，赏紫藤，曾留七绝一首。

借助这些名人雅士、文化大家的赞誉，西城老字号餐厅美名远播，吸引着众多普通百姓慕名而来。

（2）西城老字号餐厅承载了京城餐饮文化的历史和发展。说起北京的饮食文化，人们开口便讲八大菜系在北京，北京的八大楼、八大居、八大件、四大兴、长安十二春，还有烤鸭、涮肉、满汉全席宫廷宴。在这里，老字号不仅是一种特色鲜明的商贸景观，更是一种具有悠久历史积淀的独特文化现象。

北京的名吃，主要是指包括“四食四味”的“北京八绝”。“四食”指的是“全聚德烤鸭”“独一处烧卖”“砂锅居白肉”和“馄饨侯的馄饨”；“四味”指的是“六必居酱菜”“天福号酱肘子”“田园豆豉”和“王志和的臭豆腐”。其中，“全聚德烤鸭”“砂锅居白肉”是西城老字号餐厅的杰出代表。

“不到长城非好汉，不吃烤鸭真遗憾”，“全聚德”现在已经被打造成为北京文化的一张名片；京城民间歇后语，“砂锅居的买卖——过午不候”，生动表述砂锅居这一老字号曾经的经营盛况；仿膳饭庄坐拥北海之天时地利，将“清廷御膳”这一集满汉菜点之精华的著名中华大宴推向世界。

被列入西城区非物质文化遗产保护名录的老字号制作技艺，包括同和居鲁菜烹制技艺、峨眉酒家川菜烹制技艺、丰泽园鲁菜制作技艺、曲园酒楼湘菜制作技艺、小肠陈卤煮火烧制作技艺、门框胡同褡裢火烧制作技艺、鸿宾楼“老堂经”等十三项。

被列入北京市非物质文化遗产保护名录的老字号制作技艺，包括柳泉居京菜制作技艺等五项。

被列入国家级非物质文化遗产保护名录的老字号制作技艺，包括鸿宾楼全羊席制作技艺、仿膳（清廷御膳）制作技艺、烤肉季与烤肉宛合并“北京烤肉制作技艺”等三项。

## 二、西城老字号餐厅品牌的文化建设

企业的文化建设，以组织的价值观为基础，以组织系统和物质系统为依托，以组织员工的群体意识和行为为表现，形成具有特色的生产经营管理的思想作风和风格，成为企业品牌建设的精髓。

1．挖掘西城老字号餐厅品牌的文化内涵

（1）西城老字号餐厅品牌的文化象征意义。北京西城老字号餐厅是数百年商业和手工业竞争中留下的极品，经历了艰苦奋斗的发家史，其品牌成为人们公认的“优质”的同义语。这些闻名遐迩的老店，都是传承发展了上百年的响当当的大牌。

西城老字号餐厅历经几十到上百年变迁发展，有着深厚的历史文化底蕴，既是北京的著名品牌，也是宝贵的历史文化遗产，是北京历史文化名城的重要标志之一，为今天推动文商旅联手发展奠定坚实基础。老字号秉承的传统文化，主要源于儒家文化，内涵极为丰富，尤其是诚信经营、注重质量、周到服务以及独特技艺等，支撑老字号几百年的延续和发展，是宝贵的精神财富，其无形资产价值弥足珍贵，对北京展现世界历史文化名城和现代化国际大都市风貌，有着不可低估的重要作用。

（2）西城老字号餐厅品牌的民生价值。当今社会进入变革转型期，东西方文化相互碰撞交融，人们物质、文化生活需求日趋多样，餐饮市场竞争更加激烈。面对挑战，许多老字号解放思想，锐意进取，一方面坚持发扬优良传统，以人为本，诚信营商；另一方面坚持在体制机制、经营管理、产品开发、服务方式、环境设施等方面不断创新，加大申报非物质文化遗产、海外开拓、商标维权等方面力度，推动传统文化与现代文化相结合、传统技艺与现代科技相结合、传统经营管理与现代经营管理相结合，迸发出新的生机与活力。

除了“高大上”的品牌，其实最受北京平民百姓青睐的饮食才是最能代表北京的饮食文化。而具有浓郁京味儿文化的老北京小吃就是其杰出代表，像瑞宾楼的褡裢火烧、延吉的朝鲜冷面、小肠陈的卤煮火烧、金生隆的爆肚等。小肠陈的卤煮火烧已有二百余年历史，是纯粹老北京的东西。如今的小肠陈，对原料和产品质量精益求精，味浓、料丰、干净、精致、讲究，在北京声名远扬，很受百姓钟爱。

（3）深入挖掘、阐释老字号品牌的核心价值。这些西城老字号的经验，对促进经济文化发展和民生建设都有重要的现实意义，也值得其他老字号研究借鉴。过去京城百姓形容一个人的身份，总喜欢说：“头顶马聚源，脚蹬内联升，身穿八大祥，腰缠四大恒”，这从一个侧面说明了当时百姓对于这些名家品牌的认可。西城老字号餐厅品牌一定要坚持自身卓越不凡的品质，挖掘自身蕴含的历史文化传统，搞好传帮带，防止传统技艺失传、人才断档。像前门全聚德烤鸭店专门设一间仿古餐厅“老铺”，餐厅内的八仙桌、铜茶壶、瓷茶碗，外加跑堂儿亲切而充满京味儿的招呼，使人仿佛置身百年前的老北京，让人不由得对历经百年仍风韵犹存的老字号产生深深的敬意和自豪。

2. 加强西城老字号餐厅的企业文化建设

组织形象是无形资产的重要组成部分，是指社会公众对一个组织综合认识后形成的印象和评价。在现代社会中，一个组织的形象如何，会直接影响到组织的生存和发展。市场经济竞争的最高层次，就是组织形象的竞争。谁拥有良好的组织形象，谁就能赢得公众的支持，就能占有市场，就能获得源源不断的利润。

（1）加强餐饮队伍的人文素质培养。话剧《天下第一楼》中着力描写了一个堂头常贵，他可以说是旧中国餐饮业服务人员的艺术典型。而在现实生活中，被北京市政府命名为国宝级服务大师王守谦老先生，他那“跑堂儿”的手、眼、身、法、步和接待主顾的各种礼仪、规矩以及与顾客沟通的艺术，特别是报菜名儿的绝活儿，却都已经接近失传。这些来源于生活的服务特色、民俗民风，应该在老字号餐厅品牌建设中尽可能原汁原味地保留下来。

作为服务产业，服务质量是企业生存发展的基石，而服务人员的综合素质则是提高服务质量的根本保证。西城老字号要提高品牌竞争力，就要研究企业文化特色，狠抓服务，特别要大力提高餐饮队伍的人文素质，加强员工的系统培训。

厨师是老字号餐厅的灵魂人物，对他们要进行全方位业务培训，打好基本功，老师傅要发挥其传帮带作用，特别是对于老字号的核心技艺要进行传承、发展和创新。对餐厅服务人员，要加强有关餐厅的历史渊源、餐饮文化、服务用语、礼仪规范表达等知识的培训，确保每一位上岗人员都能做到服务标准统一、服务行为统一。每一位服务人员都要拥有阳光心态，全程展现微笑服务，随时随地发现客人的潜在需求，主动为客人介绍本店的特色菜肴、营养搭配、环保用餐等常识，为客人就餐提供舒心愉悦的环境。像仿膳饭庄的服务人员，均身着清宫服饰，举手投足均使用皇家礼仪，顾客在享用宫廷御膳的同时，也沐浴皇家餐饮礼仪文化。

（2）“吃”字搭台、文化唱戏，实现经济文化双赢。老字号是一个民族文化精髓的沉淀，代表着一个时代的形象。作为中国传统文化传承的载体，兼具首都和西城区餐饮旅游文化综合体的多项优势，西城老字号餐厅要立足于“吃”，通过开展多种不同形式的活动，强化品牌宣传和建设。

西城老字号餐厅可以通过举办各类餐饮文化节，进行名菜展示、评选、拍卖，开展名人墨宝展示等活动，以餐饮为媒介，展示独具魅力的餐饮文化，开拓特色民俗、旅游市场，促进西城乃至北京的整体发展。

要积极谋划与2022年冬奥会有关的宣传活动，围绕强化奥运氛围，设计餐厅就餐环境，开发适合中外来宾的饮食。

西城老字号餐厅要将自己的主打产品进一步做精做大做强，不仅要充分满足堂食的需要，还应该积极开发类似柳泉居的豆沙包、全聚德的烤鸭那样的各种成品、半成品、礼品，以适应餐饮、旅游市场的多重选择。

西城老字号餐厅应该借鉴开发特色旅游产品的经验，积极研究开发各种“伴手礼”，如精致的餐巾、餐具礼盒、各式美食礼盒等，这既可以拓展业务渠道，同时也能够进一步加大对外传播，树立良好品牌形象。

西城老字号餐厅应该努力在婚礼、诞辰、民俗体验等消费领域，开发出不同档次、不同内容、不同形式的一条龙服务套餐。这种具有鲜明特色的系列服务项目，对于那些喜爱中国传统文化的国内外人士，具有极大的吸引力。这样，既可以取得良好的经济效益，同时也是推广传统文化的极佳途径。

开展这些活动，要注重参与性、互动性、体验性，通过群众喜闻乐见的形式，展示独具魅力的餐饮文化，吸引更多的客商投资兴业，实现文化经济双赢。

## 三、西城老字号餐厅品牌的维护

老字号餐厅品牌是西城的宝贵财富，要用心维护传承，改革创新，使其发扬光大。

### 1. 西城老字号餐厅品牌特色的保持与传承

西城老字号餐厅在经营中首当其冲的，是要传承各自的独门绝技、看家绝活，坚持自己的特色经营和管理方法。

（1）传承老字号餐厅独树一帜的绝技与秘方。每一个西城餐厅老字号都有自己独树一帜的绝技与秘方，成为传承多年的知识产权与文化遗产，是保护和发展品牌的重点。

首先，要保持西城老字号餐厅的菜品特色。仿膳饭庄的“清廷御膳”，以做工精细，形色美观，味道鲜醇，软嫩清淡，造型工巧和命名典雅著称于世，其中的凤尾鱼翅、金蟾玉鲍、一品官燕、油攒大虾、宫门献鱼、溜鸡脯等最有特色，名点则有豌豆黄、芸豆卷、小窝头、肉末烧饼等，已然成为宣传中华餐饮文化的金字招牌。

曲园酒楼的湘菜是由湘江流域、洞庭湖区和湘西山区三种地方菜所组成，以长沙菜为代表，常用熏腊原料，烧、蒸、煎、炒等烹饪手段并用，讲究入味具有酸辣、鲜香、软嫩等特色，在京城独树一帜。著名的传统品种有腊味合蒸、东安子鸡、紫龙脱袍、奶汤蹄筋、发丝百叶、汤泡肚尖以及怀胎鸭子、红烧狗肉、烤全猪等，多年来一直深受人们的欢迎，成为曲园酒楼经久不衰的看家菜。

丰泽园饭庄经营的山东菜，主要由济南风味和胶东风味组成。菜肴特点是“清、鲜、香、脆、嫩”，尤以鲜为最，烹调技法擅长“爆、炒、烧、炸、扒、溜、蒸”。沙锅鱼翅、干鱼翅、葱烧大乌参、干烧大鲫鱼等都是这里的名菜。在1983年的中国烹饪技术比赛中，其厨师王义均凭着一道“葱烧海参”赢得金奖。

其次，要传承改进西城老字号餐厅的制作技艺。全聚德的烤鸭，采用挂炉、明火烧果木的方法烤制而成，刚烤出的鸭子皮质酥脆，肉质鲜嫩，飘逸着果木的清香，鸭体形态丰盈饱满，全身呈均匀的枣红色，油光润泽，赏心悦目，配以荷叶饼、葱、酱食之，腴美醇厚，回味不尽。在做好传承的同时，全聚德积极适应大规模社会生产的需要，运用电脑技术模拟人工烤鸭，比人工烤制的效果更好、质量更稳定，而又不失传统烤鸭的风味。

再次，要固化标准化西城老字号餐厅的工艺流程。在老字号品牌建设中固化操作步骤，让工艺流程尽可能标准化，是新时期餐饮业迈向国际化的一个重要方面。例如，季氏的烤羊肉、宛氏的烤牛肉，各有其制作流程。烤肉季专门选用张家口以西的绵羊，羊肉要选用后腿与上脑的部分。羊肉的加工也很重要，先把筋膜、碎骨、肉枣等剔选干净，然后用小箅帘布包好，压二十四小时的冰肉，这样肉会更加鲜嫩，有“赛豆腐”之称。压好后切肉，亦需要很高的技术，切的肉片半透明，用铁炙子烤着吃。

烤肉宛所选之牛，是西口产四龄半的阉过的公牛或只产过一胎的乳牛，部位也只选用上脑、尚头里脊等鲜纯处，用尺许长的特制钢刀，把肉“拉切成”柳叶形肉片，一斤约出一百五十片左右，烤肉所用燃料为松枝或松塔，考出的肉有独特香气。

鸿宾楼是经营清真菜的中华老字号，“独”法制菜“独此一家”。其主料本身多为无味道的食品，通过烹入调料、高汤后，经小火较长时间“咕嘟”入味，使菜肴达到味厚，质地软、嫩、烂的程度，以笃法制作的名菜有独鱼白、独面筋、独鱼腐、独脊髓脑眼（又称笃羊三样）等。鸿宾楼推出的全羊席，以羊的不同部位为主料，因材施艺，所烹菜肴冠名优雅，文化底蕴丰厚，如“明开夜合”“八仙庆寿”“三阳开泰”等，烹饪手法富于变化，选料精细、配膳合理，菜品精致，席面豪华，再配以庄重严谨的就餐程式，成为清真饮食文化的典章之作。

峨嵋酒家创立自成一家的“峨嵋派川菜”，其名菜“宫保鸡丁”成为峨嵋所有宴会的“头菜”。“宫保鸡丁”的做法平中见奇，首先是“小荔枝口”，选料精细保证菜质鲜嫩；火候最见功夫，在“刚断生，正好熟”之间，上浆码底味，肉剞花刀，蓑字条，配形色相称的剥皮花生米；烹炒时“锅红、油温、爆上汁”。成菜上桌五味迭出：先甜，后微酸、略有椒香，咸鲜还稍带点麻口；最讲究的是菜食后盘中“只见红油不见汁”，这是峨嵋独创的“散籽吐油”法。

同和居主营山东福山帮菜，以烹制河鲜海味最为见长，精于溜、爆、扒、炒、烩等，菜肴品质突出清、鲜、嫩、脆。烤馒头、三不沾、和糟溜系列一并称为同和居名震京城的“三绝”。其中的“三不沾”烹饪技能独特，蛋液加味后，入锅搅炒四百余下才出勺，色橙黄、口感细腻、甜香利口，食不沾盘、不沾匙、入口不沾牙。

老字号一定要专业专注，做行业领头羊，狠抓技术环节，质量第一，品质第一，声誉第一，确保长久占有市场，成为消费者的首选品牌。要注重传承，把老品牌的文化精髓一代一代传递发扬光大。在经营手段和管理上，围绕市场需要，推动网点布局、连锁化，力争将品牌做大做强。要注重更新观念，与时俱进，不断改革创新配方、工艺，更加契合老年客户群追求现代养生健康、年轻客户群猎奇时髦求新的心理，保留老主顾，发展新粉丝，让更多的人认同老字号，追捧老品牌，使古老的品牌焕发出新的光彩。

（2）坚持老字号餐厅的特色经营与管理。西城老字号餐厅在经营理念上有诸多共性，如全聚德“全而无缺，聚而不散，仁德至上”的文化内涵，“想事干事干成事，创业创新创一流”的精神，“圆满、团圆、仁义、恭谦”的观念和以德为先、诚信为本，热情、周到为各方宾客服务的经营理念等；又如丰泽园“宾客至上，最佳服务”的宗旨，马凯餐厅坚持“为顾客服务第一”的经营理念等等，在一定意义上代表了西城老字号餐厅共同的理念，也是老字号能够做大做强的基础。具体到每一家西城老字号餐厅，都应该充分展示自己独具魅力的经营特色。

2005 年 1 月，北京全聚德烤鸭股份有限公司更名为中国全聚德（集团）股份有限公司。后又收购聚德华天控股有限公司 30.91% 股权。2007 年 4 月，仿膳饭庄、丰泽园饭店、四川饭店进入全聚德股份公司。中国全聚德（集团）股份有限公司展成为涵盖烧、烤、涮，川、鲁、宫廷、京味等多口味，汇聚京城多个餐饮老字号品牌的餐饮联合舰队。2007 年 11 月 20 日，中国全聚德（集团）股份有限公司在深圳证券交易所挂牌上市，成为中国第一家进入资本市场的餐饮企业。

全聚德股份公司成立以来，扎扎实实地开展体制、机制、营销、管理、科技、企业文化、精神文明建设七大创新活动，确立充分发挥品牌优势，走规模化、现代化和连锁化经营道路，以独具特色的饮食文化塑造品牌形象，积极开拓海内外市场，加快连锁经营的拓展步伐。已经形成拥有70余家成员企业，上万人员工，年销售烤鸭500余万只，接待宾客500多万人次，品牌价值近110亿元的餐饮集团。

全聚德股份公司先后被授予“全国文明行业示范点”“全国质量管理先进企业”“国际餐饮名店”“国际美食质量金奖”“中国十大文化品牌”“中国最具竞争力的大企业集团”和“北京十大影响力企业”等荣誉称号。2005年8月6日，世界品牌实验室宣布全聚德品牌评估价值为106.34亿元人民币。2007年9月，在第二届亚洲品牌盛典中，“全聚德”品牌荣获第320强，是亚洲餐饮行业唯一进入亚洲500强品牌的企业。

2. 提高品牌保护意识，改进品牌维护方法

在品牌建设中，老字号首先要要有品牌保护意识，同时要改进品牌维护的方法，不断提升品牌保护的实效性。

（1）用法律手段维护品牌的商业价值。2006年7月，王致和集团在德国注册商标时发现，王致和腐乳、调味品、销售服务三类商标被德国欧凯公司注册。2007年1月，在双方协商未果后，王致和集团在德国慕尼黑地方法院对欧凯公司提起诉讼，2009年4月23日，慕尼黑高等法院终审判决王致和胜诉。这是中国加入世贸组织后中华老字号企业海外成功维权的第一案。

很多老字号餐厅的菜品都曾被“山寨”和“李鬼”们侵权，应该从王致和海外维权事件中得到启示。企业在受到恶意侵权时，要积极应对，学会运用法律手段维护自己的合法权益，捍卫企业的知识产权，保护品牌的商业价值。

老字号经营者要知法懂法，必要时可聘请咨询专业法律人士，给自身品牌提供坚实的法律屏障。要加大品牌保护意识，在商标注册、知识产权、广告宣传、产品营销等环节，不给不法之徒以可乘之机。

（2）用现代经营管理理念和技术加强品牌管理。西城老字号餐厅在维护品牌时，要引入现代经营理念和先进技术，加强品牌管理。要将自己的产品由小而全、大而全改为单体做大，工艺统一，标准

统一，走集团化的路子；对产品研发要推陈出新，丰富产品结构，提升品牌内涵，扩大市场份额，走品牌延伸之路。

中餐业应该借鉴西餐精细化、标准化的管理特点，在选料、配比、重量、操作、火候等环节制定统一标准，统一培训，力争减少人为因素造成的失误；同时也要区分中西餐饮的不同，允许厨师适当发挥，给菜品留出改良上升的空间。

在企业管理上，要敢于改变旧的体制，打破大锅饭、一刀切，杜绝因体制重叠而造成的内耗，梳理生产、营销、经营体系，使之层次分明，条块清楚，增强自身品牌的实力。建立自己的原材料生产供应基地，从源头保证产品质量；建立标准化生产线，改进生产工艺，实现大规模机械化、电子化生产，减低成本；建立科学的物流配送和保鲜系统，建立科学的营销体系，扩大市场份额，像全聚德、柳泉居那样，在全国更多的城市设立自己的专卖店或销售专柜，形成规模生产、规模销售，赢得消费者的信任和喜爱。

## 四、西城老字号餐厅品牌的推广与价值提升

1. 加强改革创新，打造西城老字号餐厅品牌的全新形象

（1）了解生存环境，分析自身不足。现在北京的餐饮业呈现百花齐放的态势，要在如此严峻的环境中保持市场竞争力，就要加强调查研究，真正做到知己知彼。

要了解餐饮界的实际情况，特别是与自己经营方向类似的、周边的餐厅的经营状况、顾客群体。要勇于审视自身的不足，注重客户的反馈意见，对于有益的建议要研究采纳，对于批评要虚心接受，及时回应和改进。

（2）与时俱进，引入健康时尚的餐饮理念。既要保持优良的传统，又要认真研究现代餐饮健康时尚的理念，顺应时代和市场需求，开发出更多既适合当代人口味、又符合现代养生健康理念的菜品。

首先，餐厅要严把原料关，使用新鲜、有机、符合国家食品卫

生健康标准的食材；其次，要不断开发新菜品，特别是在荤素搭配、低盐低脂、粗细结合等方面大做文章，咨询专业营养师的意见，定期召开餐厅内部菜品研讨会，交流、分享菜品创新经验，强化厨师队伍的健康与创新意识；再次，要向顾客宣传健康饮食的理念，让前来就餐的顾客感觉到餐厅对顾客健康的一种负责态度，不仅吃到了美味，更能学到养生的知识。要顺应当代养生潮流，开发出更多健康、美味与营养兼顾的菜品。

洋快餐席卷中国，需要老字号餐厅主动站出来，宣传中国古老而悠久的餐饮文化，引导年青一代的饮食观念从感性回归理性，把年轻人从喧嚣、简单、高热量、营养单一的饮食喜好中拉回到宁静悠远、淡雅精致、细嚼慢咽、齿颊留香、回味无穷的中餐境界里来。

借助洋快餐品牌连锁化、国际化的经验，将自己的品牌做大做强。西城老字号餐厅应该打开思路，积极招商引资，拓展市场，寻求合作伙伴，以求强化品牌。

很多国家都有唐人街和中餐，但正宗的老字号分店并不多。中国的餐饮老字号应该关注世界美食动态，加强国际合作，在拓展海外市场上下功夫，在传播中华文化的同时，推动老字号品牌走向国际化，以求早日跻身国际美食之林。

2. 引入“公共关系”理念，建设强大传播平台

“公共关系”是企业为了塑造组织形象，通过传播、沟通手段来影响公众的行为。西城老字号要学会运用这种手段，树立组织形象，推广自己的品牌。

（1）获取政府支持，与传媒携手合作。政府是对社会进行统一管理的权力机构，也是企业做大做强的重要条件。西城老字号餐厅要自觉接受各级政府的管理和指导，及时、全面、准确地掌握与研究政府所颁发的有关政策、法令内容，相应地调整本企业的决策方向及实施计划。要积极参加政府牵头组织的商贸推广活动，善用政府传媒宣传自己的品牌。

西城老字号餐厅要进一步加强与报纸、杂志、电视台、广播电台等各种大众传媒的合作，特别是要借助《米其林指南》等权威媒介，传播老字号餐厅的历史文化，宣传自己的独特品牌，增强在全国乃至世界范围的影响力。

老字号餐厅要着力打造企业网站，大力推进网络营销，扩大经营渠道，牢牢抓住年轻的消费群体，积极开拓市场。要积极与各种美食网、团购网站合作，推出各种美食资讯和优惠信息，让更多的普通工薪阶层也能消费得起高端餐饮；可以通过电子商务平台，推销各式精选套餐、各种半成品以及节假日的预约包桌等服务；还可以通过网络平台，介绍老字号餐厅的各位主厨及其拿手菜，用声光影音加强顾客对老字号餐厅经典菜式的印象。

2012 年，晋阳饭庄委托某科技公司为自己量身定制了一款餐饮行业标准化手机客户端（APP）。晋阳饭庄可以在客户端里发布菜品、优惠促销、资讯活动和企业动态等信息，通过消息、评论、分享等消费者与商家的互动功能，加强与消费者的联系，拉近与个人用户的距离，在推动企业形象宣传、开展优惠促销、扩大利润的同时，也使消费者得到了实惠。

仿膳饭庄曾推出清廷御膳专题片，仿膳网站改版推出全新中英文网页，开展仿膳“清廷御膳”制作技艺宣传展示、“宫廷美食节”、“读《清廷御膳》，品清宫饮食文化”笔会等活动，与网站、电视台、广播、报纸、杂志等各种媒介通力合作，扩大自己的品牌影响。

西城老字号餐厅应该主动适应当代消费者注重追新、求奇、互动、分享的特点，充分利用微博、微信等网络媒体传播快、覆盖广、互动性强等优势，进行全方位、立体化的宣传，在全国乃至世界范围内打响西城老字号诸家的宝贵品牌。

电影《阳光灿烂的日子》《失恋 33 天》，电视剧《梦开始的地方》《血色浪漫》《与青春有关的日子》《北京一家人》《邓小平》等影视作品均在莫斯科餐厅取景拍摄。2001 年以来，莫斯科餐厅与有关方面合作，先后举办“一起走过的日子”有奖征文活动，联合出版《梦开始的地方》，接受《瞭望东方周刊》、北京青年杂志社、《精品购物指南》、北京外语广播台“听世界”节目、中央台国际频道（CCTV-4）“城市一对一”栏目等媒体采访，积累了丰富的影音、视频、文字素材，吸引了大批五〇后、六〇后前来“老莫”怀旧，也吸引了八〇后、九〇后前来探奇体验。

很多老字号通过举办展览、著书立说、拍摄影视剧，展示自己独特的企业文化，宣传企业品牌，总结企业发展历程，产生了广泛的社会影响，也增加了很多铁杆拥趸。这些经验都值得进一步总结、推广。

（2）融入百姓生活，承担社会责任。西城老字号餐厅品牌的成功之道，是其丰富的传统文化内涵，是在一代又一代消费者中流传下来的口碑。要把顾客真正当作上帝，研究消费者的口味，注重消费者的健康，研究消费者的喜好。

可以根据当代年轻人的喜好，打造具有中式或欧式色彩的婚礼和宴饮；中老年人有怀旧情结，可以为他们量身定做具有不同历史时代特色的生日寿宴、聚会派对。在中国的传统节日，如端午节、中秋节、春节、元宵节等特殊日子来临时，餐厅可以推出应节产品，举行应节餐饮展卖，向宾客介绍这些节日的来历和饮食传统。例如在春节时，老字号餐厅可以推出不同档次的年夜饭套餐，实行预订厨师上门服务。

消费者是老字号餐厅的衣食父母，老字号餐厅也要尽可能回馈消费者，如推出更多的实惠菜品，使高高在上的老字号更加亲民，吸引更多的大众消费者。

（3）兼顾美誉度与知名度，打造京城餐饮新名片。无形资产是组织资产的重要组成部分，它是以知识形态存在的重要经济资源。无形资产代表组织在公众心目中的形象，组织形象的好坏决定了无形资产价值的高低。组织形象的认知度越高，美誉度越好，和谐度越佳，定位越准确，无形资产的价值就越大，增值率就越高。

西城餐饮老字号要保持自己的知名度，增强自己的美誉度，在注重经济效益的同时兼顾社会效益，把推广中华传统餐饮文化当成自己义不容辞的责任，力争成为首都餐饮的新名片。

西城老字号餐厅要牢记企业的社会责任，在扶贫济困、社会公益活动中要身先士卒，不遗余力；在推广中华餐饮文化的各项活动中，要倾力支持，义不容辞；要把自己的命运与首都的发展、国家的发展紧密结合起来，在北京举办 2022 年冬奥会的筹备等工作中身体力行，建言献策，力争成为首都餐饮的崭新名片。

**作者简介**

刘琪，北京联合大学师范学院讲师，主要从事文秘、档案专业的教学。中国高教学会书学专业委员会会员、北京市普通话测试员。

# 北京市西城区老字号企业社会资本现状与发展策略

尉建文　刘　波

【内容摘要】本研究基于社会资本的理论，采用文本分析的方法，分析了北京市西城区老字号企业社会资本的现状，并对如何提升老字号企业社会资本提出对策建议。总体而言，北京市老字号企业社会资本水平相对较低，与媒体有联系的比例较高，但与政府、高校或科研机构以及其他企业的联系比例较低。因此，政府要加强对老字号企业的认定，在政府采购和指定产品中加强对老字号的支持；老字号企业要积极拓展与高校或科研机构及其他企业的合作，提升研发能力；要加强与各种媒体的全方位合作，尤其是加强网站建设，提升网络宣传能力，增强自己的社会资本。

【关键词】老字号　企业社会资本　发展策略

## 一、研究背景

北京老字号历经数百年变迁发展，有着深厚的历史文化底蕴。老字号既是北京的宝贵遗产，也是现代北京的特色名牌，成为北京历史文化名城的重要标志之一。当今处于社会变革转型期，人们的物质、文化生活需求日趋多样，市场竞争更加激烈，老字号面临种种挑战和机遇。如何振兴老字号，在当代经济社会文化建设中发挥老字号应有的价值，是一项亟待研究和解决的重大课题。

北京市西城区是老字号企业集中的区域。全区有近百家老字号聚集，如全聚德、张一元、内联升、荣宝斋等。老字号企业的平均年龄达到144岁。这些老字号主要分布在吃、穿、用等与百姓生活息息相关的行业中，有着深厚的历史文化底蕴。近年来，西城区一直在加大对区域老字号的扶持和保护力度。2013年4月，西城区在全市率先出台《保护和促进老字号发展若干意见》，引导老字号企业通过产品创新和营销创新，向主题化、多元化、体验化方向发展，鼓励企业走出去，开展国际化经营，把企业做大做强。

但是，西城区老字号企业的发展水平参差不齐。有不少老字号能够解放思想，实事求是，锐意进取，既发扬优良传统、诚信营商，又敢于在经营管理、产品开发、服务方式、环境设施等方面不断创新，并在申报非物质文化遗产、海外开拓、商标维权等方面紧跟时代步伐，努力推动传统文化与现代文化相结合、传统技艺与现代科技相结合、传统经营管理与现代经营管理相结合，迸发出新的生机与活力。但是与此同时，也有一些老字号，由于旧城改造、旧体制制约等客观因素和缺乏创新意识等主观因素，步履十分艰难，有的甚至正在走向衰落。

如何挖掘西城区老字号品牌资产资源、重新振兴老字号，是各级政府、学术界和社会各界共同关注的问题，需要深入的研究和探讨。本文把“社会资本”的概念引入老字号研究，力图建构起一套评价老字号企业社会资本的指标体系，以此评价西城区老字号企业社会资本的基本状况，分析其中存在的问题，并就如何提升老字号企业社会资本、促进老字号企业发展提出相应的对策建议。

## 二、文献回顾

### 1. 相关文献综述

近年来，关于老字号企业，许多专家、学者依据社会学、人类学、管理学和心理学等学科的理论和方法，从不同层面出发，运用各自的理论视角进行深入的分析，产生丰富的研究成果[①]。这些研究为我们深入了解老字号的企业行为、振兴老字号品牌、提高老字号效益都提供了重要的启示。但上述研究更多注重老字号的经济效益、品牌价值等经济和文化方面的内容，对于其他方面的关注则相对较少。

美国著名管理学家和社会学家博特认为，一个企业（个体）在市场的竞争中，不仅要靠经济资本、人力资本，更为重要的是社会资本。[②]研究表明，社会资本对于企业获取商业信息、降低交易风险、促进企业发展等都有重要意义。[③]但是采用社会资本理论对老字号企业的研究相对比较缺乏。本文尝试将社会资本理论引入老字号企业研究之中，以西城区 62 家老字号为对象，建构起一套评价老字号企业社会资本的指标体系，据以评价西城区老字号企业社会资本的基本状况，分析其中存在的问题，就如何提升老字号企业社会资本、促进老字号企业的发展提出相应的对策建议。力图在理论层面上拓宽老字号企业研究的视野，深化老字号企业研究的内涵；在实践层面上为老字号企业的发展和壮大提供现实指导。

2．企业社会资本概念与测量

“社会资本”的概念最初是由经济学的“资本”概念演变而来的，目前已经成为管理学、经济学和社会学等领域的一个重要概念和分析工具。企业主与客户之间既有的社会关系为建立企业与客户间良好的信任关系提供了重要基础，从而确保企业可以持续得到订单，有助于降低企业的经营风险。[④]实际上，这就是企业的一种社会资本。概括起来说，企业社会资本通过信任、规范、义务等关系性嵌入，影响着企业的知识创造过程；[⑤]对企业销售收入的提升有着正面的促

① 张继焦主编：《中国“老字号”企业发展报告：No.1（2011）》，社科文献出版社2011年版。

② Burt. Ronald. 1992. Structural Holes： The Social Structure of Competition. Cambridge： Harvard University Press.

③ Batjargal B， Liu M. 2004. “Entrepreneurs’ access to private equity in China： The role of social capital.” Organization Science， vol.15， no.2， pp159-172.

④ 边燕杰、张磊：《网络脱生：创业过程的社会学分析》，《社会学研究》2006年第6期。

⑤ 周小虎、陈传明：《企业社会资本与持续竞争优势》，《中国工业经济》2004年第5期。

进作用；[①] 对企业技术创新绩效的提升也具有显著的作用。[②]

企业社会资本的定义十分繁杂，[③] 其中“资源观”最为普遍接受。依据这种理论，社会资本被看作是一种资源，是个人通过网络、关系等所能获取的资源集合。布尔迪厄认为，社会资本是一种通过对体制化关系网络的占有而获取的实际或潜在的资源的集合体。科尔曼认为，社会资本是个人的社会结构资源。[④] 林南认为，社会资本是一种镶嵌在社会结构之中并且可以通过有目的的行动获得或流动的资源，同时体现为个人动员或者获取资源的能力。

中国学者大多数延续林南的研究脉络，都是从关系网络的角度来界定社会资本，但是研究侧重点和测量方法有所不同。李路路把社会资本定义为一种社会资源，它与人们之间多少制度化了的相互认知和认可的持续社会关系网络相联系，能够给拥有这种关系的人带来好处或便利，并且在特定条件下能够转化为经济资本。[⑤] 边燕杰和丘海雄认为，企业不是孤立的行动个体，而是与经济领域的各个方面发生种种联系的企业网络上的纽节。企业的社会资本是行动主体与社会的联系以及通过这种联系摄取稀缺资源的能力[⑥]。

综上所述，本研究依据社会资本理论中的资源观，借鉴边燕杰对企业社会资本的理论诠释，将企业社会资本定义为老字号企业纵向、横向和社会三种正式联系，表现为企业与政府、企业与市场、企业与媒体以及企业之间的关系。具体的测量指标如下：

（1）纵向联系：指老字号企业与政府部门的联系，测量指标为是否为奥运会或博览会的指定产品；

① 石军伟、胡立君、付海艳：《企业社会资本的功效结构：基于中国上市公司的实证研究》，《中国工业经济》2008 年第2期。

② 韦影：《企业社会资本与技术创新：基于吸收能力的实证研究》，《中国工业经济》2007年第9期。

③ 尉建文：《企业社会资本的概念与测量：一个综合理论分析框架》，《社会》2008年第6期。

④ Coleman，James.1998.“ Social Capital in the Creation of Human Capital.” American Journal of Sociology， Vol.93， pp.291-321.

⑤ 李路路：《社会资本与私营企业家——中国社会结构转型的特殊动力》，《社会学研究》1995年第6期。

⑥ 边燕杰、丘海雄：《企业的社会资本及其功效》，《中国社会科学》2000年第2期。

（2）横向联系：指老字号企业与高校或科研机构是否存在联系，测量指标为是否与其开展过技术等方面合作；

（3）社会联系：指老字号企业与媒体以及与其他企业的关系，测量指标分别为老字号是否为媒体报道过、是否与其他企业形成产业集团。

## 三、数据来源与样本说明

本研究调查对象是北京市西城区的老字号企业。北京市西城区是老字号企业集中的区域。全区有近百家老字号聚集，如全聚德、张一元、内联升、荣宝斋等。老字号企业的平均年龄达到 144 岁。这些老字号主要分布在吃、穿、用等与百姓生活息息相关的行业中，有着深厚的历史文化底蕴。因此，西城区的老字号具有一定的典型性，能够较好反映老字号企业的现状及存在问题。

本研究数据来源于北京市西城区老字号谱系研究主办方提供的老字号材料，总计有 62 个样本。采用文本分析法，把 62 份老字号企业的文本资料，经过四个步骤转成可供量化分析的统计数据。第一步，通读文本资料，围绕创立年份、创始人职业、名人题匾等信息，整理关键词。第二步，根据关键词编制调查问题，如“企业所属行业：⑴食品 / 酒店类；⑵衣帽 / 生活服务类；⑶文化用品及其他”。第三步，归类调查问题，形成“北京市西城区老字号企业文本资料分析问卷”。第四步，抽取文本资料中的相关信息，填答分析问卷，形成老字号企业数据库。

本研究共完成有效问卷 62 份。从企业的特征来看，企业年龄低于百年的占 37.5%，百年以上老字号占 62.5%；销售对象是平民百姓及其他的老字号比例很高，占 85.25%，达官贵人及社会名流的占 14.75%；行业分布状态是食品、餐饮酒店类的比例最高，占 50%，其次是衣帽、生活服务类，占 33.87%，最低的是文化用品及其他，占 16.13%（见表 1）。

表 1　北京市西城区老字号企业样本情况

| | | 频数 | 比例（%） | 样本数 |
|---|---|---|---|---|
| 企业年龄 | 0–99 年 | 21 | 37.5 | 56 |
| | 100 年及以上 | 35 | 62.5 | |
| 销售对象 | 平民百姓及其他 | 52 | 85.25 | 61 |
| | 达官贵人及社会名流 | 9 | 14.75 | |
| 行业 | 食品 / 餐饮 / 酒店 | 31 | 50.00 | 62 |
| | 衣帽 / 生活服务 | 21 | 33.87 | |
| | 文化用品 / 其他 | 10 | 16.13 | |

## 四、老字号企业社会资本及其影响因素

1．老字号企业社会资本的整体情况

表 2 显示，老字号企业社会资本中，社会联系的比例较高，企业媒体专门报道的比例最高，占 79.03%；与其它企业形成产业集团的比例也较高，占 32.26%；老字号产品成为奥运会、博览会等指定产品的比例在 1/3 左右，占 32.26%；老字号与高校、科研院所合作的比例最低，仅有 19.35%。因此，在老字号企业的三种联系中，老字号与媒体的关系更为融洽，建立联系的比例最高；与政府的关系次之，排在第二位；与高校的联系最少，比例最低。

表 2　北京市西城区老字号企业社会资本的基本情况

| | 是 | | 否 | | 合计 | |
|---|---|---|---|---|---|---|
| | 频数 | 比例（%） | 频数 | 比例（%） | 频数 | 比例（%） |
| 形成产业集团 | 20 | 32.26 | 42 | 67.74 | 62 | 100 |
| 媒体专门报道 w | 49 | 79.03 | 13 | 20.97 | 62 | 100 |
| 与高校、科研院所合作 | 12 | 19.35 | 50 | 80.65 | 62 | 100 |
| 奥运会、博览会等指定产品 | 20 | 32.26 | 42 | 67.74 | 62 | 100 |

根据对老字号企业社会资本基本情况的分析，可以看出老字号企业目前主要存在三个问题。第一，老字号企业文化具有某种保守性。调查显示，仅有 1/3 的老字号企业与政府建立联系，与其他企业建立联系的比例也仅有 1/3 左右，这说明一些老字号企业在一定程度上偏于保守，不太愿意或不太善于主动与政府和其他企业建立良好的合作关系。第二，老字号企业的工艺技术具有局限性。调查显示，仅有不到 20% 的老字号企业与高校、科研院所建立合作关系。由此产生的后果是，一方面，不少老字号由于经济实力不足，技术投入少，产品研发力度小，不能进行产业和产品创新；另一方面，老字号主要靠师傅带徒弟的方式传承传统工艺，缺乏现代技术开发体系，导致不少工艺技术已经过时。第三，很多老字号还局限于本地狭小的区域市场，只注重本土化，忽略国际化，经营规模太小；经营技术落后；缺乏现代推销意识，依然秉承"好酒不怕巷子深"的信条，不能及时采用现代推销和传播手段。

2．企业特征与老字号企业社会资本

（1）企业特征与形成产业集团的关系。表 3 显示，企业年龄低于 100 年的老字号，形成产业集团的比例是 42.86%，而百年及以上的老店比例是 31.43%。由此可见，企业的年龄越短，越容易形成产业集团。销售对象为平民百姓或其他的老字号企业形成产业集团的比例是 63.46%，而销售对象是达官贵人或社会名流的比例是 88.89%。这表明，企业的销售对象是达官贵人或社会名流的，更容易形成产业集团。从行业来看，形成产业集团比例最高的是餐饮业（占 38.17%），其次是衣帽、生活服务类（占 28.57%）；最低的是文化用品其他类（占 20%）。

表 3　企业特征与形成产业集团的情况

| | | 企业年龄 | | 销售对象 | | 行业 | | |
|---|---|---|---|---|---|---|---|---|
| | | 0–99 年 | 100 年及以上 | 平民百姓 / 其他 | 达官贵人 / 社会名流 | 食品 / 餐饮 / 酒店 | 衣帽 / 生活服务 | 文化用品 / 其他 |
| 产业集团 | 是 | 42.86 | 31.43 | 63.46 | 88.89 | 38.71 | 28.57 | 20.00 |
| | 否 | 57.14 | 68.57 | 36.54 | 11.11 | 61.29 | 71.43 | 80.00 |

（2）企业特征与媒体报道的关系。表 4 显示，企业年龄在百年以下被媒体报道的比例占 90.48%，百年以上被报道的比例是 74.29%。可以发现，相对年轻的老字号被媒体报道的比例更高。销售对象为平民百姓的老字号，被媒体专门报道的比例占 80.77%，销售对象为达官贵人的比例是 77.78%。从行业来看，文化用品及其他被媒体专门报道的比例最高（占 90%），其次是食品、餐饮酒店类（占 83.87%），最低的是衣帽、生活服务类（占 66.67%）。

表 4　企业特征与媒体报道的情况

| | | 企业年龄 | | 销售对象 | | 行业 | | |
|---|---|---|---|---|---|---|---|---|
| | | 0–99 年 | 100 年及以上 | 平民百姓 / 其他 | 达官贵人 / 社会名流 | 食品 / 餐饮 / 酒店 | 衣帽 / 生活服务 | 文化用品 / 其他 |
| 媒体专门报道 | 是 | 90.48 | 74.29 | 80.77 | 77.78 | 83.87 | 66.67 | 90.00 |
| | 否 | 9.52 | 25.71 | 19.23 | 22.22 | 16.13 | 33.33 | 10.00 |

（3）企业特征与高校、科研院所合作情况。表 5 显示，年龄低于百年的老字号企业与高校、科研院所有合作的比例占 14.29%，百年以上老字号与高校、科研院所合作的比例占 25.71%。可以看出，企业的年龄越长，越有可能与高校、科研院所合作。从销售对象来看，销售对象是平民百姓及其他的老字号企业，与高校、科研院所有合作的比例占 21.15%，销售对象为达官贵人及社会名流的老字号企业，与高校、科研院所建立合作关系的比例占 11.11%。由此可知，销售对象是平民百姓的老字号企业，更有可能与高校、科研院所进行合

作。从行业来看，所在产业为文化用品及其他的老字号企业，与高校、科研院所有合作的比例最高（占40%），其次是衣帽、生活服务类（占23.81%），最低的是食品、餐饮酒店类（占9.68%）。

**表5　企业特征与高校、科研院所合作的情况**

| | | 企业年龄 | | 销售对象 | | 行业 | | |
|---|---|---|---|---|---|---|---|---|
| | | 0–99年 | 100年及以上 | 平民百姓及其他 | 达官贵人及社会名流 | 食品/餐饮/酒店 | 衣帽/生活服务 | 文化用品/其他 |
| 与高校、科研院所合作 | 有 | 14.29 | 25.71 | 21.15 | 11.11 | 9.68 | 23.81 | 40.00 |
| | 无 | 85.71 | 74.29 | 78.85 | 88.89 | 90.32 | 76.19 | 60.00 |

（4）企业特征与政府关系。表6显示，从企业的年龄来看，百年以下老字号是奥运会、世博会等指定产品的比例占38.1%，百年以上的比例是71.43%。因此越是历史悠久的老字号，越有可能成为奥运会、世博会等大型活动的指定产品。从销售对象来看，销售对象为平民百姓及其他的老字号成为奥运会、世博会等大型活动指定产品的比例是30.77%，销售对象为达官贵人及社会名流的老字号比例为33.33%。从行业来看，衣帽、生活服务类老字号成为奥运会、世博会等指定产品的比例最高（占38.1%），其次是文化用品及其他类（占30%）；最低的是食品、餐饮酒店类（占29.03%）。

**表6　企业特征与老字号成为指定产品情况**

| | | 企业年龄 | | 销售对象 | | 行业 | | |
|---|---|---|---|---|---|---|---|---|
| | | 0–99年 | 100年及以上 | 平民百姓及其他 | 达官贵人及社会名流 | 食品/餐饮/酒店 | 衣帽/生活服务 | 文化用品/其他 |
| 奥运会、世博览会等指定产品 | 是 | 38.10 | 71.43 | 30.77 | 33.33 | 29.03 | 38.10 | 30.00 |
| | 否 | 61.90 | 28.57 | 69.23 | 66.67 | 70.97 | 61.90 | 70.00 |

3．企业能动性与老字号企业社会资本

（1）企业能动性与形成产业集团的关系。表 7 显示，在形成产业集团的老字号企业中，以展览、长廊、广告等宣传形式对历史文化进行社会宣传的占 41.67%，没有社会宣传的比例是 19.23%。这表明，老字号越是注重通过多种途径向社会宣传其文化特质和价值理念，越容易形成产业集团。老字号企业形成产业集团后，也越有可能建立自己的官方网站，进一步加强对外联系。有产品研发的老字号产业集团所占比例为 63.64%，没有产品研发的产业集团占 25.49%，因此可以认为，注重推动产业研发的老字号企业更容易形成产业集团。

**表 7　企业能动性与形成产业集团的情况**

| | | 宣传 | | 官方网站 | | 研发 | |
|---|---|---|---|---|---|---|---|
| | | 有 | 无 | 有 | 无 | 有 | 无 |
| 产业集团 | 是 | 41.67 | 19.23 | 41.38 | 24.24 | 63.64 | 25.49 |
| | 否 | 58.33 | 80.77 | 58.62 | 75.76 | 36.36 | 74.51 |

（2）企业能动性与形成产业集团的关系。表 8 显示，在被媒体专门报道的老字号企业中，通过展览、宣传长廊、广告等形式对其历史文化进行社会宣传的比例占 86.11%，没有进行社会宣传的比例是 69.23%。由此可知，老字号企业越是通过多种形式对企业自身的历史文化进行社会宣传，就越有可能被媒体专门报道。在被媒体专门报道的老字号企业中，有官方网站的比例占 86.21%，没有官方网站的比例占 72.73%，比前者低 13.48 个百分点。可见，企业建立官方网站可以增加媒体报道的机会。老字号企业有研发被媒体专门报道的比例占 90.91%，没有研发被企业专门报道的比例是 76.47%，后者比前者低 14.44 个百分点。由此可知，企业越是注重产品研发，就越有可能被媒体专门报道。

表 8　企业能动性与媒体报道的情况

| | | 宣传 | | 官方网站 | | 研发 | |
|---|---|---|---|---|---|---|---|
| | | 有 | 无 | 有 | 无 | 有 | 无 |
| 媒体专门报道 | 是 | 86.11 | 69.23 | 86.21 | 72.73 | 90.91 | 76.47 |
| | 否 | 13.89 | 30.77 | 13.79 | 27.27 | 9.09 | 23.53 |

（3）企业能动性与高校、科研院所合作的关系。表 9 显示，老字号企业通过展览、宣传长廊、广告等形式对其历史文化进行社会宣传，并与高校、科研院所有合作的比例为 25%，高于没有进行类似宣传的老字号企业。老字号通过官方网站介绍自己的品牌与企业产品，也可以促进其与高校科研院所的联系。从研发角度来看，老字号企业因技术研发与高校、科研院所建立合作关系的比例高达 90.91%。

表 9　企业能动性与媒体报道的情况

| | | 宣传 | | 官方网站 | | 研发 | |
|---|---|---|---|---|---|---|---|
| | | 有 | 无 | 有 | 无 | 有 | 无 |
| 与高校、科研院所合作 | 有 | 25.00 | 11.54 | 41.38 | 0.00 | 90.91 | 3.92 |
| | 无 | 75.00 | 88.46 | 58.62 | 100.00 | 9.09 | 96.08 |

（4）企业能动性与指定产品的关系。表 10 显示，企业通过社会宣传、建立官方网站等形式并没有明显促进与政府的联系与合作，其产品成为奥运会、世博会等大型活动指定产品的比例比较低。从研发角度来看，设有研发机构的老字号企业成为奥运会、世博会等指定产品的比例占 54.55%，而未设研发机构成为指定产品的比例是 27.45%，后者比前者低 27.1 个百分点。因此，老字号企业应该不断地提升自己的研发能力，推出符合时代需求的新产品。

表 10　企业能动性与指定产品的情况

| | | 宣传 | | 官方网站 | | 研发 | |
|---|---|---|---|---|---|---|---|
| | | 有 | 无 | 有 | 无 | 有 | 无 |
| 奥运会、世博览会等指定产品 | 有 | 33.33 | 30.77 | 41.38 | 24.24 | 54.55 | 27.45 |
| | 无 | 66.67 | 69.23 | 58.62 | 75.76 | 45.45 | 72.55 |

## 五、简要总结与对策建议

1. 主要结论

（1）企业特征与老字号企业的社会资本之间，存在着复杂的非线性关系。具体表现为：第一，从企业年龄来看，年龄较大的老字号企业与政府联系的比例更高，与高校或科研院所联系的比例更高；而比较年轻的老字号企业社会联系的比例更高，与媒体和其他企业的联系更多。

第二，从产品销售对象来看，企业的销售对象是达官贵人或社会名流的老字号企业，与其他企业和政府建立联系的比例都更高一些；而销售对象是平民百姓的老字号企业，则得到更多的媒体报道，它们与高校或科研院所建立联系的比例也更高。

第三，从行业特性来看，餐饮行业形成产业集团的比例较高，与企业建立联系的较多，而与政府和高校、科研院所的联系则比较少；衣帽、生活服务类老字号企业与政府建立关系的比例最高，而与媒体建立关系的比例最低；文化用品及其他行业的老字号企业则与高校、科研院所建立联系的比例最高，与媒体建立关系的比例最高，与其他企业建立联系的比例最低。

（2）从企业能动性来看，加大宣传和研究力度对于提升企业社会资本较为关键；具体表现为：第一，从企业宣传来看，老字号通过展览、宣传长廊、广告等形式宣传其文化，有利于与其他企业建立联系，形成产业集团，还可以提高被媒体专门报道的比例。但是，企业目前的对外宣传没有促进企业与政府的联系与合作，也没有提高企业产品成为奥运会或博览会等指定产品的比例。

第二，从建立企业网站来看，老字号企业建立自己的官方网站，有利于加强与其他企业的联系，也更有可能获得更多的媒体报道。同时，建立官方网站的老字号，也与高校、科研院所建立更多的联系，但建立网站并没有明显地促进企业与政府的联系与合作。

第三，从企业研发来看，老字号企业加强产品和服务的研发，有利于加强与其他企业的联系，更容易形成产业集团，也更有可能建立与高校、科研院所的合作关系。加强研发还可以提高被媒体专门报道的可能性，可以促进企业与政府的联系，提高其产品成为奥运会、世博览会等指定产品的比例。

2. 对策及建议

依据前述分析，为了进一步提升老字号企业的核心竞争力，扩大老字号的社会影响，应该以老字号企业为主体，积极发挥各级政府、各界社会组织的作用，采取多种措施，有效推动老字号社会资本积累，提高老字号企业在市场经济体系中的竞争能力和发展水平。

（1）政府要进一步加强对老字号企业的支持，在政府指定产品和政府采购中向老字号企业倾斜，提高使用老字号产品的比例。一方面，对老字号企业而言，与政府建立联系获得政府的认定，纳入政府采购和指定产品名录，是老字号企业建构社会资本的重要途径，能大大提高老字号企业的知名度，促进老字号企业的发展。另一方面，老字号企业的复兴，不仅仅是市场经济发展的结果，也是国家政府对其在经济生产中所做贡献的一种认可。因此，政府要通过各种渠道加强对老字号企业的支持，同时老字号企业也应该积极探索多种合作方式，围绕当代市场经济发展的需要，对传统制作工艺进行现代化改造，在政府组织的一些大型活动中适时推出顺应时代潮流的新产品。

（2）老字号企业要加强与高校、科研院所的深度合作，提高工艺水平和创新能力。老字号企业要注重研发，增强企业与高校和科研机构联系，这不仅是老字号企业提升工艺水平的重要途径，也是全面提升老字号企业社会资本的重要方式。老字号企业应该发挥其历史悠久、声誉较高的优势，加强与高校、科研院所的深度合作，改进工艺技术，提高产品质量，降低产品成本，最终实现工业化规模生产。要不断改进和完善产品原有的功能，使其更加适应现代人的生活追求。要针对当代市场日趋细分的特点，在增加产品品种、改进产品包装等方面进行创新，使其适应不同类型、不同层次消费群体的需要。要通过创新，强化老字号的社会责任意识，树立老字号的新形象，提高老字号品牌的市场知名度。

（3）进一步发挥老字号企业的市场主体作用，推动老字号与各种媒体的全方位合作。第一，老字号企业要充分利用好网络平台，做好企业的宣传。要尽快建立健全企业的官方网站，增强企业与其他企业的联系，提高媒体的报道比例，扩大企业的知名度和社会影响。第二，老字号企业要增强品牌保护意识，制定系列宣传方案，与各种媒体通力合作，宣传中华老字号的历史价值、文化价值、经济价值，树立老字号企业自觉承担社会责任、热心公益事业的良好形象。第三，要加大老字号历史文化资源的整理和宣传，推动优质历史文化资源与当代市场机制的有机对接。要注重培养传统技艺传承人，逐步完善企业核心技艺传承制度，夯实企业永续发展的根基，通过培养传承人的方式，加强企业与社会的联系。

老字号历经多年变迁发展，有着深厚的历史文化底蕴，既是宝贵的文化遗产，也是现代文明的重要载体。因此，老字号企业要紧紧围绕上述工作，发挥老字号自身的先天优势，进一步加强与政府的合作，争取更多政府支持。加强与大学、研究院所的合作，提高研发能力，提高产品创新，全面增强企业竞争力。加强同媒体的合作，加大发掘、保护、宣传和开发企业品牌的力度，深度挖掘老字号品牌深厚的历史文化内涵，扩大市场知名度，增强并夯实老字号的社会资本，为老字号企业的经营打开更为广阔的空间。

**作者简介**

课题负责人：尉建文，中央财经大学副教授、博士，主要研究方向为社会资本、企业管理。

课题参与人：刘　波，中央财经大学社会学系研究生

韩　杨，中央财经大学社会学系研究生

王义汉，中央财经大学社会学系研究生

附

# 北京市西城区老字号企业文本资料分析问卷

## 第一部分　企业创立阶段

A11 企业“老字号”名号：________

A12 企业创立年份：________

A13 创始人的名字：________

A14 创始人最初职业：（1）官员（2）商人（3）社会名流（4）平民（5）未提及

A15 企业创立地点（省份）：________

A16 在北京创立时的地理位置：________

A17 主要特色产品：________

A18 产品的主要销售（服务）对象：（1）普通百姓（2）达官贵人（3）社会名流（4）没提及

A19 企业所属行业：

（1）糕点/食品类（2）衣帽服装类（3）餐饮/酒店类（4）文化用品类（5）生活服务类（6）其他（7）没提及

A110 企业“名号”是否更改：（1）是（2）否（3）没提及

A111“名号”更改的年份：________

A112 牌匾是否由名人题写：（1）是（2）否（3）没提及

A113 题匾人姓名：________

A114 当时，是否有社会名流来（用）过：（1）是（2）否（3）没提及

A115 名流属于以下哪种（多选）（1）政界（2）商界（3）文化名流（4）其他（5）没提及

A116 是否经历搬迁：（1）是（2）否（3）没提及

A117 搬迁到何处：________

## 第二部分　改革开放之前的阶段

B21 企业是否有中断（关门）经历：（1）是（2）否（3）没提及

B22 中断（关门）原因：（1）战争（2）文革（3）经营不善（4）无继承人

（5）其他（6）没提及

B23 中断（关门）时间：（1）1949 之前（2）1949 之后（3）没提及

B24 是否经历过公司合营：（1）是（2）否（3）没提及

B25 公私合营之后隶属于哪个企业（部门）：________

B26 是否经历搬迁：（1）是（2）否（3）没提及

B27 搬迁到何处：________

## 第三部分　改革开放之后阶段

C31 目前，企业的传承人（负责人）是谁：________

C32 是否存在继承关系：（1）是（2）否（3）没提及

C33 传承方式：（1）家族传承（2）技术传承（3）没提及（4）其他（请注明）______

C34 企业是否进行多元化经营：（1）是（2）否（3）没提及

C35 企业是否与其他相关企业形成了产业集团：（1）是（2）否（3）没提及

C36 形成产业集团的时间：________

C37 企业是否上市发行股票：（1）是（2）否（3）没提及

C38 上市时间：________

C39 企业是否通过展览、宣传长廊、广告等形式对历史文化进行社会宣传：（1）是（2）否（3）没提及

C310 企业是否有官方网站：（1）是（2）否（3）没提及

C311 社会媒体是否对企业进行过专门的报道：（1）是（2）否（3）没提及

C312 企业的制作技艺是否被列入相关非遗名录：（1）是（2）否（3）没提及

C313 级别：（1）市级（2）国家级（3）世界级（4）没提及

C314 企业是否在国内商标局注册商标：（1）是（2）否（3）没提及

C315 企业是否在国外商标局注册商标：（1）是（2）否（3）没提及

C316 企业是否与高校、科研院所进行合作：（1）是（2）否（3）没提及

C317 合作内容：（1）研发（2）销售（3）其他

C318 是否获得世界级奖项或荣誉称号：（1）是（2）否（3）没提及

C319 是否获得北京市的奖项或荣誉称号：（1）是（2）否（3）没提及

C320 是否是全国名牌（商标）：（1）是（2）否（3）没提及

C321 是否是北京市名牌（商标）：（1）是（2）否（3）没提及

C322 是否经历搬迁：（1）是（2）否（3）没提及

C323 搬迁到何处：________

## 第四部分　企业产品信息

D11 历史上是否为皇家（中央）特供产品：（1）是（2）否（3）没提及

D12 首次被认定为老字号年份：________

D13 企业产品是否成为奥运会、博览会等活动的指定产品：（1）是（2）否（3）没提及

D14 活动级别（多选）：（1）市级（2）国家级（3）世界级（4）没提及

D15 在评为“中华老字号”前还是后：（1）前（2）后（3）无

D16 企业产品是否申请过专利：（1）是（2）否（3）没提及

D17 申请专利时间：________

D18 企业是否建立产品研发中心：（1）是（2）否（3）没提及

D19 企业产品是否远销其他省市：（1）是（2）否（3）没提及

D110 企业产品是否远销国际市场：（1）是（2）否（3）没提及

D111 企业的产品种类是否进行扩展：（1）是（2）否（3）没提及

# 完善北京西城老字号社会形象的路径研究

赵旭东

【内容提要】企业社会形象的塑造，很大程度上取决于企业所承担的社会责任。在现代企业制度中，品牌形象实质上表现为企业履行社会责任的程度。本文从西城老字号的品牌形象入手，分析其社会形象的价值、本质和内涵。通过调查研究，发现西城老字号的社会形象具有品牌形象较为传统、品牌价值挖掘不够、社会责任履行不足等特征。依据上述分析，建议通过依托政府协会、整体布局规划，梳理企业精神、承担社会责任，明确形象定位、保护传统文化，创新品牌策略、打造品牌社区等路径，进一步完善西城老字号的社会形象。

【关键词】老字号　社会形象　品牌价值　社会责任　传统文化

从老字号企业的发展来看，老字号的品牌经营可以分为三个阶段。第一个阶段是以个体或家族经营为主的民间企业，依靠产品质量和价格获得声誉，并得以生存和发展。这些企业的品牌经营基于众人相传的口碑，企业文化的根本在于“货真价实、童叟无欺”。第二个阶段是企业自觉利用自身品牌的声誉和信誉，继续扩大企业的经营规模和品牌影响力，保持口碑并进行品牌建设。第三阶段是企业已经形成品牌影响力，可以良性地自我保持、维护和提升，通过品牌产生和创造价值。

解放前老字号企业的品牌经营基本停留在第一阶段，企业的品牌形象集中表现为老百姓的口碑和赞誉。建国后的一段时期内，由于众所周知的原因，绝大部分老字号成为国有或集体所有的企业，其间有很多老字号就此消亡，其品牌也随之消散。在 1978 年，国家有关部门认定的中华老字号企业有 2000 多家，到了九十年代，大约有 70% 已经不复存在。原来的许多老字号，更多是作为旧时的记忆留在人们的脑海之中，且渐行渐远。

2002 年以来，在北京市政府的全面扶持和大力整顿下，北京市的 90 多家老字号通过拍卖和重新挂牌等形式，进行体制和经营的转型①。其中转型的主要方向就是建立产权清晰、权责明确、政企分开、管理科学的新型企业制度。随着国企改制的进程，两个百年老字号“张一元”和“稻香村”在二十一世纪初完成体制改造，按照现代企业的运作模式改造自身，焕发了新的生命力和创造力。另一个有三百多年历史的中华老字号“同仁堂”，则早在 1997 年就作为现代企业制度试点单位重组上市，成为走向世界的民族企业典范。

然而截至目前，老字号企业的品牌建设仍然步履艰难。根据《首届中华老字号品牌价值百强榜》提供的数据，在国家认定的中华老字号企业中，前 100 家老字号企业的品牌价值总和，仅约为 460.74 亿元人民币。并且企业之间的品牌价值分化严重，排名第一的“同仁堂”品牌价值为 29.55 亿元人民币，而第 100 名“老杨明远”品牌价值仅有 0.15 亿元人民币②。大众对于老字号品牌的印象，偏于“古板”“中庸”，对于品牌背后的文化意涵也不完全了解，因而对于年轻人来说吸引力不足。总体来看，除了“同仁堂”“全聚德”等少数几个老字号企业外，绝大部分老字号企业的消费群体、覆盖区域和品牌认知度都限定在区域的范围之内，尚未形成全国性或跨国性的影响。

有鉴于此，本文试图从老字号企业的品牌形象入手，深入分析

① 冷振兴、李芫：《北京市要全面扶植老字号》，《中国经济时报》，2002年7月12日。

② http：//news.xinhuanet.com/fortune/2006-08/24/content_5001901.htm.

老字号的社会形象对于企业自身发展的意义和价值，并提出切实可行的改善措施。

## 一、老字号社会形象的本质和内涵

对于老北京人来说，老字号承载了太多的社会、历史和文化记忆，已经成为他们生活甚至是身体的一部分。老北京讲究“头戴马聚源，身穿瑞蚨祥，脚踏内联升，腰缠四大恒”，早餐豆汁油条，吃涮肉爆肚贴秋膘，这些已经成为这座城市的文化符号。但是，今天的北京作为一个国际化都市和移民城市，更多元的现代和国际因素已经渗入到北京的城市文化中。根据 2010 年第六次全国人口普查，北京市常住人口 1961.2 万人，其中外省市来京人员为 704.5 万人，在常住人口中的比重达 35.9%。2013 年度北京市接待境内外游客 2.52 亿人次，其中入境游客 450.1 万人。面对庞大的外来人口和接近十三倍于北京市常住人口的游客，在北京城日益现代化、国际化和多元化的今天，老字号应该适当定位自身，抓住发展的时机。

1. 老字号传统的社会形象

北京的老字号，主要集中在餐饮、医药、茶酒和文化休闲等领域，换句话说，这些企业和人们的日常生活息息相关。因此，老字号企业的产品往往成为一个城市生活的历史记忆和文化符号，而且与消费者的体验密切相关。

如果我们把老字号人格化，那么人们会赋予心目中的老字号以何种个性特征呢？苏文等人在调查中，根据人们的认可程度，将尊贵、厚重、悠远、博大、古朴和传统守旧六种特质分别赋值打分，分值越高就说明人们对某种特质的认可程度越高。调查显示，在六种特质中，人们最认可的是老字号悠远的历史。与历史传统相关的几种特质，如古朴、博大和传统守旧，都得到消费者较高的认可；而对于反映品牌文化内涵的特质，如尊贵和厚重，消费者的认知度则相对偏低（见图 1）。[①]

① 苏文、温强、王永利：《北京“老字号”品牌影响力调查报告》，《北京市商务局》，2007。

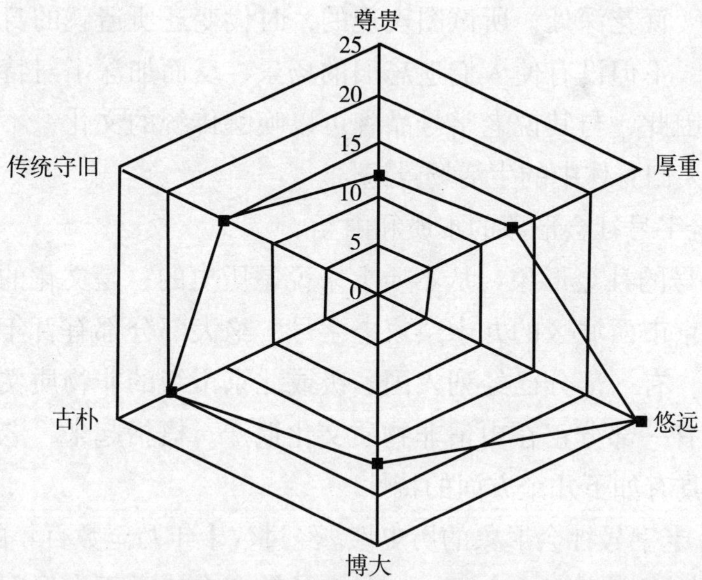


**图 1　消费者认知的老字号的品牌个性（资料来源：苏文等，2007）**

一般来说，企业品牌的文化内涵与企业历史之间的关系成正相关，需要经由时间的长久沉淀，方能形成尊贵、厚重等品牌个性。上述苏文等人的调查，从一个侧面说明，目前老字号的品牌建设，与人们的预期差距甚远，还有相当大的挖掘和塑造的空间。

北京正在经历着巨变，这种巨变方向和程度的难以预测，会增加日常生活的不确定性，同时也会给传统居民带来极大的不安全感。在物质的层面上，北京正经历着大量的拆除和建造的过程，似乎我们要将城市的传统抛在身后，转而迎接一个城市的现代性。而在文化和心理上，这一过程极为复杂——也许我们极力迎合的现代性，可能仅仅是一种记忆的恢复或者是对传统性的重现。[①]在这个意义上，老字号所代表的北京人的生活场景，实际上仍然作为一种文化基因深刻地铭刻在城市和人们的记忆之中。

人们在拆除和重建的过程中，面对着越来越现代同时也越来越陌生的居住场景，心中涌现出的，可能更多是一种“乡愁的记忆”。

① 赵旭东：《拆北京：记忆与遗忘》，《社会科学》，2006（1）：115–125。

正如影片《百花深处》所试图表现的，时代变迁所造就的身体与场景的分离，不但没有使人们遗忘旧的场景，反而加深了对特定场景的记忆。因此，与其说老字号品牌可以唤醒传统的文化，不如说它唤醒的是人们身体中的生活场景记忆。

2. 老字号社会形象的本质和内涵

老字号的社会形象，从本质上来说是历史的，是文化的，是民族的。北京市西城区的九十余家老字号，绝大部分都有百年以上的传承历史，有一部分已经列入国家级或北京市级的非物质文化遗产名录，还有一部分正在申请非物质文化遗产。概括起来，老字号的社会形象具有如下几个方面的特性。

（1）老字号社会形象的历史性。经过数十年乃至数百年的经营，这种历史性表现在三个方面。一是由长期享有盛誉而在民间留下的鲜活口碑，如“同仁堂的药——货真价实”“不到长城非好汉，不吃全聚德烤鸭真遗憾”“金狮酱油龙门醋，王致和的酱豆腐”等歇后语和俗语，就生动地反映了老字号企业历史悠久的形象。这充分说明老百姓认可老字号企业的产品质量，并且享受老字号企业的优质服务和可靠信誉。

二是老字号经营者代代传承下来的独特技艺。老字号一般讲究手工炮制，而且很多都是祖传的“手艺绝活”。西城老字号中的“全聚德挂炉烤鸭技艺”“王致和腐乳酿制技术”“仿膳制作技艺”等都已经列入北京市非物质文化遗产名录。

三是老字号企业经营过程中所形成的独特的传统商业文化，集中体现在“诚”和“信”两个方面。“诚”是指老字号在生产时存心诚挚，不假欺瞒。老字号主要集中在餐饮、医药和文化休闲等行业，用料和制作都极为讲究，自觉秉承古训，在这些方面不敢有丝毫怠慢。六必居提倡“黍稻必齐，曲蘖必时，湛炽必洁，陶器必良，火齐必得，水泉必香”，即是向顾客表达自己用心之诚。“信”是指老字号在经营时讲究信誉，童叟无欺。大和恒坚持始终的经营理念“黍稻恒齐，曲种恒实，诚信恒久，品质恒优”，就是对于自身经营方式的总结。而“诚信”二字，也正是中国传统商业文化代代相传的基本理念与核心价值。

（2）老字号社会形象的文化性。老字号的社会形象，本来就带有文化的属性和内涵。老字号覆盖了与老百姓日常生活最紧密联系的各个行业，是北京文化的“活化石”。即以西城老字号中的餐饮行业而言，既有清宫皇室的宫廷盛宴，也有中国八大菜系中鲁菜和川菜的精致菜肴，还有升斗小民嗜好的各种小吃，几乎囊括了中国饮食文化中从皇家贵胄到民间“草根”不同层面的品位和价值。如今的老字号已然成为展现地域文化风采的城市名片，老字号的工艺技术、建筑风格、文物遗存和包括经营方式在内的商业文化都积淀了厚重而独具特色的文化精髓。

（3）老字号社会形象的民族性。老字号不仅是中国的“城市名片”，还将要成为世界的“中国名片”。而无论是从狭义还是从广义来说，老字号都带有鲜明的民族性。从狭义说，元朝和清朝统治者以少数民族入主中原，对于中国历史上的民族大融合来说意义重大。北京作为金代以来的都城，是各个民族和各种地方的文化荟萃之地。而老字号，则是文化融合中的佼佼者。江南丝绸、异域美食、湖笔徽墨和南杂北货都在京城汇聚，无论是国内的民族特色还是海外的异族风情，都囊括其中。从广义说，老字号已经成为中华文化中具有代表性的一个重要组成部分。国际游客来到北京，不光要游玩各地的著名景点，还要享受传统的美食，买到具有地方特色的小玩意，更要体验有文化意义的日常生活。而这些中华文化符号和文化体验，很多都可以在老字号的特质中找到。

3. 老字号的新意义

老字号是什么？从字面的涵义上来说，老字号（Time-honored Brand）意味着经过了时间检验的品牌，而且是在较长时间段内一直享有盛誉的品牌。按照商务部的标准，“50 岁”以上的企业年龄是入选“中华老字号”的一个门槛。一些省市级的老字号企业的年龄标准，大约在“25 岁”左右。考虑到老字号一般采用家族传承的方式经营发展，按照正常的代际更替周期来说，省市级的老字号已经可以产生第二代的传人，而“中华老字号”则是到了做“爷爷”的年龄。

数十年时间的传承，足以固化品牌的文化内涵，形成具有良好社会口碑的制作工艺和产品风格。而在中国的传统老字号企业中，声誉口碑、工艺技术和产品质量是一个百年老店的立身之本，企业家的决策能力、品牌营销和产品技术创新只有在品牌传承和发展的基础上才能发挥应有的作用。所谓“酒香不怕巷子深”，是对制作工艺和产品质量的绝对自信；同仁堂百年老店前的对联“炮制虽繁必不敢省人工；品味虽贵必不敢减物力”，正说明信誉、声誉和口碑对于经营的重要性。

然而，在市场经济的大环境下，注重声誉口碑、工艺技术和产品质量的老字号企业，更加需要通过营销、品牌推广和形象包装等新的手段在激烈的竞争中立足扎根。在美国，家族企业传到能够第二代的只有 30%，能够传到第三代的只有 12%，能够传到第四代及以后的只剩下 3%。我们的老字号企业能够坚持数十年、上百年甚至数百年的存活和发展，自身的品牌价值已经是一笔巨大的无形资产，其意义不言自明，但仍需要善加挖掘利用。

有人根据对现有主流品牌价值评估方法修正后创建的新的评估模型——老字号品牌价值评估模型（Time-hornored Brand Value，简称 THBV），专门针对 28 家老字号品牌进行模拟评估，其中“同仁堂”的品牌价值以 393.9 亿元高居榜首，“全聚德”的品牌价值为 153.6 亿元，位居第二。与前述中国品牌研究院《中华老字号品牌价值百强榜》中相同的“同仁堂”“全聚德”等 21 个老字号企业相比，上述评估的品牌价值评价高出 9.37 倍。①

① 王成荣、李诚、王玉军：《老字号品牌价值》，《中国经济出版社》，2012。

在上述研究中，非常强调老字号企业的社会人文价值，通过量化老字号企业的品牌历史、文化积淀、经营理念与谋略、传统技术与技艺、建筑遗存与文物等五方面的指标，综合计算出老字号企业的品牌乘数。正是这些无形的历史文化因素，成为老字号企业区别于一般企业的地方，从而获得更大的品牌认知度和号召力。

因此，老字号企业的新意义和新形象，至少可以表现在两个方面。一是成为中国传统产业实现现代化转型的品牌典范。新中国成立时，我国约有老字号企业1万多家，现在生存下来的不到30%，发展良好的不足10%。现有的老字号企业经历了曲折的发展过程，甚至遇到过艰难和危机。合理利用老字号的品牌和产品优势，通过新的企业经营手段进行改革，可以取得巨大的成功。这方面的经典案例是“同仁堂”，作为第一个“中国驰名商标”和中国最具冲击世界名牌的16家企业之一，“同仁堂”的成功经验有三条：建立现代企业制度、注重营销和稳健发展以及历久弥新的品牌文化提供了核心竞争力。[①]它启示我们，经典老字号可以并且应该成为中国传统企业迈向现代化进程中的旗帜和标杆。

二是成为中国家族企业、民营企业和民族企业的经营典范。老字号企业承载了中国传统的商业文化和商人精神，体现了中国人的商业传统和商业智慧。中国作为近二十年来世界最有活力的新兴经济体，不仅得益于改革开放以来的制度建设、体制改革与社会转型，传统的儒家文化与商业传统相结合的企业家也在这一过程中做出了重要贡献。中国有一句老话说“富不过三代”，但是老字号企业历久弥新的经营与发展实践为中国的新兴企业家提供了良好的学习典范。同时老字号企业自身在市场经济中的转型和调整，也是以个体和家族经营为主的民间企业为我们当下的改革提供的重要经验。

## 二、西城区老字号社会形象的主要特征

目前老字号面临的问题都比较类似：老字号企业的社会形象中

① 吴娅茹：《从北京同仁堂的发展看中华老字号振兴之路》，《经济参考研究》，2009年7月1日。

承载的文化属性较多，但往往也仅限于传统文化的层面。对于现代企业来说，企业文化只是决定品牌形象的一部分，还需要综合营销企业的社会形象，以增进消费者的认同度和亲近度，形成良性的发展过程。整体而言，西城区老字号的社会形象，主要表现为如下三个特征。

1．老字号的品牌形象较为传统

如前所述，老字号的品牌定位，相对来说比较传统，在广告和宣传中，常见的策略是宣传自己的品牌历史悠久和产品质量优良。西城区老字号所在的行业比较集中，主要是餐饮小吃、医药茶酒和文化休闲等行业。餐饮行业的投资和经营较为集聚，聚德华天旗下所属的餐饮品牌，包括全聚德、仿膳、鸿宾楼、庆丰包子等23个老字号，占据西城区餐饮老字号的半壁江山，囊括从高档宴席、正餐到快餐等不同档次的餐饮品牌。其中，华天集团的广告是“食以洁为先，放心就餐到华天”，强调旗下产品的经营关注食品安全，质量可靠。全聚德集团的广告则主要定位于品牌的历史地位，如全聚德是“中华第一吃”，仿膳为“清宫御膳，餐饮明珠”，四川饭店是“经典川菜，名冠京华”，都把自身定位成经典菜品的制作者和经营者。

而各种京味小吃的老字号，往往只依赖口碑招徕顾客，经营、服务和宣传的策略基本还是保持原有的传统风味，坐等食客慕名而来。京味小吃本来的风味偏向北方，原汁原味只能算是一种保守的经营策略。因为如此一来，食客的口碑很容易出现两极分化的情况：老食客寻找到往日的舌尖记忆，大为赞赏；新食客可能未必适应，大叹名不副实。闻名京城的“九门小吃”一度出现经营困难，即与此有一定关系。在保持传统的基础上推陈出新，进行差异化经营，照顾不同消费者的需求，才能持续保持和增加老字号的口碑和品牌美誉度。

医药茶酒行业的老字号往往规模较大，因此适当的品牌形象定位和宣传对于企业来说影响至关重要。同仁堂无疑是目前中国中药企业的鳌头，但也面临着国内企业的不断追赶和国际市场的激烈竞争。同仁堂如何利用好这一极高知名度的品牌，并将其转换为消费者的美誉度和忠诚度，是其自身同时也是目前老字号企业普遍面临的问题。

以前的中药产品强调不看广告看疗效，如今随着医药行业的发展，药物疗效好具有产品优势只是其中一个方面，如何更好地利用品牌进行市场营销并最终让消费者选择，则是更重要的一面。同仁堂将自己的精神定位为“同修仁德，济世养生”，但是消费者对其的认同度并不高。反倒是通过两部与之相关的电视连续剧在国内的大热，同仁堂的古训“修合无人见，存心有天知”得到了观众的广泛认同。这也提醒老字号，应该注意用适当的形式来宣传和维护老字号的品牌和口碑。

文化休闲类的老字号因为品位问题，产品定位和消费群体都较为小众，然而这并不能让其摆脱市场经济下的激烈竞争。瑞蚨祥、内联升和步瀛斋都定位于传统的鞋帽服饰，并且有充分的产品创新意识，但基本的定位依然是推出品种、款式和花色较为经典的产品。然而作为身份地位象征的鞋帽服饰品牌，从传统的高端定制转向面向大众消费者的量产产品，孰优孰劣依然只能交由市场检验。

值得注意的一个事实是，虽然老字号在定位时强调历史的悠久和厚重，但并没有形成产品的尊贵感，因而也无法成为“中国制造”甚或“中国创造”代表的高端奢侈品。而欧洲历史悠久、皇室定做的老字号产品大多成为风靡全球的奢侈品，相较之下，中国老字号的定位和营销还有很多值得尝试的途径。

2．老字号的品牌价值挖掘不够

相比于新兴的现代企业，西城老字号面临品牌价值开发意识和开发能力相对不够的问题：一是老字号大多都是区域性的品牌，因此产品的影响力受到局限，消费群体相对固定；二是老字号的目标客户群体偏向老龄化，随着各种西方文化的流行，年轻的消费者群体对于传统文化的认同越来越少，老字号面临着既担心传统手艺失传、又怕在年轻人面前失宠的双重尴尬局面；三是老字号虽然基本采用连锁经营的模式，但由于资金和管理的限制，大多数很难形成规模，甚至有些老字号的经营举步维艰。

随着《北京市加快国际商贸中心建设实施方案（2011–2015）》的出台实施，"十二五"期间大力推进老字号与文化创意产业相结合，并将"老字号"企业纳入北京文化旅游线路，这为北京老字号企业发展提供了新机遇、新视野。[①] 北京市政府还大力推动老字号企业的重组改制，为老字号企业上市融资适当放宽政策。多方助力之下，西城的老字号企业正面临着良好的发展机遇。

然而，西城许多老字号企业对于自身品牌价值的自主意识和挖掘程度，并没有达到与之相应的高度。通过各种方式评估，虽然限于行业特点，在经营规模、利税贡献等方面不能与通信、房地产和银行等大型企业相提并论，但老字号企业的品牌价值都较为出众。因此，老字号的品牌价值需要得到进一步的合理利用与挖掘。

以北京二商集团为例，其旗下有六必居、王致和、桂馨斋、京华茶叶、金狮、龙门等 16 个老字号企业，应该积极探索通过引进新股东和申请上市，逐步实现整体登陆资本市场，进行融资和资本化经营。这样可以更好地把老字号的品牌价值转化为经营的资本，形成品牌、资本、产品和市场相互影响的良性循环。在这一方面，同仁堂、全聚德和张一元等老字号企业已经展现良好的示范效应，在专业团队的管理下，让品牌价值更好地在资本市场得到实现。可惜，类似这样成功转型的老字号企业，在西城目前依然只是少数。

3．老字号企业应更加重视履行社会责任

对于一些企业来说，最大的价值就是品牌价值，比如可口可乐。而品牌价值的实现，则需要企业主动地履行社会责任，塑造良好的

① 《北京老字号餐饮有望"嫁接"文化创意》，《北京商报》，2011年3月22日。

社会形象。因为，企业品牌形象的每一部分，都与企业的社会责任有着密切的联系。[①]可以说，自愿、主动、长期地履行社会责任，是企业树立良好社会形象的最好途径。一般对企业履行社会责任考察的重要指标，除了企业履行社会责任的行为外，还包括企业有没有自觉发布社会责任年报，以及是否在企业的网站上设立社会责任专栏等方面。

调查发现，按照上述指标，西城区老字号企业中的绝大部分履行社会责任的行动较为零星，较少形成长期的机制。只有张一元和月盛斋的网站上设立社会责任专栏，在西城老字号企业中仅占 2.2%。此外，鑫园浴池建立了和社区的长期合作关系，定期为附近社区居民提供健康咨询和服务；华天集团所属老字号企业也坚持通过社区服务等形式积极履行社会责任。这从一个侧面说明大部分老字号企业还没有意识到长期主动履行社会责任的宣传对于自身社会形象和品牌建设的重要意义，这在一定程度上会影响老字号企业社会形象的塑造和维持。

与上述情况形成鲜明对照的，则是大多数老字号企业为保护传统文化做出的各种尝试和贡献，例如同仁堂建立的中医药文化教育基地、王致和的腐乳科普馆、内联升的非遗展、瑞蚨祥的丝绸博物馆等。六必居等老字号也通过游客参与体验的形式，增加消费者对于老字号传统技艺的了解和兴趣。

根据由中国社科院专家组成的老字号研究团队提供的数据，近年来北京的老字号在履行社会责任方面发生了一些变化。该研究团队 2011 年的数据表明，老字号企业在社会责任方面最常采用的措施，依次是“关注消费者权益”（17.4%）、“关注员工权益”（16.3%）、“注意企业对政府的责任”和“注意企业对社区的责任”（均为 14.1%）、“增加了公益活动”（13.0%）、“将其作为企业战略内

① 贾昌荣：《品牌背后的社会责任》，《人力资源》，2008（7）：20–22。

容”（10.9%）、“关注环境保护”（7.6%）等。[①] 而 2014 年该研究团队发布的研究数据表明，北京市老字号企业履行社会责任最主要的措施，依次为“传承中华传统文化”（23.6%）、“提供优质产品”（20.8%）、“安全生产、绿色发展”（15.3%）、“良好的公司管理”（13.7%），“关注员工权益”（10.5%）。[②] 从中可以看出，北京老字号企业履行社会责任的重点，从关注消费者和员工权益，转变为关注传统文化的保护和产品质量，同时关注对于社区和社会的贡献。

当然，上述研究选取的样本有限，而且 2011 年是针对北京 34 家老字号企业，2014 年是针对全国 109 家老字号企业，不能完全据以全面说明西城老字号的情况。但这些研究仍然提醒我们，西城的老字号企业应该更加重视履行社会责任的自觉性、长期性和主动性对于企业形象的塑造和维持的重要意义。

## 三、西城老字号社会形象的提升路径

西城区是北京作为历史文化名城和世界文明古都的重要组成部分，也是北京市重要的文化旅游区，西城老字号是其中重要的非物质文化遗产，也是市场经济条件下现代企业的重要组成。因此，西城老字号需要承担双重的责任，既要传承和发扬传统文化，也要力争在发展过程中形成具有时代特色的企业文化和商业精神。

目前西城老字号企业处在关键的创新、转型时期，各个企业的发展水平参差不齐，因此在履行社会责任方面所能做出的贡献也不一致。从整体来看，要进一步完善西城老字号企业的社会形象，可以从如下几个方面进行提升。

1．依托政府协会，整体布局规划

作为北京老字号和中华老字号的一部分，西城老字号在发展的

① 张继焦、丁惠敏，黄忠彩主编：《中国“老字号”企业发展报告（2011）》，社会科学文献出版社 2011年版。

② 张继焦、刘卫华主编：《老字号绿皮书——老字号企业案例及发展报告（2013-2014）》，中央文献出版社2014年版。

过程中可能会集聚在一些大型的现代企业之下。因此，在老字号发展的过程中，也存在单个老字号和老字号整体之间的关系。从2002年以来，北京市开始对老字号进行扶持和发展，对于老字号有一个整体的形象定位，旨在把特色老字号打造成为北京的城市名片。除了政府的支持，老字号企业也形成了自己的组织，成立了中华老字号协会和北京老字号协会，共同进行行业的规划。

从北京市和西城区经济社会发展的角度来看，老字号企业的社会形象具有整体性。在处理单个老字号和整体老字号的关系时，政府既要扶持、规划和引导，也要适度放开手脚，让企业自主创新。各级老字号协会可以发挥行业组织的重要作用，提供信息共享和交流的平台，制定整体的老字号品牌形象策略，展现各个老字号的不同特色。

西城老字号具有的社会、历史和文化属性，一方面可以显著增加老字号企业的品牌价值，另一方面也在一定程度上限制了老字号企业品牌形象定位的提升。因此针对不同的老字号企业，其社会形象的建设应该有不同的策略。对于同仁堂、全聚德等发展良好的大型企业，可以在传统的品牌形象基础上赋予一定的流行特色，从更多的层面和角度展现中国民族企业的形象和魅力。

而对于大多数老字号来说，身上负载的传统文化特质在一定程度上制约了品牌形象的改变，需要进行整体布局和统一规划才能推动形象包装的发展。例如许多快餐小吃或文化产品类的老字号，由于产品的单个存在并不能吸引很多消费者的消费和体验，必须通过商业街或文化区的形式相互依存，共同发展。在这方面，各级政府应该积极发挥相关行业协会和研究机构的重要作用，紧紧围绕城市发展规划的制定和实施，立足产业结构的优化和城市功能的提升，全面规划老字号企业的整体品牌形象，为老字号创造更多的交流平台和更为广阔的发展空间。

2. 树立企业精神，承担社会责任

目前大多数老字号企业已经完成重组改制，并且采用连锁经营的形式。但是在具体的经营过程中，如果片面注重老字号的发展扩张，可能会导致一定程度上忽视承担社会责任、改善社会形象。

现代企业的发展表明，企业的品牌形象和社会形象很大程度上决定了消费者的选择。消费者权益保护是消费者认知企业社会责任的直观方式，但社会公益行动也是企业进一步增加知名度和美誉度的重要手段。[①]针对部分老字号对于企业社会责任认知不足的情况，西城老字号企业不仅要在经营上进行体制转型，还要进行相应的企业文化转型，树立现代企业精神，更加积极主动地承担和履行社会责任。

老字号企业要真正承担社会责任，首先就必须恪守古训，诚信经营，注重产品质量的安全优质，保护消费者的各种权益。这不仅是老字号的立身之本，也是中国传统商业文化的精华，西城老字号具有诚实守信的优良传统，可以也应该成为这方面的典范。

其次，应该重视塑造老字号经营者的企业家形象。一般来说，老字号的经营者被视为是一门“手艺”或“绝活”的传承人，而一个有性格、有魅力、有担当的企业家形象，可以为老字号的社会形象更加完美而加分。西城的老字号应该注重挖掘自己历史资源中优秀经营者的元素，总结其成功的经验，结合核心技艺、企业文化的传承，自觉与现代企业制度接轨，把培养具有宽广视野、创新思维、市场意识、社会责任的企业家作为一项重要任务，树立传统老字号的当代形象。

第三，应该积极、主动并长期坚持为增加社区和社会的公益福祉做出自己的努力。这并不限于各种公益慈善活动，许多老字号在经营过程中一直注重产品用料的绿色无害，重视资源的合理利用和环境保护。这些良好的经营方式也是企业社会责任的重要组成部分，必须继续坚持并进一步发扬光大。另外，还可以通过倡导和呼吁的形式，鼓励企业员工、产品的消费者和大众参与到这样的活动中来，

① 何小洲、刘晖：《消费者的企业社会责任认知研究》，《财经问题研究》，2011（8）：11-16。

树立和完善西城老字号的良好社会形象。

3. 明确形象定位，保护传统文化

归根结底，老字号最重要的意义在于优秀传统文化的传承和保护，这也是西城老字号企业首先应该承担的社会责任。老字号是传统文化的“活化石”，这种活态的文化，相比恢宏秀美的历史遗迹或文物景观，其历史和人文价值丝毫不差。而这种活态的体验，比起静默的建筑和文物，更能勾起人们的历史记忆和对于传统文化的兴趣。

虽然如此，西城老字号仍然不能墨守“原汁原味”的陈规，因为这样保存下来的传统文化很容易让人觉得呆板，兴发不起了解和保护的欲望，反而可能会轻易地弃之不顾。全球化和现代化已经是不可避免的浪潮，而值得注意的是，“现代”并不一定成为“传统”的对立面，并不意味着要将过去的遗存全部抹去；恰恰相反，许多“传统”的内容在“现代”的包装下反而可以焕发出新的生命力。世人熟知的可口可乐，其配方100多年来从未变过，但是它不断地推出新的广告形象和潮流文化，不仅没有落伍于时代，反而经常呈现出与时代潮流共同进步的活力。

实践表明，一味执着于传统，只能注定被慢慢地遗忘。只有建立合理而明确、稳定而发展的品牌形象，才能更好地发展老字号企业，也更有能力保护传统文化，将传统文化塑造成新的时代潮流。在这方面，“王老吉”和“加多宝”是一个经典的营销案例，虽然凉茶是一个地域限制明显的饮品，而且口味最初也不广被大众所接受，但是因为其形象定位明确，加上合理的广告投放和市场营销，从而取得巨大的成功。

对于西城老字号来说，“传统”既不是一直有用的王牌，更不是沉重负担的包袱，究竟能带来何种结果，完全取决于经营者和管理者的合理利用。西城老字号在定位自己的品牌形象时，要正确处理“原汁原味”与“传承创新”的辩证关系，在“不变”中体现传统，在“发展”中紧跟时代，充分发挥“传统”这张王牌的最大效益。要准确自己的行业定位、市场定位、文化定位，依此制定企业发展目标，实施企业发展战略，提升企业的管理水平和市场竞争力，发挥老字号在满足市场需求、服务百姓生活、优化产业结构、完善城市功能、推动社会转型中的多种作用。要进一步挖掘探索自身传统文化中的现代元素，积极探索传统与时尚有机对接的有效路径，不断充实、丰富自己品牌的文化内涵。

4. 创新品牌策略，打造品牌社区

我们当前处在一个消费社会中，人们更多关注的是商品的符号价值、文化精神特性与形象价值，这样形成的品牌认同度和忠诚度远远高于关注商品的使用和实用价值。在今天的消费环境中，没有任何一件商品在功能上是无法被取代的，人们消费的原因更倾向于越来越关心品牌的价值与意义。从这一点上来说，传统老字号迫切需要依托优势扬长避短，对企业的品牌策略进行创新。

企业和消费者之间最好的关系，是形成一个“品牌社区”（brandcommunity），有共享的价值观、文化传统和生活方式。“品牌社区”通过品牌宣扬的价值观，与消费者的价值观相契合，产生心理上的共鸣，强化品牌的归属感。从而改善并强化品牌与消费者的互动关系，提升品牌的资产价值，并增加顾客的满意度和美誉度。老字号企业在这方面具有独特的文化精神特质，在具体的操作层面可以从如下几方面进行。

一是准确定位、积极创新老字号企业的品牌价值和策略，强调现代生活与文化传统相结合的品牌特质。消费者尤其是来京旅游的客人，首先是品味北京的历史和文化，老字号本身就是北京历史文化的一部分。过于强调传统，反而会给人一种因不谙历史而产生的陌生感。北京是一座拥有历史文化底蕴的国际大都市，老字号的品牌特质需要与之吻合。例如，同仁堂强调传统验方与现代制药科技的结合，瑞蚨祥也可以让“身穿瑞蚨祥”再次成为北京人衣着时尚的不二之选。

二是充分尊重并开发消费者的生活体验，使老字号融入顾客的生活方式之中，让人们接受并依赖老字号的产品和服务。随着全球文化的快速交流融合，人们的消费需求越来越多元化，而且习惯于快速的生活节奏。就小吃而言，许多人没有时间找个小巷老店悠闲地消磨一个早上，而是急急忙忙拿着早点赶着上班。因此，与时俱进地改变经营方式无法避免，庆丰包子铺和护国寺小吃店及时调整策略，取得不错的成绩。但相比肯德基、星巴克等洋快餐，其品牌营销和建设仍然差距不小。具体来说，吃庆丰包子尚没有成为一种“时尚”的生活方式，而只是为了吃饱肚子。缩小这种差距，强化企业的时尚形象，是老字号应该加大关注的一个重要问题。

三是与老字号的企业文化相结合，培养和塑造消费者与老字号企业共享的价值观。前文提到，老字号的企业文化大多强调诚信经营、用料讲究和环保健康等，这既是老字号企业良好的社会形象，也应该藉此培养消费者与之相应的价值观。让老字号企业的消费者不仅吃得用得放心，而且还要在消费过程中有意识地选择安全环保的产品。老字号企业可以通过互动的形式，邀请消费者参观体验企业的原料产地、制作过程和销售过程。一方面可以借由消费者的亲身经历宣传和提升老字号的品牌形象，把这个过程制作成企业的广告投放市场；另一方面，更重要的是把消费者更紧密地联系在一起，在“产品－消费”的关系之外，生产出“消费者－消费者”之间基于共用产品从而共享类似的生活理念和消费价值，形成一种新的社会关系纽带，促进老字号企业和消费者、消费者和消费者之间的持久良性互动。

**作者简介**

课题负责人：赵旭东，中国人民大学人类学研究所教授，主要研究方向为社会人类学与文化转型。论文有《民以食为天——中国食品安全观念的微观政治学（合作）》等。

课题参与人：罗　涛，中国社会科学院民族学人类学研究所博士后

王莎莎，中国人民大学博士研究生

付来友，中国人民大学博士研究生

朱天谱，中国人民大学博士研究生

# 企业社会责任：老字号发展的新视角

殷　鹏

【内容提要】本文以西城区老字号企业为例，梳理老字号企业承担社会责任的历史，指出老字号企业社会责任具有中国传统文化的特色，与西方的企业社会责任理论有所不同。在这一平台上，老字号企业可以与国内外企业展开更有成效的对话。在此基础上，提出老字号企业承担社会责任的建议以及应该避免的误区。

【关键词】社会责任　老字号　新动力

20世纪90年代以来，跨国公司在全球范围掀起了强化公司责任的潮流，与“企业社会责任”相关的实践活动越来越多、范围越来越广，企业社会责任开始步入制度化、标准化发展轨道。进入21世纪，随着经济全球化进程加快，以跨国公司为代表的众多企业，积极响应和参与企业社会责任运动，自觉承担企业社会责任。这成为跨国公司提升企业形象、打造商业品牌、开拓产品市场的重要策略之一，也是提升企业软竞争力的重要组成部分。在西方国家，企业社会责任问题已经逐步由理论研究开始向实践操作转变。

在中国，有关企业社会责任的理念和实践，在2000年以后迅速发展。在这一过程中，国有企业和上市公司成为主力。那么，中国的企业社会责任发展是否有自己的特色，中国的老字号企业在社会责任运动中处于什么位置，老字号企业在承担社会责任方面有哪些特点，应该如何完善和提高……本文试图对以上问题做出自己的回答。

文章首先简要介绍关于企业社会责任的主要理论；然后以西城区老字号为例，梳理老字号企业社会责任的发展历程，并提炼老字号履行企业社会责任的特点；最后，提出老字号企业承担社会责任的建议。

## 一、企业社会责任的内涵和作用

1. 企业社会责任的定义和内容

从20世纪20年代欧利文·谢尔顿提出“企业社会责任”概念以来，陆续有许多学者和机构给出了自己的定义。目前，国际上公开披露的“企业社会责任”概念多达一百多种。虽然这些概念纷繁复杂，但依然具有一些共同点，主要包括三个方面：一是在不断完善企业自身发展的基础上，突破满足传统上为股东负责的单一目标，更多兼顾各个相关方的利益，以实现长期可持续发展；二是大致可以将责任内容分为经济责任、环境责任和社会责任三部分；三是强调不仅要保证实现盈利，还要以对环境和各利益相关者负责的态度和行动来协调与企业内外部的关系。在近几十年的理论发展中，形成“三个同心圆”“金字塔”“三重底线”等理论模型。

2. 企业承担社会责任的作用和意义

综合来看，企业承担社会责任的意义有以下五个方面：

一是提高企业市场开拓能力。企业社会责任作为一种激励机制，对企业管理来说，是一场新的革命，更是提高企业开拓能力的动力源泉。

二是增强企业竞争力。企业承担一定的社会责任，虽然会在短期内增加一定的经营成本，但是从长远来看，这有利于树立企业自身良好形象，形成企业的无形资产，增强企业的竞争优势，最终会给企业带来长期潜在的利益。

三是促进企业创新。对社会责任的关注，将促使企业加强产品、设计、流程、管理和制度创新，促进其盈利方式和增长方式的转变。

通过提高生产效率、改变生产方式、拓宽创新领域、改善经营环境和发展循环经济，可以获得更大的利润。

四是为企业的可持续发展赢得良好外部环境。社会责任是企业利益和社会利益的统一，企业承担社会责任的行为，是维护企业长远利益、同时也符合社会发展要求的一种"互利"行为，可以为自身创造更为广阔的生存和发展空间。

五是推动企业文化建设。企业社会责任作为企业文化的新内容，重新塑造和创新企业的价值观，推进相关领域的企业文化建设。而企业文化作为企业的一种价值体系，又将企业社会责任建设提升到新的理论高度和较高的文化层次。

## 二、西城区老字号企业承担社会责任的历史和现状

北京的许多老字号，从元明时期就已经开始经营。不过流传至今的，大多是 19 世纪末 20 世纪初年发展起来的。这些老字号中，一半以上的老字号位于西城区。加强对西城区老字号社会责任的研究，对于深度阐发老字号企业的历史意义和当代价值，具有十分重要的现实意义。

### 1. 明清到民国的创立与发展时期

作为明清时期皇城的北京，是一个消费型城市。一些商人、手工业者以为皇帝、官员、贵族服务作为谋生和赚钱的主要手段，出现了一批又一批手工业作坊与商号，经营范围包括衣食住行、生老病死等各个方面。清代中叶，朝廷对汉人和其他少数民族实行"怀柔"政策，社会氛围较为宽松，北京的商业街开始繁华起来。

进入民国，北京的老字号得到较大发展。到了民国末年，战乱不断，社会秩序混乱，国民经济彻底崩溃，众多老字号企业发展受到极大影响。

从明清到民国时期的老字号企业社会责任具有以下一些特点。

（1）坚持诚实守信的商业伦理道德。这一时期兴起的老字号，

基本都是外省人创办，如安徽的茶叶，山东的绸缎、饭庄，南方的点心等。从五湖四海来到北京的商贩们，靠着诚信和公平，白手起家，一点点发展壮大。他们努力提供给客户货真价实的东西——价格公道、用处清楚、性能可靠的产品和服务，坚持自己的工艺和技术，长期以来形成“独门绝招”；恪守诚实守信的经商思想，在经营中靠良好的信誉得到顾客的长久的信任与支持。

旧日西城的老字号当中，大多供奉关公。他们将关公奉为忠义的典型和诚信的象征，通过这种形式，宣传本店以诚信为本、聚财生财的经营理念。西城的老字号，特别注重对顾客恪守信用，几乎每家店铺的显著位置都挂着向顾客承诺“童叟无欺”“货真价实”的牌子。护国寺小吃等店铺总是顾客满门，靠的就是对顾客真诚厚道、诚信于民。

（2）关爱员工，以人为本。“员工”一词是西方管理学的表述，中国的老字号更多使用的是“学徒”“伙计”“店员”等词语。无论如何称呼，他们都是企业的基础要素。在老字号企业中，老板一般对伙计的态度都很好，管吃管住。除了在生活上关心伙计，解除他们的后顾之忧，还注意根据他们的性格特点，分配适合他们的工作，绝不会强迫伙计们做自己不喜欢的事情。

对于没有出师的学徒，老板除了管吃管住，逢年过节还会给一些零花钱。学徒回家看望父母，老板除了发放盘缠，还要给一些赏钱。除了学徒，伙计每月薪水也不少。通常大伙计每月工资 8 至 12 个现洋，一般伙计五六个现洋。这在当时相当于中等水平，可以满足一个五口之家的基本生活。

（3）完善管理制度。老字号企业的管理方式，通常为传统的前店后厂、自产自销；有许多是家族式管理。从老字号企业发展之初，就在不断完善自己的管理方式。民国初年，同仁堂开启老字号企业分配制度改革的先河，率先采用与现代激励机制类似的薪金分配制度，店员每个月可以从个人销售额中提取 3% 的款额，作为业绩提成。

这种分配制度推出以后，有效提高了店员的积极性，当月销售额比上个月提高了近50%。

2. 新中国建立至公私合营时期

新中国建立以后，政府的首要任务就是恢复国民经济。北京市委市政府重点扶持了一批老字号企业，帮助它们解决困难，并对其生产和经营中的具体问题提供指导。老字号进入一个辉煌发展的时期，在繁荣市场、满足人民需求方面发挥重要作用。这一时期老字号的社会责任具有两大特点。

（1）积极支援首都建设。新中国成立之初，北京的基础设施十分落后，落后的消费型城市面貌与首都地位极不相称，几乎没有现代工业，160多万城市人口中有30万人失业。因此，市委、市政府首先抓了恢复和发展生产的工作，同时下大力量整顿城市环境，改善市政条件。在此过程中，恢复中的老字号企业开始为支援首都建设做出自己的贡献。

一方面，北京当时已经形成许多本地老字号企业。新中国的第一面红旗就是瑞蚨祥提供布料制作的。瑞蚨祥自创立以来，积累了良好的口碑。在周恩来总理的建议下，瑞蚨祥承担并完成了第一面国旗的制作。同仁堂自觉发挥自己的医药业龙头作用，为建国初期的干部和百姓提供质量可靠的药材。

另一方面，为了丰富北京市场、许多外地老字号积极响应号召，迁入北京，壮大北京的老字号队伍。相当一部分落户于西城区，如来自天津的鸿宾楼饭庄、来自上海的造寸时装店、义利食品店、美味斋餐厅等。这些迁入北京的老字号，大多来自南方，他们克服文化和习俗上的诸多不变，积极为首都建设添砖加瓦，弥补北京商业服务的不足，提升城市功能水准，同时也为北京这个新中国的首都带来全国各地的不同文化。

（2）提供优质产品和服务，满足人民需求。对于建国后恢复的老字号来说，能够为国家和首都建设，尤其是在重大事件中承担任务或为领导干部服务，既是一种责任，更是一种荣耀。然而，老字号企业也并不只是关注这些重大事件，对于日常消费者，他们依然坚持提供优质的产品和服务，满足广大人民群众的需求。

龙门醋厂 1950 年搬到北京前门外大马神庙 13 号重新开业，依然一丝不苟地坚持传统生产工艺，生产设备都用小缸，手工操作，工艺是采用传统固态发酵法，操作要求细致，制成的醋醅子成熟率好，醋香味浓。为了保持质量和风味，醋厂开始生产时用大马车从河北往北京拉运陈醋醅子，然后再与北京生产的新醋醅子搭配淋醋。1953 年，由于龙门醋质量好、名声大，被北京市供销合作社指定为唯一的加工订货单位。龙门醋行销全北京市供销社网点。

3. 公私合营、国有化时期至“文化大革命”结束

20 世纪 50 年代，北京的老字号企业掀起公私合营的高潮，从个别企业到全行业公都实行了公私合营，包括老字号在内的所有企业都划归国有。

在计划经济时代，国有企业作为一种重要的单位组织，除了为个人提供足够的就业，还通过建设附属医院、子弟学校等方式为职工提供医疗、生活保障和工作培训机会。职工退休后，子女继续在其岗位上工作。这就是所谓的“企业单位办社会”。

在计划经济体制下，企业这种大包大揽式的保障机制，消耗了大量的社会资源，也大大降低了企业的竞争力。然而，从某种角度来说，这也是一种社会责任的体现：按照利益相关者理论，企业作为国家和个人的中介，对最主要的两个利益相关者承担了大量的责任。

4. 改革开放以来

改革开放以后，市场经济开始发展。为老字号的生存与发展带来了新的机遇。许多老字号再次得到恢复与发展。这些老字号一方面大力恢复传统，一方面积极面向未来。主要体现为以下三个方面。

（1）恢复传统文化和技艺。公私合营、国有化、“文化大革命”

等历次政治运动改变了老字号数百年赖以生存的基础，老字号企业从最初的家族制企业，到建国之初的公私合营，到计划经济时期的国有企业，再到市场经济时期的投资主体多元化企业，传统特色和内在精神逐渐消失。特别是“文化大革命”期间的“除四旧”，对传统文化带来了较大的负面影响。

对传统的恢复，一是传统技艺的传承。老字号企业作为民族工业的代表，为继承和发扬传承工艺和技术做出贡献。比如，天源酱菜的原副经理李跃武把天源传统风味产品的工艺规程、操作要领和质量标准等写成文字，在全国酿造学会做学术交流，扩大了企业的社会影响。致美斋1982年在前门外粮食店街重整旗鼓，原饭庄掌灶人、已年过七旬的鲁菜名师马德明牵头，挖掘整理原来致美斋经营的风味菜点200余种，恢复供应四做鱼、游龙戏凤、芙蓉鸡片、小烧猪肉等传统名菜；推出拔丝西瓜、芙蓉鱼饺、素樱桃肉等创新菜品；恢复山东杠头、翻毛月饼、萝卜丝饼、银丝卷、龙须面等广受老百姓欢迎的面食品种，所供菜肴发展到300余种，引起社会各界人士的广泛关注。

二是传统商业精神的发展。张一元恢复字号经营后，掌门人王秀兰为了打造一流商号，从源头上严把质量关。她对张一元的传人张世显表示，“恢复老字号，就要恢复老字号的传统。张一元以前就是在茶叶产地把好第一关，现在我们就是要捡起这个老传统。”她独自一人闯荡福建茶叶产地，走访一个又一个村庄。六必居恢复经营以后，继承老祖宗“黍稻必齐，曲蘖必时，湛炽必洁，陶器必良，火齐必得，水泉必香”的古训，选择最好的、最新鲜的瓜果蔬菜，保证产品质量。在全民浮躁、假冒伪劣、以次充好、强买强卖盛行的年代，这些重信誉、讲质量的老字号，无疑给市场带来了镇静，给消费者带来了安慰。

三是传统中国文化的丰富。老字号企业的店名、招牌、牌匾等等，都是中国传统文化的代表。明清以来的老字号，掌柜大多是有些文化素养之人，他们仔细推敲店铺字号，并请社会上有地位或著名的文人学者、书法家题写牌匾。比如，清代两榜进士、著名书法家于泽久题写的“鸿宾楼”，清代翰林院翰林、书法家陆润庠题写的“天源酱园”，明代权相严嵩题写的“六必居”等。改革开放以后，许多老字号企业都开始找寻已经失去的牌匾。今天，消费者在享用老字号提供的产品和服务的同时，还能零距离接触到这些珍贵文物和书法文化，切身感受中华文化的博大精深。

（2）加强内部管理。经历了公私合营、国有化、计划经济时代的老字号，在一定程度上沿袭了老国企的一些习惯和风格，在工作效率和市场竞争力方面相对处于弱势地位。为了增强自身竞争优势，在新时期站稳脚跟，许多老字号企业对自身管理进行完善，推动各项改革。

措施之一是推进产权改革。全聚德 1993 年结束分散经营、各自为政的局面，组建中国北京全聚德集团，将几十家企业合为一体。1994 年进行股份制改造，组建北京全聚德股份有限公司。2001 年改革激励机制，引入管理层持股。一系列改革措施，帮助全聚德建立起现代企业制度，形成完备的产业链，构建品牌文化市场。

措施之二是针对现代社会的消费者需求，丰富自身产品。瑞宾楼不断丰富褡裢火烧的馅料，由原有的猪肉大葱馅增至猪肉三鲜馅（包括猪肉、海参、虾仁、鸡蛋、净葱、生姜，配以秘制调料），此外还有牛肉大葱馅、猪肉韭菜馅、猪肉西葫芦馅及各种青菜馅十余种。针对洋快餐的挑战，对褡裢火烧的加工流程进行改革，采用高科技，把褡裢火烧做成“方便”食品，使顾客把褡裢火烧买回家，略加工或改进，在很短时间内就吃到，如同在餐厅吃到的一样。

（3）培养传统技艺继承人。老字号的传统技艺，大多是通过师徒传承一代一代传递下来的。在社会快速发展的今天，随着工业化生产的扩展，传统手艺的生存空间越来越少。虽然现代社会可以通过录像、文字等方式将这些知识保留下来，但还有一些“只可意会、不可言传”的经验，需要在日积月累中不断积淀。老字号在培养传统技艺传承人方面，注重提供必要的传习活动场所，给予相应的资助并组织开展展示、研讨和宣传活动，鼓励自己的手艺和绝活传给后人。同时组织开展相类传承人之间的交流与合作，促进传统手工技艺和传统知识的传承、发展。

内联升国家级非物质文化遗产传承人何凯英自 2009 年开始正式收徒，加快培养一批工艺水平高的技师，继承发展中华民族传统手工技艺。烤肉宛、鸿宾楼、同和居、砂锅居推出 18 个餐饮品牌的 52 位“老字号技艺传承人”，都是具有高级以上技术职称的名师、大师，有数十年的烹调从业经验，在老字号菜系的传承、创新上起到关键作用。这 52 位传承人一方面通过收徒方式选定合适的接班人，一方面对经典菜的主辅料、烹饪程序、烹饪技巧等进行整理，使经典菜“标准化”，在经典菜的基础上研究菜品的创新。

这些措施，都为珍贵中华历史文化遗产的传承做出老字号独特的贡献。

5. 进入新世纪以来

随着中国加入 WTO 以及市场经济的不断发展，老字号企业加大改革创新力度。经过多年的发展，北京老字号企业呈现出多样化的所有制结构。虽然不同所有制结构的老字号企业承担社会责任的方式不尽相同，但是在捐资助学、扶贫帮困、赈灾救难之外，还是有一些共同的特点。

（1）注重文化创新与传播。老字号企业是中国传统文化特别是传统商业文化的承载者。就像东芝、索尼代表日本商业文化，福特、通用代表美国文化，中国的老字号企业在“走出去”过程中，也在不断进行中华传统文化的创新和传播。在创新原有文化的基础上，更好地适应现代化的发展，进行了有益的尝试。

六必居在北京奥运会期间对产品包装进行创新，加入老字号历史文化的元素。通过全新的外在形象，向国内、外消费者展示北京老字号的企业文化。利用外国媒体来华报道奥运会的机会，主动上门宣传六必居的品牌文化和悠久历史。

（2）推动行业共同发展。中医药行业是老字号企业在加强自身发展的同时，也为行业共同进步做出贡献的典型。同仁堂在弘扬中华医药文化、生产天然绿色药品的过程中，一方面对于濒危原材料的使用，严格遵守国家有关规定，按照审批程序合法购买和使用；另一方面也通过完善工艺流程，提高技术含量，最大限度地减少原材料的损耗，为行业发展做出表率作用。

（3）加强非物质文化遗产保护。非物质文化遗产是指各种以非物质形态存在的与群众生活密切相关、世代相承的传统文化表现形式。非物质文化遗产是以人为本的活态文化遗产，它强调的是以人为核心的技艺、经验、精神，其特点是活态流变。老字号尤其是食品和药品行业的老字号的独特技艺，是我国非物质文化遗产的重要组成部分。非物质文化遗产的保护，一方面是要有传承人，另一方面是专门建立非物质文化产保护项目。这两个方面都是老字号关注的重点。

二商王致和科普馆是在北京市委的支持下，由北京二商王致和食品有限公司于2010年建成的。展馆通过展板展具视频体验等多种方式，全面系统展现腐乳这种发酵性豆制品的奥秘，形象介绍这种民族特色产品的发展史、加工技术和营养应用，使观众可以全面体验“食品发酵科技之旅”。

鹤年堂着力保护中国传统养生文化，挖掘自身养生产品资源，整理100多种养生膳食方、100多种养生酒、茶方。投资建立生产基地，以“养生坊特许连锁经营”为发展模式，通过加盟连锁，建立起覆盖全国、面向世界的销售网络。目前正在朝三年内国内销售网点达到200家、打造中华养生航空母舰的目标迈进。

## 三、老字号企业承担社会责任的特点

总体来看，目前国内关于企业社会责任的讨论，大多是模仿、移用西方理论。西方企业社会责任暗含的前提，是亚当·斯密提出的“看不见的手”[①]。在这一前提下，西方企业社会责任理论认为，企业是一个“理性人”，市场机制可以自发调节企业的短期经济回报和长期社会利益之间的关系。

而在当代中国条件下，除了与西方国家相同或相似的地方以外，“企业社会责任”还具有自己独特的内涵。通过上述对北京市西城区老字号承担社会责任历史的梳理与回顾，可以发现老字号企业作为中国传统文化的承载者，已经很好地将传统文化保留至今，拥有传递文化的天然优势，具有鲜明的“中国特色”。老字号的社会责任强调企业首先要实现自己发展，并在推动经济发展的基础上进一步推动社会整体的发展。如果说西方的企业社会责任前提假设是“先人后己”，那么中国老字号企业背后的逻辑则是“由己及人”，是自身影响范围的不断扩大。

1. 老字号企业承担社会责任的路径

许多老字号企业分属不同的行业，各种“老字号”之间，差异较大。在今天以行业为发展平台的讨论中，老字号企业相互之间的对话具有一定难度。另一方面，从行业的角度来看，除了个别企业，老字号企业在各自行业中的话语权也还相对较弱。因此，在老字号企业社会责任的“企业”——“社会”关系中，加入“行业”一环作为过渡，可以帮助老字号企业更好地以社会责任为助力，以促进行业发展为中介，推动自身的可持续发展，从而在多个层面丰富自己的社会价值。

① 亚当·斯密在《国民财富的性质和原因的研究》中指出，市场好似一只“看不见的手”，自发调节着市场上无数个寻求“自利”的经济个体的行为，并因此推动整个社会财富的增加。

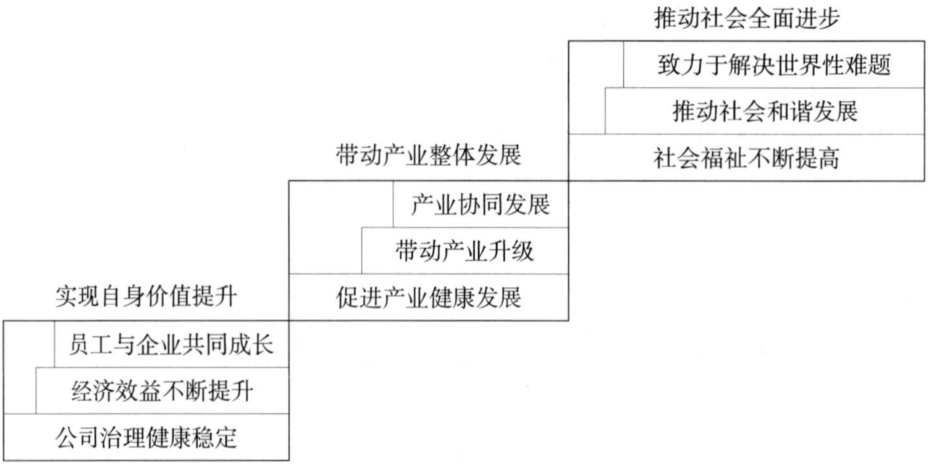


**老字号企业社会责任的发展路径**

（1）在微观层面，实现企业自身价值提升。首先要通过完善内部环境的良性循环，不断提升企业的自身价值。通过公正透明、守法合规、诚信公平的企业经营，实现企业治理的健康与稳定；依靠深化科技创新、提升生产效率，实现企业经济效益的不断提升；通过打造多元发展、平等包容的员工发展平台，实现员工与企业的共同成长。西城区的老字号企业中，一半以上属于餐饮行业，文化休闲行业也占了不小的比重。因此，食品安全和服务质量是西城老字号提升自身价值的重要基础。它们的以身作则，也能够为解决中国当前食品质量和安全等问题带来一阵清风。

（2）在中观层面，带动产业整体发展。要在自身发展的基础上，引领并推动所处的产业环境共同进步，逐步提升产业（行业）的整体发展水平。积极发挥自身影响，不断完善行业标准，引领整个行业的道德与价值趋向，实现产业健康、高效的发展；促进产业的合作与交流，推进整个产业的共同进步；不断加大科技研发力度，提升生产技术水平，推动整个产业整体升级。总体来看，西城区老字号在这一层面还有很大的改进空间。除了少数企业在行业中具有一定的引领地位（如同仁堂为中医药行业的龙头），绝大多数老字号在行业中的知名度、品牌效应和影响力还处于相对落后的位置。从行业的高度审视自身发展，发挥自身在历史文化和传统技艺方面的独特优势，可以帮助西城老字号实现更大的提升。

（3）在宏观层面，推动社会全面进步。企业应当积极投身公益慈善活动，加大社会投资，提高整个社会的福祉；利用自身资源与影响，推动跨区域的文化活动，增进跨文化的认知与了解；适当资助科研机构，积极举办公益社区教育活动，解决人们共同面对的难题。西城老字号历经不同时代，在发展中积累了许多珍贵的经验和教训。在人们积极面向未来的今天，继承并发扬中华传统文化中"天人合一"的和谐观念，改变各种非理性的发展方式，促进包容协调的社会环境建设，可以为实现经济与社会、人与自然的和谐发展提供更多有意义的借鉴。

2．企业社会责任为分析老字号发展提供了新的视角

（1）企业社会责任体现中国传统文化的核心内涵

延续数千年的中国历史文化，孕育并延伸出丰富的社会责任思想。其中包括先秦儒家的"义利观"和孔子、孟子等提出的"见利思义""义利统一""先义后利"等观点。这种早期的义利观念，可以看作是中国早期对于"社会人"的要求。这也是我们理解和实施企业社会责任理念的思想前提。

今天的中国企业，不能仅仅定位于"经济人"，而应该定位于"社会人"。定位于"社会人"的中国企业，从根本上来说是具有中国传统思想中的义利观念的。这种传统义利观念可以概括成三个层次：第一个层次是底线标准，其价值取向是"见利思义"，关注的重点主要是经营、管理活动遵循法律、道德约束，避免外部不经济性的发生；第二个层次是中间标准，价值取向是"以义生利"，"储蓄"社会资本，通过"开明的自利"，实现经济学意义上的社会的"帕累托最优"，确保外部经济性的出现；第三个层次是最高标准，价

值取向是“以义为上”，关注的重点是资源从企业转移到各利益相关方。

作为中国传统文化承载者的老字号企业，他们的企业社会责任正是体现了中国传统文化中“家国天下”的基本内涵——先做好自己，再关心天下。前面对老字号企业发展历程中承担社会责任情况的梳理，很好地诠释了这一特点。

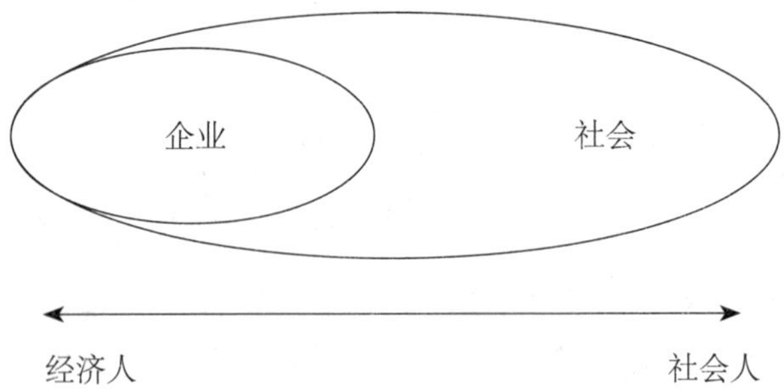


（2）企业社会责任为老字号企业对外交流提供新平台

长期以来，对老字号企业的研究呈现出了相对较多的负面评价，诸如技术落后、市场竞争力较弱、人才储备缺乏等，似乎老字号已经不适应现代经济社会的发展。然而，老字号企业尤其是北京的各家老字号企业，经历了各个历史时期风雨考验，依然生存并继续发展，除了为消费者提供传统特色的产品和服务，在承担传承民族文化历史重任、自觉履行社会责任、实现可持续发展方面，也积累了丰富的经验。

以往对老字号的研究，关注的更多是企业的“经济性”。然而，企业社会责任既关注企业的“经济性”，更关注其“社会性”，因为它是企业可持续发展的基础。“企业社会责任”这一平台为老字号企业与国内其他企业和国际企业提供了更多的对话机会，使得老字号企业一方面能够分享中国经验，另一方面也能够吸收外国优秀企业成长中的长处，为我所用。

（3）企业社会责任为老字号企业转型提供新思路

社会主义市场经济的发展，对中国老字号的升级、转型提出了新的挑战。在这个背景下，从“企业社会责任”切入，促进老字号体现的中华传统文化与作为市场经济核心元素的现代企业制度有效对接，有利于进一步强化老字号企业的文化自觉和文化自信，按照新时代的标准规划自己的未来之路，深化体制和机制改革，在密切与消费者的联系中提升自己的竞争实力，在服务社会中展示自己的价值，真正实现百年老号的“凤凰涅槃”。

国外许多企业已经开始利用“企业社会责任”作为推动自身发展的新动力。例如，韩国厨房及生活用品公司乐扣乐扣在中国的社会责任实践加强自身影响力，扩大其在中国的品牌美誉度，也使得消费者更好地了解自身的产品和服务。乐扣乐扣 2004 年进入中国，2007 年开始在上海、北京、广州的餐厅举行一系列以“绿色饭店”为主题的环保公益活动，旨在倡导适度点餐、餐后打包的健康环保生活理念，减少食物浪费，共创美好环境。2012 年开始，乐扣乐扣与餐饮企业上海小南国达成合作伙伴关系，于每年 6 月 5 日世界环境日开展“拒绝食物浪费、倡导餐后打包”绿色公益环保活动，免费发放乐扣乐扣保鲜盒产品。时值全国兴起“厉行节俭”之风，此次活动恰好迎合了社会热点话题，不仅通过各大媒体的积极传播影响力大增，更是通过广大实地参与活动之中的消费者，通过微博、微信等自媒体形式广泛传播，形成“从我做起，厉行节俭”的生活风尚。

从短期看来，免费发放餐盒似乎对于乐扣乐扣而言是一项损失，但从长远看它所带来的商业价值不容忽视。一是企业通过这次活动与消费者建立起联系，将环保可持续的企业价值观向更广泛的社会范围传递，提升公司的品牌形象和消费者忠诚度。二是这也是一次推广用户体验的大好机会，不少消费者因青睐乐扣乐扣保鲜盒滴水不漏的密封性和可反复使用的环保特点，将之作为打包工具，成为餐桌上一道时尚风景。三是这次活动所带来的“勤俭节约”消费理念的影响范围没有局限于商业价值，它还推动了“反对铺张浪费，厉行勤俭节约”的社会风气，将乐扣乐扣的影响范围扩大到整个社会。

## 四、启示和建议

随着企业社会责任实践的不断深入，企业社会责任领域的实践已经从过去有形的公益慈善、捐钱捐物向无形的更高级的理念传播转变。探寻商业利益与社会效益的融合点，在自身业务相关领域探索社会问题的解决途径，传播先进的理念，倡导健康的生活方式，不仅仅能够为社会带来福祉，同时也为企业创造更多的商业机会，提升品牌的整体形象。中国传统文化提倡“酒香不怕巷子深”，对于老字号企业来说，这意味着努力提高自身的产品与服务。然而，在市场经济条件下，要求企业既要“做得好”也要“说得好”。企业社会责任作为老字号企业扩展自身影响范围的一个有效途径，无疑具有新的时代意义。

1．老字号企业承担社会责任的建议

（1）进一步强化社会责任意识。目前关于企业社会责任的很多认识，仍然局限于把其等同为公益捐赠或者慈善事业。实际上二者在内涵和外延上都有较大差异，公益捐赠或慈善事业仅仅是企业社会责任很小的一部分。实际上，社会责任贯穿于企业价值链管理的整个过程。通过扩大宣传、加强培训等多种方式，正确宣传贯彻企业社会责任的理念，并使之融入生产经营全过程之中，必将进一步提升企业的团队执行力、社会影响力、品牌商誉力和市场竞争力。

（2）在企业内部适时成立社会责任管理部门。老字号企业可适时成立社会责任管理部门，由企业领导担任机构主任，成员由相关职能部门负责人组成。主要职责是从战略高度制定可持续发展政策和社会责任政策，统筹和部署企业社会责任工作，规划和协调企业内外部社会责任事务，建立和完善沟通机制，加强与政府、媒体等特定利益相关方的联系、沟通，组织编印企业社会责任报告等。

（3）建立社会责任指标体系。将企业社会责任贯穿企业管理全过程，进一步细化关键业绩指标（KPIs）。通过具体的指标管理，在日常运营中强化企业的社会责任意识，进一步促进企业管理，形成良性循环。企业可以根据自己的行业特色、自身优势和发展需求，参考已有的国际标准，制定自己的指标体系，促进企业管理水平的提升。在行业中已经取得一定地位的西城老字号（如同仁堂、全聚德等），甚至可以将自己的规范管理推而广之，为整个行业的社会责任发展提供参考。

（4）统筹管理社会公益事项。借鉴国内外公益管理的经验，建立科学高效的社会公益工作管理体系，对社会公益投入实行项目管理，重点抓好具有重大影响的公益项目，增强社会公益项目的社会效果，满足公司发展战略和品牌传播的需要。

（5）发布企业社会责任报告。自2006年国资委、上证所等监管机构要求企业发布社会责任报告以来，目前社会责任报告日益得到各界关注。企业可以社会责任报告为抓手，不断完善自身管理，加强信息披露，增强自己的品牌影响力和美誉度。在西城区的老字号中，只有个别企业（如同仁堂、全聚德）发布了社会责任报告，也有若干企业（如张一元）在网站设立了社会责任专栏，进行信息披露。报告对内可以帮助老字号企业对自身过去一年承担社会责任的情况进行梳理，对外也是一份与社会良好的沟通工具。因此，老字号企业应该通过社会责任报告的发布，进一步提高自身履行社会责任的认识和能力。

2. 老字号企业承担社会责任需要避免的误区

在推动“企业社会责任”建设过程中，政府、企业、社会三方处于不同的位置。企业处于主体地位。企业社会责任建设事关企业自身的可持续发展，具体的操作过程需要老字号企业根据自身实际进行。政府处于提倡和引导的位置，其主要作用在于进行制度设计、实施舆论和政策引导，同时构建相关的支持体系，比如评价体系、培训体系等。社会起监督作用。有的企业以社会责任为名，对自身的不法或违规行为进行“漂绿”。在这方面，社会在揭露其本质过程中无疑起到了重要作用。简而言之，三方的角色分别是政府提倡、企业主导、社会监督。但与此同时，各方都需要避免一些误区，从更加全面的视角来看待企业社会责任。

（1）企业层面：避免短期化和简单化。老字号企业承担社会责任，需要避免四个误区。一是把企业社会责任当作提升企业形象的工具，特别是追求获得各种评奖，将其异化为“品牌形象策划”。二是把企业社会当作“标准认证”，认为承担社会责任就是要符合各种国内外社会责任标准，忽视企业自身的独特性。三是把承担企业社会责任等同于落实特定的社会责任议题，如保护环境、维护员工权益、保护消费者权益等，把企业社会责任与自身管理和运行割裂开。四是把企业社会责任简单地等同于发布社会责任报告，或以发报告为主推进工作，把企业社会责任当作非财务信息的披露。

（2）政府层面：避免片面化和理想化。政府推动老字号企业社会责任的发展，需要避免两个误区：一是将企业社会责任简单地等同于支持公益事业或者企业捐赠，这将有损于企业自身的价值创造能力并进而影响其为社会服务的水平，甚而导致“向企业乱摊派”的回潮。二是把企业社会责任当作解决所有违法事件的灵丹妙药，站在道德制高点对企业进行空洞说教，并简单地将各种恶性事件归因于企业不讲社会责任。应该明确，企业社会责任不是解决触及法律和道德底线问题的灵丹妙药，违法的问题只能通过完善立法和有效执法加以解决。

（3）社会层面，避免简单化和空泛化。社会层面的误区与政府层面有一定共同之处，但除了上述两个方面，还应注意两个方面：一是把企业社会责任当作是简单的“好人好事和无私奉献”，把企业社会责任无限扩大为泛道德的“无私奉献”。这有损企业的创新发展和科学发展的能力。二是把企业社会责任当成包罗万象的“大箩筐”，似乎企业需要对各式各样的利益相关方承担责任。这一方面会导致企业社会责任的边界极其模糊，另一方面会引发企业领导层认为社会责任不过是“新瓶装老酒”，无法对推动社会责任管理倾注真正的热情、智慧和创造力。

## 五、总结

企业社会责任作为今天老字号发展的新动力，本质上是从更全面的视角分析老字号发展中的利弊。在企业社会责任建设中，老字号企业应当首先对自身的利益相关方进行识别，包括从最基本的员工这一内部利益相关方到最广泛的国家和社会这些外部利益相关方。其次是要将企业社会责任的理念贯穿于自身价值链形成的每一个环节，其中最重要、也是最基础的，是要完善基于自身核心竞争力的价值链管理。在企业社会责任发展路径的三个层次中，企业不需一层一层地逐级实施。在实际过程中，企业可能会从不同的方面，在三个层次同时发展。这三个层次只是为老字号企业社会责任的整体发展提供一个参照系。

## 参考文献

1. 亚当·斯密:《国民财富的性质和原因的研究》,商务印书馆 1972 年版。

2. 陈英主编:《企业社会责任理论与实践》，经济管理出版社 2009 年版。

3. 刘宝明、戴明超:《当代北京商号史话》，当代中国出版社 2012 年版。

4. 世界经济论坛．中国企业国际化新兴最佳实践——全球企业公民挑战 .2012 年版。

5. 孙立平．总体性社会研究——对改革前中国社会结构的概要分析．中国社会科学季刊，1993 年第 1 期。

6. 张继焦等:《“老字号”企业的社会责任》，《“老字号”蓝皮书：中国“老字号”企业发展报告 No.1（2011）》，社会科学文献出版社 2011 年版。

7. 李宇军、张继焦．从价值链角度看企业发展与承担社会责任的关系．思想战线，2011 年第 3 期。

8. 北京同仁堂股份有限公司 .2012 年度履行社会责任的报告。

**作者简介**

殷鹏，壮族，中国社会科学院研究生院博士研究生，主要研究方向为经济社会学、企业人类学。主要论文有《老字号企业的社会责任》《2013 年度老字号问卷调查总报告（合作）》《企业社会责任在中国——以社会责任报告为例》《老字号与企业公民：中国传统企业文化的新发展》《企业的营销网络：社会学视角中的企业与消费者关系》《北京稻香村：关系网络视野中的营销渠道》等。

# 对文化类老字号发挥“城市地标”作用的考察与思考

程 竹 冯希萤

【内容提要】通过对北京西城文化类老字号作为城市地标现象的分析，阐述老字号在传承中华传统文化、带动区域经济社会发展中的巨大作用，指出老字号在新时期全面推动文化大发展大繁荣、打造民族文化软实力中必须承担的历史使命，提出推动文化类老字号发展，使之更好地发挥城市地标作用的基本思路和主要方法。

【关键词】文化类老字号 地标 问题 思路

与京城所有的老字号企业一样，文化类老字号是古都北京的靓丽“地标”，体现着北京悠久的历史积淀和深厚的文化特质，体现着北京人独特的精神风貌，也体现着中国传统企业历经数百年雨雪风霜考验而不衰的民族气质和不懈追求，在阐释地域文化、展示城市形象、传承民族精神中发挥着不可替代的重要作用。

本文以位于北京市西城区的文化类老字号为对象，从“城市地标”的视角，认真分析文化类老字号的历史方位、文化特色、社会价值，针对影响文化类老字号发挥城市地标作用的主要因素，积极探索老字号的转型发展之路。

## 一、京城老字号是城市的重要地标

文化类老字号，是指以生产、经营文化产品为主的中国传统企业，是中国商家创立的具有中华民族精神的商业字号。这些文化类老字号凝聚能工巧匠的智慧，拥有外人难以仿效的独门绝活，沉淀厚重的特色经营理念和经营方式，在具有历史悠久、产品独特、服务优良、经营有方、社会口碑良好等一般特点的同时，还体现出文化类老字号特有的中华传统文化特征。

**（一）文化类老字号产生发展的社会历史条件**

在某种意义上可以认为，文化类商业老字号是中国商业文化的特有现象。中国从春秋时开始就将读书看成是第一要务，儒家信奉“学而优则仕”，倡导“立德”“立功”“立言”，这些都离不开读书。春秋战国时期，士阶层空前活跃。读书成为一些有志者出人头地、实现“修齐治平”理想的重要途径。两汉时从基层举孝廉，至隋唐时，科举成为定制。全天下的读书人都在寒窗苦读，以期有朝一日能高中金榜。“太宗皇帝真长策，赚得英雄尽白头”，宋、元、明、清等朝更是将科举制度发挥到了极至。在中国社会中，普遍信奉“万般皆下品，唯有读书高”，读书的作用被抬高到了无以复加的程度。而外国从古代、近代到当代，或重商或重农，从来没有像中国人这样强调读书，两者形成强烈的反差。

伴随着“读书至上”的社会环境，产生了以满足读书人各种需要为主要业态的文化类商业，如造纸、印刷、制笔、制砚等。与之相应，早在唐朝，文化产业就出现了拥有独门绝技的能工巧匠，他们的产品或店铺也就成了文化类著名商号，如著名的薛涛笺。北宋苏易简在《文房四谱》中记有：“府城（指成都）之南五里有百花潭，支流为一，皆有桥焉。其一王溪，其一薛涛，以纸为业者家其旁……以浣花潭水造纸故佳，其亦水之宜也。”薛涛是唐朝时人，她“好制小诗，惜其幅大，不欲长，乃命匠人狭小为之笺。蜀中才子既以为便，后裁诸笺亦如是，特名曰薛涛焉。”薛涛笺当时又叫“浣花笺”“松花笺”“减样笺”“红笺”。唐代诗人李贺诗云：“浣花笺纸桃花色，好好题词咏玉钩。”从那时起，薛涛笺就为文人们所衷爱，成为千古名牌。“纸比人长寿”，因为战乱，成都百花潭桥边的两个纸业作坊早已荡然无存，而薛涛笺则流传后世。宋朝时，许昌制笔业有一定的名气，笔匠郭纯棣技艺精湛，远人多求之。而从唐朝开始就倍受文人推崇的端砚和歙砚，更是世人皆知。

由此可见，最迟从唐朝时起就已经有了文化类商号，当然也就有了文化名牌产品。只是因为时代的变迁，这些商号没有能保存下来。然而，他们创造的名牌却永远固化在历代文人以至广大群众的心中，成为世人的最爱。围绕着这些文化名牌，在各个地方都曾演绎过许许多多动人的故事，可见文化名牌产品在人们心中的地位和作用。

明清以来，伴随着历史的进程，北京逐渐形成独具特色的文化现象——京腔，京味、京韵。而京腔、京味、京韵相当大一部分蕴含在京城老字号特别是文化类老字号中。人们只要一提到京城文化，脑海中首先浮现的就是这些老字号，如荣宝斋、一得阁、戴月轩、清秘阁、博古斋、三盛春，还有后来的成文厚、新华书店、中国书店等等。

中国书画名家荟萃的荣宝斋，在弘扬传统文化方面成为中国的旗舰店，在人们心中，它应是“天下第一斋”。如今的荣宝斋，不仅是中国文化人心中的圣地，许多醉心中国文化的外国友人也成了荣宝斋的常客。中国文化所以能远播四海，荣宝斋等一大批京城文化类老字号功不可没。

京城是国家的政治文化中心，封建文化在清王朝时期发展到了极致。皇帝和官员们的雅趣，进京赶考的举子相聚，来京述职的官员接风洗尘，士子们千里迢迢赴京拜师求学，林林总总，热闹非凡。这一特殊群体对文化用品有着各自的需求，同时也需要有展示他们才华的平台，于是许多文化商铺便应运而生。

由此可见，文化类商铺的存在、兴盛、延续，乃至成为一个城市的文化地标，需要一个相对稳定的社会环境和社会氛围。而北京作为历朝古都，八百年来万国来朝，人文荟萃，经济发达，社会和谐，正好为文化类老字号的产生和成长提供了重要条件。

### （二）文化类老字号的历史方位和时代价值

1. 文化类老字号集中体现城市精神

中国城市精神是中国精神的一个重要组成部分。在传统的中国精神里，儒家倡导“仁义”，主张“三纲五常”，讲究尊卑秩序，有着鲜明的民本思想。要得民心，需要许多措施，而最重要的是敬天爱民，爱民就必须守信于民。从历史上看，中国精神是儒家思想的凝练，儒家思想是中国精神的内核。伴随着的历史的演变，中国精神不断丰富、提高。发展到今天，中国精神凝练成“富强、民主、文明、和谐，自由、平等、公正、法治，爱国、敬业、诚信、友善”的核心价值观，其中“诚信”是其重要组成部分。

孔子讲，人而无信，不知其可也。在“仁、义、礼、智、信”中，“信”是“仁、义、礼、智”的具体实践。到了西汉以后，儒家思想成为社会的正统思想，“仁义礼智信”成为约束人们行为的道德准则。金代以来，北京成为国都，中华文化特色日益突出。在京城的许多文化商铺中都供有关公像，关化是讲究忠义、一诺千金的化身。清代对关公的崇拜到了无可复加的地步，被各家商铺尊为财神。

明清两代的京城，经济繁荣，是老字号云集之地。为什么这些老字号能历经沧桑顽强地存活下来，为什么这些老字号能在人们心中成为一种商业图腾？就因为老字号的创始人和继承人都能禀承忠义诚信的中国传统精神，所谓“孟尝君子店，千里客来投”。在历史传承中，文化老字号店铺积淀了许多优良的品格，诚信是立店之本、兴业之根，是老字号的文化灵魂。

不论是荣宝斋还是一得阁，以及其他文化老字号，对客户都有一个承诺，那就是他们绝不经营假货。一旦因眼拙发生失误，经营了假货，发现后立即登门道歉，赔偿客人损失。正因为这些老字号都能以诚信为本，因此才赢得了客户们的信赖，不论是坦途还是坎坷，都能得到顾客们鼎力支持。

明清两代的几百年中，京城商号重诚信已经成为一种约定俗成。不讲诚信的商家为众商家所不耻，很难在京城立足，当然也就成不了百年老字号。“大兵无寇，大商不奸”，京城老字重信义的传统影响着城市的风气。诚信，作为北京的城市精神之一，在其形成过程中，文化老字号起到了举足轻重的作用。

北京将“爱国、创新、包容、厚德”作为自己城市精神的核心、精髓、特征和品质，以此阐释首都这个城市的文化特质和未来发展的目标定位。

有学者提出，北京传统文化具有兼容性、包容性、混容性、集大成性、正统性、稳定性、方向性。这些特征互相关联、互为条件，互为基础、互为因果，有机地结合在一起，共同铸就北京文化的总体特征——海纳百川、博大精深；正统所在，王气所钟；道统所聚、文统所成；与时俱进、与世协衡。

而作为北京建城、建都的肇始之地，西城的文化体现了中华统绪、炎黄一脉、多元一体，共生共长、共存共荣的文化精神；体现了中华民族百折不挠、振兴中华的精神凝聚力；体现了中国历史之上的民族团结、宗教和睦、中外共处的优良传统。西城文化在融合中提升，是一个有机的整体，具有极大的包容性；伴随着时代步伐前行，始终坚持自身的完善与升华，具有极强的拓展性；产生于“天子”脚下，“地气”深厚，具有极高的典型性①。

这些精神和特征，在京城文化类老字号身上都可以得到充分体现。

2．文化类老字号是北京的城市地标

“诚信”让老字号成为人们心中的旗帜，成为一个区域的文化地标，成为一个区域产业经济支柱。

文化类老字号作为一面旗帜，在全国乃至全世界都有着巨大的影响。比如今天的荣宝斋，已经成为全国书画大师的荟萃之地，刘海粟、徐悲鸿、齐白石、张大千等一代巨匠都是荣宝斋的座上宾；

① 刘洋主编：《北京西城历史文化概要》，燕山出版社2010年12月版，第41页。

毛泽东、周恩来、朱德等老一辈革命家也都对荣宝斋情有独钟；当代的沈鹏、欧阳中石、启功，范增等更是这里的常客。荣宝斋内，聚集了海内外古今书画大师的佳作。过去有句老话，叫“一登龙门，身价百倍”，书画家们把在荣宝斋占有方寸之地看作是最大的荣耀。这种影响力对中国书画事业的发展起到了至关重要的推进作用，带动了中国书画业的繁荣，潜移默化地助推着中国书画家们艺术水平的提升。在某种意义上可以说，文化类老字号酿造出了一种浓浓的文化氛围，令人痴迷，到这来随意走走，都会得到薰陶。我们几乎可以从所有的老北京人身上嗅到这种味道。据此我们可以认为，京城文化类老字号不但陶冶了文人们的品格，也陶冶了整个城市民众的品格。

“地标”本来是建筑领域的用语，原指具有象征性的最显著的建筑。广告业兴起后，地标被赋予了新的意义，人们将当地某些有着代表性的人物、企业、商铺等也称之为地标。西城区的文化商铺群就是这样一些著名的城市地标。走到世界各地，只要提到中国文化，人们就会想起谈起这些老字号。它们已成为中国文化的象征，牢牢地屹立在华人和热爱中国文外的外国友人心中。

3. 文化类老字号成为城市地标的条件

文化性地标群的形成，不是偶然的，需要方方面面条件的因缘际会。一是取决于京城特殊的政治经济文化环境。京城是全国的政治文化中心，必然成为四方精华荟萃之地，内在地具有容纳百川的胸怀。京城居民的构成多样、多层，见多识广，眼界开阔，消费主体来自五湖四海，具有不同的消费习惯，从而提供了具有无限发展空间的文化市场。“天子”脚下的京城百姓，极少地区偏见和行业偏见，容纳性极强，这一点仅从京城文化类老字号的创始人几乎全是来自天南海北的“异乡人”，即可见一斑。

二是在于文化类老字号经营者的诚信理念。如前所述，老字号始终坚持以诚信经营作为自己的立身之宝，自觉承担企业的社会责任，形成良好口碑。特别是这些老字号的创始人大都是十分精明的能工巧匠，在业内是领头羊。他们大都有家传的独门绝技，招牌一经挂出，便迅速传播开来，口耳相传，很快就成为行业的翘楚。可以肯定地说，没有这些握有独门绝技的能工巧匠，就没有这些文化老字号。老字号的生存、延续、发展，重要条件之一就是这些创承人的存在。

三是在于文化类老字号发展进程中有一个值得注意的现象——扎堆，即现在所说的“集聚”。一条街上若能汇集十几家乃至上百家店铺，就可形成一个大气候，成为一方大市场，远近的消费者就会慕名而来，琉璃厂就是这样。“扎堆”形成了规模效应，营造出难得的市场氛围，成为老字号生存的条件之一。“扎堆”倒逼着创新，激励着进步，推动着商家们在竞争中发展。“扎堆”推动着市场秩序的日益完善，促进了行业规则的形成和规范，促进了中国文化商人经营理念的成熟。“扎堆”在客观上促成了文化地标的出现。

四是在于文化类老字号的与时俱进。创新是老字号生生不息的动力和源泉，“一得阁”墨汁革了中国千百年来墨块的命，将研磨成汁改为瓶装墨汁，光亮香气，一经推出，便得到读书人和书画界的交口称赞。成文厚的鸵鸟牌深蓝墨水至今仍是业内的王牌。在市场竞争中，许多文化老字号利用自身的信誉度和影响力，正在跨行业发展，有的老字号与茶文化嫁接、与舞蹈艺术嫁接，形成了新的产业链，为老字号注入了新的生机，在新形势下进一步彰显老字号的优良传统。

我们看到，这些文化类老字号之所以能几百年旗帜不倒，正是由于它们立足京城独特的社会历史条件，坚持诚信经营的优秀传统，坚持不断创新，坚持自觉体现中华传统文化，并使之成为自己生存和发展的根基，从而成为世人交口称赞的“城市地标”。

## 二、西城文化类老字号的地标作用

### （一）西城文化类老字号发挥城市地标作用的领域

作为京城的文化地标，位于西城的这些文化类老字号在展示行业风采、体现地域文化特质、引领生活时尚、拓展产业链等方面，发挥着重要的作用。

1. 体现地域文化特质。就地域分布而言，西城老字号基本上可以分三大板块，一是大栅栏，二是什刹海，三是琉璃厂。其中琉璃厂板块是文化类老字号的大本营，店铺种类分书籍、古玩、文房四宝等。在琉璃厂东街，路南有松筠阁、文盛斋、宝晋斋、翠文阁，韫玉斋、敦华斋、汲古阁等；路北有宝古斋、一得阁、乐海轩、古艺斋等。在琉璃厂西街，路南有华夏书画社、朝花书画社、来薰阁、北京市古董钱币商店、观复斋、古籍书店、文奎堂、松鹤堂、正品斋、文物出版社、濯锦斋、清秘阁、通古斋等；路北有翠珍斋、荣宝斋、天畅轩等。这些历史悠久、闻名海内外的文化类老字号，鳞次栉比，群星璀璨。浓浓的中国元素，厚重的历史文化，将琉璃厂装点得古香古色，令人流连忘返，淋漓尽致地体现出京城文化的独特气质。据不完全统计，截至 2013 年，在大栅栏琉璃厂历史文化街区的产业结构中，文化、体育和娱乐业占有 43% 的比重。

被誉为“民间故宫”的荣宝斋，300 年来，收藏大量国宝级的书画，在诸多文化商号中独领风骚，其木版水印技术堪称世界绝技，使古代书画传世成为可能。

“一得阁”墨汁的推出，彻底改变了千百年来文人书写费时研墨的旧习，为文人减少了许多麻烦，对书画的发展做出了重大贡献。

始建于 1916 年的戴月轩，是琉璃厂文化街唯一一家以人名为店名的老字号。戴月轩制作一支湖笔要经过多道工序，每道工序都要认真制作，严格把关，所产毛笔具有内优外美、笔头尖、齐、圆、健等特点，深受书法家和画家的信赖。

以收集的印制古代精典版本的文奎堂，一百多年来，一直深受学界推崇，曾被人们誉为“内外城书肆，文奎阁（堂）为冠”，至今仍古韵飘香。

由光绪年间书法第一的翁同龢所书的“赏古斋”牌匾，至今仍是琉璃厂最闪亮的牌匾之一。赏古斋店内所藏名家汇集，品质上乘，颇得中外收藏家们及广大书画爱好者的青睐。

中国书店聚集一批古籍修复整理工作的国手，其精湛的技艺在保存古籍精典方面功不可没，得到历届中央领导的好评。

2. 引领生活时尚。康熙时，清廷强令内城的汉民迁居南城，一批著名文人聚居到琉璃厂周围，由此催生了琉璃厂。如果说大栅栏老字号是以经营吃穿用等层面为主题的物质生活板块，什刹海是以都市休闲娱乐为主题的休闲生活板块，那么琉璃厂就是以满足文人雅士需求为主题的精神生活板块。经过二百余年的发展，琉璃厂已经成为享誉中外的中国民族文化博物馆。这些文化类老字号的存在和发展，在形象生动体现北京城市精神的同时，也在耳濡目染地影响着地区居民的精神文化生活，引导人们自觉向善、向真、向美，促进人际关系和谐，追求幸福生活。

3. 展示行业风采。在竞争中，一些店铺脱颖而出，成为金招牌，就形成了城市地标。而老字号一旦具有了标志性，就有了“核裂变”的功能，它们如同一个原子核，以这个核为中心，会裂变出许多分号来。因此，这些文化类老字号在其发展的过程中注定要发展成为全国性的品牌，发展成为文化产业集团。荣宝斋的成功上市就证明了这一点。文化类老字号是绿色经济，改革开放以来呈现突飞猛进的态势，已经成为西城区最大的经济亮点。

4. 拉动文化产业链。文化类老字号的发展不仅仅局限于自身，还带动了周边其它相关服务行业的发展。文化类老字号上下游有十几个商家为其提供各种“零件”，形成了一个可观的产业链，如制胶、做绫、做轴、制框、广告推介、印刷、拍卖、装修、影视传媒、品牌代理等。围绕文化类老字号并为之提供其它服务的，还有餐饮、住宿、零售、交通、娱乐、旅游等行业，从而衍生出许多副产品，如一些代表老字号的旅游纪念品等。文化类老字号在拉动地方经济中发挥了重要作用，一个著名的老字号犹如一颗北斗星，居北辰而众星拱之，可以搞活一方经济，解决一大批人的就业，为许多人提供致富门路。一个以文化类老字号为核心的“老字号经济产业链”正在不断扩大。

### （二）文化类老字号发挥城市地标作用的特色

鉴于行业上的特点，与其他老字号企业相比，京城的这些文化类老字号在发挥城市地标作用方面呈现出一些与众不同之处。

1. 以体现中华传统文化精髓为核心。西城区的文化类老字号主要与中华传统书法绘画艺术紧密相关，人们对于书法绘画的喜好，是文化类老字号得以生存和繁盛的根基。而书法绘画又反过来洗涤着人们的灵魂。这些作品以艺术的光芒照耀着中国及至世界的艺术殿堂，中国的水墨在世界艺术长廊中飘逸着极富东方韵味的芬芳。走进琉璃厂，人们很快会被古韵四溢的士子休闲文化氛围所陶醉。不论尘世多么喧嚣，人们总可以在这里得到心灵的慰藉。

2. 以工艺大师和艺术精品为代表。西城区的文化类老字号是中国水墨大师的集散地，这些文化类老字号推出一代又一代的艺术宗师，以其巨大的超越时空的艺术魅力感染着一代又一代的人们。文化类老字号延续数百年，为人们提供了数不胜数的精品佳作，成为记述和传播中华传统文化、体现和阐释北京城市精神的重要载体。这些都为中华文化的繁衍传播发挥了不可磨灭的作用。

3. 以满足人们精神文化需求为宗旨。西城区的文化类老字号诞生于都市民众的精神文化需要，服务于区域居民文化素质和精神境界的提升，以其特有的高雅休闲格调陶冶着人们的情操。与此同时，这些老字号在满足市场需要中履行着自己的社会责任，在创造经济效益中实现着自己的社会价值。

4. 以促进经济与文化的完美结合为特征。西城区的文化类老字号首先是以盈利为目标导向的经济组织，必然要遵循客观的经济规律，以有效提升核心竞争力、充分满足消费者需要、不断扩大市场份额为基本要求。与此同时，文化类老字号又是以承载和传播优秀中华文化为基本使命的企业组织，必然要把社会效益放在一个特别重要的位置。因此，在文化类老字号的身上，体现出经济与文化、物质与精神、历史与未来有机结合的发展趋势，为今天的文化创意产业提供了许多有益的启示，发挥着重要的示范作用。

新中国建立以来，在相当长的一段时间里，因为极左思潮影响，优秀的中华文化遭到了严重摧残，老字号的发展也受到不同程度的影响。现在，我们正面临着中华民族的伟大复兴，即将迎来中华文化的全面大繁荣大发展。展望未来，文化产业有着巨大的发展空间，魅力四射的中国文化必将全方位地走向世界，西城区地标性老字号必将进一步发挥自己的独特作用，迎来新的辉煌。

**（三）影响文化类老字号发挥城市地标作用的主要因素**

然而，文化类老字号的发展也面临着一些不可忽略的现象，影响了其地标作用的有效发挥。

1. 文化产业发展与城市规划存在一定矛盾。由于文化类老字号企业一般都位居北京中心城区之内，这里寸土寸金，发展空间严重受限。即使是一些具有一定实力的老字号，想要拓展做大，面对不断攀升的地价、房价，往往也只能望“洋”兴叹。

2. 老字号发展状态参差不齐。文化类老字号在发展中呈现出良莠不齐现象，有的老字号发展非常好，而有的则已经是风雨飘摇，随时面临消失的危险。尽管有关方面再三呼吁，但是由于缺乏危机意识，经营理念、经营方式、运作机制落后，产品和营销手段单一、陈旧，包装简陋，社会关注度不够等原因，其生存状态并没有得到明显改变。

3. 部分老字号缺乏时代意识。一些文化类老字号自身对即将到来的文化大发展大繁荣思想认识不到位，各项准备工作不足，缺乏抓住有利时机拓展企业发展空间的意识和能力。有的甚至存在急功近利、因利轻义的经营倾向，做出许多自毁门面的事情。

4. 政府引导作用有待更好发挥。政府在老字号推介上还缺乏整体策划，无法更好地发挥引领作用。一些部门视野不宽，没有认识到老字号是金招牌，应利用现在一些企业资本闲置没有出路的机遇，通过资本运作，加强与国内国际大公司合作，大力推动文化与金融融合发展，走出一条多元化的产业之路。一些部门存在短视行为，在扶持上有嫌贫爱富倾向，锦上添花多，雪里送炭少。

## 三、关于进一步发挥老字号地标作用的思考

党的十七大提出，要全面推动社会主义文化大繁荣大发展，提高中国的软实力。中国有着悠久的古代文明，有着灿烂无比的民族文化。以往，我们过于注重硬性的有形建设，对软实力建设没有引起足够的重视。在这方面，发达国家已远远地走在了我们前面。文化产业在发达国家国民生产值中占 30% 左右，而我国只占 5—6%。根据中国文化软实力研发中心等机构联合发布的《文化软实力蓝皮书：中国文化软实力研究报告（2010）》，在世界文化市场中，美国占 43%，欧盟占 34%，而我国不足 4%。市场份额的巨大落差，显示出我国文化产品的国际竞争力远远不足，对于国外市场的开拓步伐有待进一步加快。要尽快改变文化产业相对落后的局面，抓好文化类老字号的发展并发挥其重要作用，是一个重要途径。

西城区的真正优势，就在于延续千百年的中国传统文化，就在于这些百姓身边的文化类老字号。下大气力，做强做大文化类老字号，打造好这块含金量、知识附加值极高的金招牌，对于推动地方经济，对于繁荣社会主义文化，对于增强我国的软实力，都具有非常重要的意义。

西城的文化类老字号有着厚重的历史文化积淀，具有唯一性和不可复制性，有着做大做强的坚实基础。其基本思路可以概括为：政府当“媒婆”，借鉴国内一些大企业重组的经验，以琉璃厂地区的著名老字号为龙头，集中优势兵力，成立文化产业集团，联合上市，跻身国内五百强乃至世界经济五百强。加大对经营状况不好老字号

的扶持，使之重获生机，成为集团中的重要力量。上市后的西城区文化产业集团，应以传统文化产业为主，同时向现代文化产业跨越，适当时机可组建集团化的文化传媒机构，包括影视纸媒等，实现多元化经营。

1．有效发挥决策部门的重要作用。政府有关部门要进一步转变观念，将文化类老字号的发展纳入地区发展整体规划，认真研究相关工作标准和管理体系，把发展文化类老字号作为优化地区产业结构的有效途径，与城市功能完善有机结合，进一步整合各种发展要素，积极创造条件，引导和服务老字号制定正确的经营战略，学习运用世界先进的营销理念，在转型中提升自己的社会形象，更好地发挥文化类老字号在城市建设和发展中的地标作用。

2．筹建琉璃厂文化产业园。对琉璃厂板块要有一个长远的战略定位思考，北京有许多文化产业园，但就其历史底蕴来看，没有哪个文化产业园可以与琉璃厂比肩。其实，琉璃厂本身就是一个民族文化产业园，只是需要进一步的科学规划和有效整合。应该围绕“北京琉璃厂历史文化创意产业集聚区”建设，制定琉璃厂长远发展规划，并努力将其纳入国家发展规划。要以琉璃厂为核心，以经营中国传统文化产品为特色，建设中国最大的民族文化产业园区。它不仅仅是西城区的文化产业地标，同时还应是北京乃至中国的文化产业地标。为此，应尽快组建琉璃厂文化产业园区筹备机构，开展可行性研究，制定规划蓝图，力争在三五年内项目落地。

3．筹建中国传统文化工艺学院。将全国和琉璃厂所有可以公开的传统绝活列入教学内容，面向世界招生，毕业学员将开店成为各老字号的下属店铺。学院规模不要求大，而在精，一个班最多不要超过30人。入学门槛要相对较高，聘请大师级人物授课。这是传承和扩大中国传统文化的最佳途径，也是通过教学和科研将传统工艺提升到一个新水平的积极探索，将进一步提升琉璃厂地区和西城区以至北京市的文化品质。

4. 搞好资本运作。要依靠各级政府的支持扶助资金和其他相关政策，进一步整合琉璃厂等地的老字号资源，扶持更多的文化类老字号上市，利用社会资本发展壮大老字号，提升文化类老字号的核心竞争力。2010 年 8 月 28 日，荣宝斋在天津市红桥区西沽公园开设天津分店，是为荣宝斋在京外的首家控股公司。政府有关部门应该加大引导扶持力度，提供相关政策支持。要采取多种措施，努力促成全国国有文物商店琉璃厂古玩艺术品交易会落地生根。

5. 扶持弱势企业。在继续抓好优秀企业的同时，加大对一些处于经营困境老字号的扶持，从政策到资金，都要加大倾斜力度。应该组织一批专家和资金雄厚的大企业家到这些老字号中调研，为其把脉，找出问题的症结。这些老字号也要注重挖掘、梳理自身的历史文化资源，把文化做足做实。利用北京是全国政治文化中心这一最大优势，积极与外地资本嫁接，推动连锁经营，盘活处在困境中的老字号。

6. 建立新的传媒集团。要认真领会习近平主席重要讲话精神，利用好网络这一强大媒体，在各级政府扶持下，积极筹备建立“琉璃厂”网站，适时向纵深发展。通过网络进一步扩大琉璃厂的影响，开展网络销售，促进电子商务。

7. 积极探索建立老字号城市地标测评体系。国家商务部在 2006 年 12 月 19 日颁布《“中华老字号”认定规范（试行）》，明确认定中华老字号的主要标准，即“拥有商标所有权或使用权”“品牌创立于 1956 年（含）以前”“传承独特的产品、技艺或服务”“有传承中华民族优秀传统的企业文化”“具有中华民族特色和鲜明的地域文化特征，具有历史价值和文化价值”“具有良好信誉，得到广泛的社会认同和赞誉”以及“国内资本及港澳台地区资本相对控股，经营状况良好，且具有较强的可持续发展能力”等七个方面①。

有研究者把老字号品牌价值分解归类为社会价值、文化价值和

① http: //wiki.mbalib.com/wiki/%E4%B8%AD%E5%8D%8E%E8%80%81%E5%AD%97%E5%8F%B7.

市场价值，融合财务、市场和消费者因素，加入社会价值和文化价值因子，创建 THBV（Time-HonoredBrandValue）评估模型，并提出其基本框架为：品牌价值（BV）= 品牌优势值（BAV）× 品牌乘数（BM）。这对客观评价老字号的品牌价值，推动老字号企业走上现代品牌发展之路，具有重要的实践价值和学术价值①。

概括来看，上述两者都是从时间延续和社会价值两个维度来考察老字号。我们可以借鉴这种理念，积极探索建立发挥文化类老字号城市地标作用的测评体系，以悠久历史、现实状况、文化特质、社会认可等为基本指标，从“城市地标”这个视角，更加全面、准确地阐释老字号的整体价值。

在具体推进过程中，大致应该包括以下几个主要步骤。第一步，制定相关规则。主要包括确定测评时段、测评主体的组成部门（政府主管部门、老字号协会、社会组织、老字号代表等）及组织方式、测评标准及计算方式、测评流程、测评结果公布方式等。为构建科学、合理、有效的测评体系奠定坚实基础。

第二步，确定相关指标。主要包括企业创业年代、有关部门认定级别（中华老字号 / 省部级老字号 / 地市级老字号）和认定时间、企业经营状况、社会责任履行情况、媒体报道率、研究文献引用率、行业评价、公众口碑等指标；并依据一定规则，给予不同的权数。以此构成测评体系的主体内容和基本框架。

第三步，提出实施办法。主要包括组建测评领导机构和工作团队、发布测评内容和方式、邀请第三方参与、组织测评活动、通过多种途径公布测评结果，加大宣传力度，使测评活动成为加强老字号建设、扩大老字号影响的重要平台。为文化类老字号更好地发挥城市地标作用提供组织保证。

2015 年 6 月，北京市有通州大樱桃、妙峰山玫瑰、海淀玉八达杏、大兴西瓜等 19 种特产农产品通过中国地理标志认定，其产地范围、

① 王荣成、李诚、王玉军著：《老字号的品牌价值》，中国经济出版社2012年版。

作物性状、果实特点等均已在国家有关部门备案，在全国具有唯一性，受到相关法律的保护。按照有关规定，获得国家地理标志的农产品，必须源于某一特定地域，产品品质和相关特征主要取决于当地的自然生态环境和历史人文因素。

这种“国家地标”认定的重大意义，就在于把特定的优质产品与特定的地理单元直接对接，通过名称引起的联想，阐释特定产品的历史文化内涵。而建立文化类老字号城市地标测评体系，加强消费者对老字号与相关城市（地区）内在联系的理解，使之更深刻地把握老字号的历史方位和文化价值，与这种特产农产品的“国家地标”认定有异曲同工之妙。

随着中国经济的发展和国力的强大，中国在国际上的地位逐渐提高，中国的民族文化为越来越多的国际友人所钟爱。而在人们心中，文化类老字号是中华传统文化的象征，是中国文化产业的领军企业，是当代都市的重要地标。文化类老字号要发扬自身优良传统，积极更新观念，带头全方位走向世界，扩大中华传统文化在国际上的影响，让更多的国际友人了解、认知、接受中华传统文化，促进传统与时尚的有机对接，成为名副其实的“城市地标”。

**作者简介**

程　竹，《中国文化报》记者，重点研究非遗的传承与发展。

冯希莹，中国社会科学院，重点研究当代中国社会问题。

# 什刹海地区老字号的文化形态与发展思路

吴云霞

【内容提要】目前，关于什刹海地区历史文化的研究成果较多，但针对什刹海地区老字号文化形态的研究却很少。本文通过对什刹海地区老字号类型、什刹海地区老字号文化形态和什刹海地区老字号发展思路等问题的归纳分析，意在唤起人们和老字号本身对什刹海地区老字号的文化特质及其文化形态的关注，以便更好地弘扬和传承什刹海地区老字号的传统文化，使什刹海地区的老字号更加繁荣昌盛。

【关键词】什刹海　老字号　文化形态　发展思路

什刹海地区是北京古老且最具有魅力的地方，是北京传统文化的象征之一，历史文化积淀深厚，老字号文化更是经久不衰，弥足珍贵。老字号是中华民族传统文化的瑰宝，是在长期的商业竞争与市场竞争中依靠自身特色和良好信誉逐渐形成发展起来的。随着社会经济、文化的发展与市场竞争的加剧，什刹海地区老字号的类型、什刹海地区老字号所依附的文化形态以及什刹海地区老字号发展思路等一系列问题，越来越引起人们的广泛关注。系统梳理什刹海地区老字号的文化特质与文化形态，既有利于进一步挖掘老字号的优质资源，促进老字号的发展与繁荣，又能更好地弘扬和传播什刹海地区老字号的传统文化。

## 一、什刹海地区老字号的类型

什刹海是游人如织的京城著名景区，它的魅力经久不衰。什刹海周围的老字号更是为其锦上添花。这里，除了一般人所说的老字号外，最有历史文化底蕴、最有社会价值的老字号，则是指获得中华人民共和国商务部授予“中华老字号”称号的百年老店。什刹海地区的老字号具有“分店多、总店少”的现象。最著名的有烤肉季、爆肚张、护国寺小吃等少数总店。近年来许多老字号分店纷至沓来，如庆丰包子、全聚德、爆肚冯等。仅“九门小吃”就聚集了许多老字号分店。这些老字号虽然只是静静地“依偎”在什刹海的周围，但它本身所散发的文化魅力却为什刹海地区增强了历史积淀的厚重感。

根据企业经营的内容与形式，什刹海地区的老字号一般可分为饮食类、服饰类、糕点类和医药类等四大类。在共同服务百姓日常生活的同时，它们也各有其自身特点。

1. 饮食类老字号

“民以食为天”，什刹海周围最吸引人且顾客数量最多的老字号就是饮食类老字号。饮食类的老字号，主要有烤肉季、四川饭店、全聚德烤鸭店、庆丰包子、爆肚张、爆肚冯、羊头马、豆腐脑白、月盛斋马、奶酪魏、年糕钱等。

从烟袋斜街进入什刹海的前海东沿，首先映入眼帘的是烤肉季。烤肉季与燕京八景之一的“银锭观山”只有举步之遥，是一家具有160多年历史的中华老字号。烤肉季饭庄始建于清道光二十八年(1848年)，以经营烤羊肉久负盛名。当年一位姓季的摊主在银锭桥畔的义溜河沿上支起烤羊肉的食摊。因其羊肉溢油荡香，吸引了众多游人前来光顾。由于生意兴旺，经过多年经营，烤肉季变成了濒依义溜河沿的水榭小楼并命名为“烤肉季”。

前海南沿“店小名大”的爆肚张，始创于清同治九年（1883年），创建人是父子二人，最初的经营方式是作坊式小饭馆。尽管店小，但是不少人会专程来此惠顾，为的就是“这口儿”。爆肚张最具有特色的菜，是爆肚。不管是牛肚还是羊肚，原材料都是在24小时之内宰杀的新鲜材料。这里的牛百叶，要一叶一叶反复清洗。羊肚要洗到水干净为止，然后遵照传统工艺，掌握好每个部分的分寸，一刀一刀细细切好。这也就是爆肚张会吸引众人慕名前来的重要原因。

经过前海，来到后海北沿的孝友胡同，九门小吃就坐落于此。九门小吃由爆肚冯、羊头马、豆腐脑白、户部街马记月盛斋、奶酪魏、年糕钱等六家北京传统小吃老字号传人作为股东组建。24道招牌菜出自各个传统老字号小吃的拿手绝活。爆肚冯的爆肚拼盘，豆腐脑白的豆腐脑，奶酪魏的奶酪，年糕钱的年糕，个个京味十足。九门小吃的出现，为推动当代北京传统小吃的发展发挥了重要作用。

出孝友胡同，来到前海北沿的荷花市场，首先进入眼帘的是同和居饭庄。同和居始建于清道光二年（1822年），原址位于京城的西四牌楼。同和居是经营鲁菜最早的餐馆，以烹制海味河鲜最为见长，精于熘、爆、扒、抄、烩等烹饪方法，菜品突出“清、鲜、嫩、脆”等特点，“三不粘、槽溜系列、烤馒头”成为同和居名震京城的“三绝”。

离同和居不远处便是全聚德烤鸭。全聚德烤鸭正宗而经典，其主要经营传统果木挂炉烤鸭及新派粤菜，菜品更是继承发扬了鲁菜和新派粤菜的传统与精髓，正宗又不失时尚，口味经典、纯正引人。所以市井间才有“不吃全聚德烤鸭真遗憾”的说法。全聚德烤鸭店起始店在北京前门，后来相继发展了许多连锁店。而且已经走出京城，在上海等地也开有连锁店。

2．服饰类老字号

什刹海地区服饰类的老字号，主要有内联升和瑞蚨祥两家。内联升创建于清咸丰三年（1853年），是由天津人赵廷创始。当时，赵廷根据自己的制鞋技术和北京制鞋业的基础，认为北京制作朝鞋的行业很少，所以他做起了“坐轿人”的生意。内联升的“内”指宫廷，“联升”指买家穿上此鞋定会财运亨通。内联升以定做朝靴起家，现如今它的服务对象扩大到各界百姓，以生产手工布鞋久负盛名。

瑞蚨祥创建于清同治元年（1862年），是中国“高级定制”的“领导品牌”。瑞蚨祥的创始人孟鸿升，是孟子的后人。他以经营土布开始，之后陆续在上海、青岛、天津等地设立了许多分店。位于地安门外大街的瑞蚨祥是众多分店中的一个。随着经营规模的逐渐扩大，瑞蚨祥的经营品种也日益增多，不仅增加了绫罗绸缎，还增加了皮货等高档商品。

3. 糕点类老字号

什刹海地区糕点类的老字号较少，其中，稻香村是什刹海地区一家糕点类中华老字号。1895年，南京人郭玉生来到北京城，在最热闹的前门大栅栏开了家名为“稻香村”的食品店。由于制作精细考究，甜咸适中，与味儿重、色深的北方糕点有很大不同，故很快赢得了北京人的喜爱，生意也逐渐“火”起来。随着时间的推移和发展，稻香村以精细考究的各式糕点、新鲜的熟肉、各种干果炒货、小糖食品等精品赢得更多人的喜爱。今天的稻香村，已经成为著名糕点的代名词，更成为北京特产的典型代表之一。

4. 中医药类老字号

什刹海地区的中医药类老字号，最著名的是同仁堂。它创建于清康熙八年（1669年），是由乐显扬筹建的一家药店。同仁堂的产品以其“传统、严谨”的制药工艺、显著的疗效而享誉海内外。同仁堂经历了300多年的历史变换，每代同仁堂人都恪守“炮制虽繁必不敢省人工，品味虽贵必不敢减物力”[①]的传统宗旨，自觉树立“修合无人见，存心有天知”的自律意识，以此确保同仁堂金字招牌的长盛不衰。正是因为如此，同仁堂的名声才得以响彻海内外。

① 股城财经频道：百年品牌的坚守与变革，http：//finance.gucheng.com/201004/110744.shtml。

## 二、什刹海各类老字号的文化形态

什刹海地区老字号的文化形态，包括行为文化、物态文化、制度文化和心态文化等。以下对什刹海地区老字号的主要文化形态进行简要的分析。

1. 老字号的行为文化

老字号的行为文化，主要体现在自身的经营管理以及服务上。每个老字号在经营管理上都有自己的宗旨。瑞蚨祥的宗旨是“至诚至上、货真价实”；稻香村的宗旨是“信誉第一、顾客至上”；同仁堂的宗旨是“修合无人见，存心有天知”。诚信经营是老字号经营宗旨中最重要的一条。老字号凭借诚信经营，拥有了良好的信誉和公信度。这是对老字号的一种无形的保障。诚信经营是老字号的立店之本，是老字号文化的精髓和灵魂。所谓“诚信经营”，就是货真价实：“真”是货品要保证质量，不能欺骗消费者，不能夸大其词；“实”是真实商品的价格，不能随意抬价。在毒奶粉、毒胶囊、地沟油等一系列食品安全事件频频发生的今天，品牌的诚信经营受到了前所未有的严峻考验。相形之下，众多老字号仍始终自觉坚持“诚信”二字，就尤其显得难能可贵了。

一进稻香村，各类食品分门别类：熟食类、生冷类、糕点类和糖果类……让人目不暇接。稻香村的食品之所以能够受到老百姓的喜爱，源于创始人郭玉生的经营之道。稻香村里的每一样食材都是经过精心挑选，绝对不会以次充好的现象。据记载，在清朝时期，创始人郭玉生去江西采购黑芝麻，因道路堵塞，眼看食料不能按时送达京城。店伙计提议使用本地的芝麻，但是郭玉生宁可不买也决不以次充好。后来，郭玉生不以次充好的故事成为商界美传。老字号之所以称之为老字号，就是因为每个老字号都自觉秉承诚信经营的理念。不管岁月怎么变换，老字号的诚信意识从不间断，至今每家老字号都会把“货真价实”挂在最醒目的地方，这既是对自己的一种提醒，更是欢迎顾客监督的一种自信。

纵观所有老字号，每家都有自己的“独门秘方”。要想在众多老字号当中拔得头筹，除了要形成诚信经营的意识，更需要在经营管理上别出心裁，不断创新。因毗邻国家名誉主席宋庆龄故居，九门小吃以什刹海王府文化为主线，以北京传统小吃为重点、以恢复失传小吃品种为突破口，积极传承现有正宗独特的北京传统小吃，在大力发展企业自身的同时，又有效推动了北京传统小吃的弘扬和发展。时代在不断变化，老字号的经营管理理念也要顺应发展的需要，自觉推动改革创新，以弘扬民族传统文化。

老字号的行为文化，除了诚信经营管理的意识、改革创新的经营理念，还有体贴周到的服务。一些老字号小吃店的顾客在等位时，店家会准备好椅子、瓜子和热水，让顾客边吃边等。稻香村的店里挂有店面的平面图，以方便顾客购物。瑞蚨祥的店里，在靠近门的两侧，摆放着两个座椅，让等待购物或感觉疲累的顾客可以稍作小憩。

正是通过这些细枝末节，什刹海地区的老字号体现出了百年老号诚信经营、优化管理、改革创新、以礼待人等深刻的文化内涵，从而博得了百姓的口碑和市场的认可。

2. 老字号的物态文化

什刹海地区老字号的物态文化，主要表现在老字号产品、室内陈设、装饰与周边古建筑、胡同布局的匹配等方面。

老字号的特色产品，是老字号物态文化的重要表现形式之一。每家老字号都有自己的代表产品，如全聚德的烤鸭、张一元的茉莉花茶、六必居的酱豆腐、同仁堂的中药、内联升的布鞋等。“不到长城非好汉，不吃全聚德烤鸭真遗憾”——仅凭此俗语，就充分说明了全聚德烤鸭在百姓心目中的地位。全聚德烤鸭，不仅是一件产品，一个品牌，而且是北京文化的缩影。

又如爆肚张，无论何时都人气爆棚。大多数人都是慕爆肚张的盛名而来。这家店门面虽小，但其味道却十分经典。梁实秋曾经在自己的《雅舍谈吃》中提到爆肚仁有三种，其中包括盐爆、油爆和汤爆。“爆肚张”以汤爆为主。吃完爆肚，来碗爆肚汤更是美味绝伦。

再如瑞蚨祥的布料，这是大家耳熟能详的老字号品牌。近年来，瑞蚨祥推出的蚕丝面料更是响彻海内外。

老字号的产品，将老字号的文化特质以物质形态呈现出来。老字号之所以能够源远流长，在一定意义上正是因为通过这些产品形成了自己特有的标志。由此可见，老字号产品已经形成一定的品牌效应，促进了老字号文化的传播与发展。

老字号的室内陈设和装饰，则从不同侧面体现了老字号文化的内涵。不论是小吃店、服饰店，还是中药店，在装修风格上都保留且体现了浓郁的京味儿文化。全聚德的门厅、走廊，九门小吃的四合院，处处体现出中式的装修风格，是老北京装修文化的代表。在装饰方面，不论是宽板凳、四方桌，还是挂在墙上的书法绘画，都颇具老北京的遗风。每家老字号的店里，都会看到与北京文化息息相关的物件。老字号的室内陈设和装饰，必定契合老字号本身的文化气质。这些装饰、陈设并不是十分繁琐，而是以朴素的装修融合了老北京文化。

老字号周边的古建筑，更是给老字号增加了历史的厚重。坐在与银锭桥举步之遥的烤肉季的二楼，一边吃着口齿溢香的烤肉，一边透过银锭桥观赏碧光粼粼、景色如画的什刹海，置身其间，真是“别有一番韵味在心头”。全聚德推出“海上用餐”，一边在什刹海上泛舟玩耍，一面吃着烤鸭，观赏京城水乡美景与品味老字号文化交相辉映，将老字号的文化与其周边的古迹、传统建筑融为一体，加深了老字号的历史积淀。

什刹海景区最为出名的，是这里的胡同文化。作为北京城内唯一一个具有开放型水域的什刹海景区，在北京城内具有非常独特的地位，因为这里的历史街区是北京城内历史风貌保存最完整，也是面积最大的风景区。星罗密布的胡同布局，是什刹海的一大特色。

北京的胡同是北京历史文化的载体，它不仅是普通百姓居住和生活的地方，更是“民族历史博物馆”。北京胡同承载了许多老百姓的记忆，北京人对胡同有着特殊的情怀，“胡同游”也成为什刹海地区最为突出的旅游特色。

什刹海地区的老字号大都在胡同里经营，与生活在胡同四合院里的百姓休戚相关。什刹海的历史文化、百姓的日常生活和京城水乡的迤逦风光，皆由胡同将其串联融合在一起，这为什刹海老字号文化内涵的不断深化和丰富提供了丰富的物质基础。

3. 老字号的制度文化

什刹海地区老字号的制度文化，主要体现在老字号企业的各项经营管理制度方面，如关于创新产品、优化服务、技艺传承、质量保障、企业文化、营销策略、品牌战略等一系列的制度建设。老字号的各项经营管理制度，充分体现了企业自身的经营管理特色。而政府对老字号的引导、扶持和优惠政策，更进一步促进了老字号的制度文化建设。

西城区 2011 年发布《保护和促进老字号发展若干意见》文件，提出要“为老字号发展营造有利的政策环境，支持老字号企业进行创新，传承和弘扬老字号优秀商业文化，充分展现和利用本区老字号丰富资源，推进特色商贸、文化、旅游的深度融合，促进老字号创造更多的社会、经济和文化价值”①。后来，又进一步加大政府支持力度，设立西城区老字号发展专项资金，将老字号的保护和发展的工作纳入西城区国民经济和社会发展的整体规划等等。西城区针对老字号所采取的一系列举措，以“保护与发展并重、继承与创新并举、经济与文化并行”为主要原则，以“加强老字号经营网点的保护、提高对老字号的知识产权的保护、增强老字号文化遗产的保护”为工作重点，支持老字号企业经营、企业机制和企业文化创新，

① 《北京市西城区人民政府关于印发北京市西城区保护和促进若干意见的通知》（西政发〔2011〕32号）。

积极推进了老字号的集聚发展。这为什刹海地区老字号的发展提供了明确方向，奠定了坚实的基础。

在各级政府的大力扶持与政策支持下，什刹海地区的老字号自觉传承并不断发展自身的优秀传统，努力适应社会主义市场经济发展的需要，按照各自的发展目标，积极借鉴现代企业制度建设的经验，创新发展理念，逐步完善各项经营管理制度，取得了十分显著的成效。

在制度建设方面，老字号一贯注重自身内力和凝聚力的激发。从各自不同的条件出发，各家老字号在创新产品、优化服务、传承技艺、保障质量、创新企业文化、营销策略和品牌等方面，都或多或少做出了自己的努力。比如入驻九门小吃的老字号企业，在改善传承人培养、拓展经营方式等方面进行了有益的探索，逐步形成了一些新的管理制度。

当然，老字号的发展也并不平衡。一些老字号在传统品牌经营基础上，不断开拓创新，经营效果明显，成效显著；而有的老字号则墨守成规的观念较深，变化较小，成效不大。

4. 老字号的心态文化

什刹海地区老字号的心态文化，不仅包括老字号消费者的心态，而且还包括老字号的管理者和服务员的心态。

首先，老字号心态文化体现在管理者为老字号的取名上。以文化为基础是北京老字号的特点，老字号行商天下的前提条件是文化。有的老字号把儒家思想中的“仁”“德”“和”“信”等理念用于店的命名，如同仁堂的“仁”，全聚德的“德”，都体现了儒家“仁”和“德”的理念。有的以民间传说来为老字号命名，以突出民族色彩，如“瑞蚨祥”中的“蚨”，是指传说的“青蚨”，寓意钱用出去又能飞回来，体现了管理者对老字号的美好愿望。再如“内联升”的寓意是穿上内联升的鞋，可以连升三级。除了取名之外，全聚德的店里挂有京剧脸谱。夜晚，全聚德还有京剧表演，既弘扬了京剧文化，又提升老字号本身的文化内涵。其他老字号也总是自觉将经营管理与老北京文化融合在一起，以此夯实自己的经营基础。

其次，老字号服务的心态体现在服务品质上，具体表现为“和气生财”。中国人素来主张“以和为贵”，讲究和气生财。对生意人来说，“和气”是一种修为。相同的商品、相同的店面、相同的顾客，其结果的不同，往往来自不一样的态度。

任何一家老字号店面，都能让人如沐浴春风般享受到周到体贴的服务。顾客登门，每一位工作人员都会热情的招待，笑脸相迎。即使顾客讨价还价，工作人员也耐心解释。就算顾客不买商品，工作人员也从来不会抱怨，“买卖不成情意在”。面对如此周到的服务，大家都会在平和的气氛中成交。就如同瑞蚨祥的服务：每当有顾客上门时，一般总是先由有经验的职工拉开店门，含笑问候；然后，服务人员前来让座、看茶，随即递上本店的商品宣传册；之后，根据顾客的需要呈上商品。瑞蚨祥的服务态度，只是各家老字号服务态度的一个缩影，体现的则是以中国传统文化为基础的“以礼待人”。

最后，人们对老字号价值观念、审美情趣和思维方式的认同，体现了消费者对老字号的心态文化。目前，北京老字号的产品质量已经在消费者中得到了一致认可，这是几十年甚至上百年历史积累的宝贵财富。可是，北京老字号品牌现存不多，一些老字号品牌逐渐衰落。年轻一代的消费者似乎逐渐忘记了老字号品牌的存在。老字号品牌越来越不能在年轻一代的消费者心中引起共鸣，这是直接影响老字号永续发展的严重问题，应该引起社会各界的高度关注。

## 三、推动什刹海地区老字号发展的基本思路

面对如今现实环境的严峻考验，老字号如果不将自己的竞争优势体现出来，不调整思路，不抓紧进行创新，那么前途并不乐观。依据上述研究，就什刹海地区的老字号而言，必须注重从以下几个方面推动自身的发展。

一是进一步强化产品品质与品牌意识，抢占市场制高点。脍炙

人口的品牌，是老字号独有的显著优势，也是老字号能够经久不衰的原因。虽然目前消费者对老字号的品牌信任度仍然很高，但在各种新型、时尚品牌不断涌现且日益充斥市场的情况下，消费者对老字号的依赖性却在逐渐降低。随着时代变迁和市场发展，人们对老字号的价值观念不像以前那么看重，年轻一代的消费者则是对新鲜新奇的消费形式更感兴趣。整体来看，当代消费者并没有真正体会到老字号所体现的独特价值观念。

为此，老字号应该认真研究、总结自身历史上的成功经验，立足实现企业永续发展的需要，积极实施新的品牌发展战略。首先，要根据产品特点和品牌特色构建老字号自身所独具的产品特色与典型的产品品质，给顾客留下“终生难忘”的深刻印象与惬意体验；其次，要巩固和发展自身品牌，加大产品研发与推出力度，完善已有经营管理制度，不断优化服务模式，推动传统与当代的有效对接，树立独具一格的企业品牌新形象。最后，要进一步改变“酒香不怕巷子深”的传统观念，加大品牌宣传推介力度，积极借助当代新媒体，广泛开展“商业节”“购物季”“№ ONE 推介”“一品一赞”等适合当代消费者需要的互动活动，有效加强企业品牌与各界消费者之间的联系，确立自己引领时代消费潮流的地位。

二是主动调整目标顾客，树立具有创新、时尚、传统和文化等多元素的老字号形象。据调查发现，年轻人对于老字号产品的购买意愿与购买频率均明显低于中老年消费者。因为今天的中老年人还大都保留着老北京情怀，而年轻人则被时尚流行的新消费观所吸引，且这种趋势逐渐加强。

因此，为了老字号能够在未来的主要消费群体中继续传承下去，老字号企业应更注重年轻人这个新生消费市场的开发，不断推动产品创新，使产品多样化、多元化，以进一步提升市场竞争力。比如全聚德，除了以烤鸭为经营对象之外，还积极研发出不同的特色菜，迎合年轻消费者的喜好，积极进行品牌的延伸。这样做的结果，不仅是适应未来的消费趋势，更重要的是确保做到“店老产品不老”，提高老字号在年轻消费群体中的知名度，尽力给顾客留下良好的品牌印象，从而引导这些消费者再次消费。

三是准确市场定位，提升老字号品牌的“含金量”。发挥品牌优势，是老字号的首要任务。要想提高自己的竞争实力，老字号就需要不断完善自己的品牌，既要建设品牌价值，也要提升品牌价值。而品牌价值的建设和提升，特别需要在优化品牌形象和深化品牌文化内涵这两方面下功夫。

因此，老字号需要重新审视并定位自身品牌在消费者心目中的形象和价值，加强市场的分层、分类调研，及时发现品牌建设的不足之处，采取切实可行的有效措施，不断加以改进。不只是要满足消费的表象需求，还要进一步满足消费者的心理需求。要更加重视消费者对“过程”的感受，使消费者感到老字号所提供的产品和服务是与其自身条件和地位是相匹配的，从而增强消费者对自身企业的认同感。

四是进一步加大文化和文化形态建设力度，充分激发老字号的文化特质。什刹海地区的老字号，不仅应根据文化古迹、传统建筑、水域景观和旅游胜地等什刹海地区特色和文化形态，构建各家老字号独特的文化形态体系；而且应该根据自己企业的历史积淀、文化特质、经营领域和市场定位，研究制定自身行为文化、物态文化、制度文化、心态文化等文化形态建设的长远目标、阶段性目标和实施方案，认真分析自身优势和薄弱环节，针对面临的实际困难，采取切实有效的措施，加大文化建设和文化形态建设力度，不断加深老字号企业品牌的文化内涵。

要切实加强企业文化建设，使企业发展愿景成为每一个企业成员的共同追求和自觉行动，强化企业的核心价值观，提升员工的整体素质，为完善现代企业制度、主动开拓经营、优化特色服务、创新市场品牌，推动老字号企业走出京门、走出国门，奠定坚实的思想基础和行为基础。

老字号要进一步强化文化自觉和文化自信，深入挖掘身的优质历史文化资源，积极寻找自身经营特色与什刹海地区特色相结合的切入点，使企业融入地区百姓的日常生活之中，成为消费者须臾不可离开的“社区店”。与此同时，积极探寻企业文化资源与当代消费需求有机对接的适当途径，积极参与地区各项商业、文化活动，扩大社会知晓度和品牌认知度，使自己潜在的文化优势转化为实实在在的市场优势。

## 四、结论

通过对什刹海地区老字号不同类型与老字号各种文化形态的分析，我们不仅对什刹海老字号、什刹海老字号的传统文化、什刹海老字号的文化形态等有了明确的了解，而且对各类老字号的发展历程有了清晰的认识。各类老字号在其形成和发展的过程中，创造出一些特有的经营之道，形成品牌效应。比如一提中药，大家就会想起“同仁堂”；一提丝绸，就会想到“瑞蚨祥”。这正是传统老字号品牌所具有的无穷魅力。

什刹海地区老字号，虽然与北京其他地区的老字号一样，有过许多起伏，繁荣过、没落过、被遗忘过，但它们承载中国传统文化的历史使命，却从未间断过。北京老字号以“诚信务实”为立店之本，以“勤俭节约、和气生财”为理店之辅。其弥足珍贵，正在于此。在传统文化不断流逝的今天，什刹海地区的老字号虽历经风雨磨砺不断变换，但它们依然在坚守自身特色的基础上，突出现代理念、时尚元素与国际视野，根据企业的发展规律与市场需求，紧握时代脉搏与时俱进，开拓创新其文化以及文化形态的风貌，依然传承着中华民族的传统文化……

相信什刹海地区的老字号，立足什刹海地区自然景观、历史古迹、传统建筑、旅游景区等文化特点、文化形态和自身优势，在各级政府的大力扶持和政策支持下，在各老字号全体领导与员工们全力以赴共同努力下，一定会迈上新台阶。

## 参考文献

1. 于永昌．什刹海老字号和特色店，当代中国出版社 2007 年版。

2. 中国文史资料研究委员会．驰名中华的老字号，北京出版社 2002 年版。

3. 什刹海研究会．什刹海志，北京出版社 2003 年版。

4. 刘鹏．北京的老字号，当代中国出版社 2001 年版。

5. 中国文史资料研究委员会．北京往事谈，北京出版社 2000 年版。

**作者简介**

吴云霞，北京联合大学师范学院副教授、博士，长期从事汉语言文学专业相关的语言、文字和文化等方面的教学与科研工作。出版学术专著 2 部，发表论文 20 多篇；申报与完成国家级、省部级、市级和校院级科研课题 26 项。